SOCIÉTÉ INTERNATIONALE DE RECHERCHES
INTERDISCIPLINAIRES SUR LA RENAISSANCE (S.I.R.I.R.)
28

L'Intériorité au temps de la Renaissance

Cet ouvrage a été publié pour la première fois en 2005 dans la collection
Société internationale de recherches interdisciplinaires sur la Renaissance
dirigée par Claude Blum.

Actes du Colloque de Paris, 2003-2004.

L'Intériorité au temps de la Renaissance

Sous la direction de Marie-Thérèse Jones-Davies

PARIS
CLASSIQUES GARNIER

Marie-Thérèse Jones-Davies, professeur émérite de littérature anglaise à l'université Paris 1 Panthéon-Sorbonne, a consacré ses travaux à la littérature élisabéthaine. Elle a fondé la Société internationale de recherches interdisciplinaires sur la Renaissance (SIRIR). Nous lui devons notamment *Victimes et rebelles : l'écrivain dans la société élisabéthaine* (Paris, 1980) et *Shakespeare, le théâtre du monde* (Paris, 1987).

Réimpression de l'édition de Paris, 2005.

ISBN 978-2-406-09302-2 (livre broché)
ISBN 978-2-8124-5712-8 (livre relié)

AVANT-PROPOS

L'intériorité au temps de la Renaissance* a suscité un vaste intérêt pour notre vingt-huitième colloque (année 2002).**

Une étude iconographique souligne bien les diverses relations entre la pensée et l'espace (M.M. Martinet). L'exemple de *L'Hyperotomachie ou Songe de Poliphile* (1467), laisse apparaître les images du monde intérieur, « comme texte,comme image et comme création d'espace symbolique. » Le monde extérieur peut même servir d'image au monde intérieur par des structures comme celles du cadrage dans les portraits emblématiques.

Les expériences intérieures religieuses tiennent une place importante, depuis l'expérience intérieure d'Ignace de Loyola à partir de textes autobiographiques (M.C. Gomez-Géraud) jusqu'à l'intériorité selon Bérulle. Dans le cas d'Ignace, l'intériorité est « lieu d'invasion de la pure extériorité de Celui que Michel de Certeau appelait « le Tout Autre. » Il est plusieurs fois fait mention du mystérieux phénomène de la « loquela ». La « loquela » intérieure recourait au sens, et la « loquela » extérieure évoquait la musique entendue par Ignace. La voix de Dieu s'élève, mais c'est en Ignace qu'elle retentit au moment où le Journal va s'achever dans le registre des larmes, cet au-delà du langage qui semble l'anéantir.

Bérulle fut sensible à divers courants d'opinion attirant l'attention sur la vie intérieure (M. Dupuy) : 1) le stoïcisme et le sentiment de la liberté humaine : Bérulle sait gré à Epictète d'avoir reconnu la dignité de la nature humaine ; 2) le platonisme et le néo-platonisme avec l'expérience de la connaissance de la pensée. Cette capacité de pensée revient à l'âme, à l'esprit qui saisit ce qui est moins matériel, le vent, l'haleine. Et on peut distinguer ce qui est extérieur, sensible, le corps, et d'autre part l'intérieur, connaissable par la pensée. Un troisième courant au début du XVIIe siècle était un idéal : l'introversion. Se méfiant du narcissisme, Bérulle insiste sur l'abnégation. Sa sévérité sur l'intérieur de l'homme le conduit à une certaine réserve à l'égard de la philosophie. Si Platon met en lumière un peu de vérité, il n'a pas porté à l'amour de Dieu. Bérulle précise deux manières de penser à Dieu : en lui-même ou reconnaître sa présence et son action a travers les créatures. Le fond de l'âme est qualifié d'enfer, puis de néant, de vide. Jésus Christ tient une place centrale dans la pensée de Bérulle qui le contemple dans l'idée que Dieu lui en donne. Et pour évoquer la vie intérieure de Jésus, il reprend le mot de « cœur ».

A défaut de la présence linguistique de l'intériorité dans les écrits de Bovelles, (J.C. Margolin) ce concept est consubstantiel à la pensée du philosophe picard. Pour lui, il y a quatre degrés d'humanité correspondant aux quatre éléments. L'homme de culture est trois fois homme : par la nature, par l'âge, par la vertu. Bovelles voit la vertu intellectuelle comme un mûrissement progressif que valorise l'éducation. L'accomplissement de l'homme va de l'écriture à la parole, de la parole à la notion, de la notion à l'intelligence. On peut soutenir que l'auteur du *De Sapiente* a découvert, avant Montaigne et Descartes, la subjectivité et l'expérience intérieure du *cogito.* C'est l'expérience de la *mens* ou esprit, instance supérieure à la *ratio* et à l'*intellectus* que l'homme parfait ou sage partage avec l'ange. La *mens* s'exprime dans l'acte de contemplation, qui est comme l'œil de l'âme. Aux sens supérieurs et inférieurs correspondent des planètes supérieures ou inférieures. L'œil charnel ou impur se métamorphose virtuellement en *oculus rationis* ou intérieur. Ce qui constitue l'intellect humain n'est que pure potentialité chez l'enfant. La culture, qui en fait un *homo studiosus* féconde son évolution. Comme Ficin, Bovelles combat le matérialisme et croit à l'immortalité de l'âme. Face à tous les êtres du monde, l'homme se situe comme un miroir universel, dont le foyer occupe le centre de la sphère. L'intériorité bovelienne pourrait s'appeler centricité.

Pétrarque montre un attrait spécial pour la musique (F. Malhomme). Il la pratique et chante ses rimes en s'accompagnant du luth. Il donne à la musique sa place au sein des phénomènes majeurs de l'expérience humaine. Son enquête intérieure est recherche de la culture de l'âme. Eloquence et musique sont sœurs jumelles. Le pouvoir de la musique est immense sur les passions de l'âme. Le Pétrarque lyrique s'efface devant le moraliste. L'idéal serait de renoncer à la danse ; comme pour

Augustin, son message d'humaniste et de moraliste chrétien mène Pétrarque à la contemplation de Dieu.

Montaigne a traduit *La Théologie Naturelle* de Raymond Sebond, qui prend pour point de départ la connaissance de soi. (J. Céard) Pour lui, l'intériorité c'est l'âme et le corps mystérieusement unis. Le dehors ne révèle jamais complètement le dedans de notre être. Les spécialistes du corps se heurtent à la même anatomie des corps, qui est alors valorisée mais n'atteint que très superficiellement le dedans. Quand Montaigne reconnaît en lui quelque chose qui échappe au changement – la forme maîtresse –, Pierre Villey en tire l'idée qu'il y a en nous quelque chose qui fonde notre individualité, et quelque chose d'universel par quoi chacun de nous peut communiquer aux autres le fruit de son expérience. Pourtant Montaigne n'est à l'écoute que de sa propre intériorité, et il s'efforce d'approcher l'intériorité des autres. D'où son intérêt pour l'historiographie et pour les *Vies*. Il choisit de se décrire « par lopins », de se réciter en détail, sans prétendre réduire à la cohérence la diversité de ses gestes.

Face aux exemples d'expériences intérieures religieuses signalées, la spiritualité de Calvin paraît abstraite.(F. Higman) C'est dans un sens péjoratif qu'il utilise le terme de « dévotion » comme, entre autres, dans le *Traité des Reliques*, qui sont « fausse couverture pour farder notre folle cupidité ». Hélène, mère de Constantin, qui recherche la vraie croix fait preuve de religiosité. Les fausses dévotions sont de l'idolâtrie. Ce qui est matériel et corporel doit être exclu de la vraie piété, et la doctrine catholique de l'Eucharistie en est une forme. Puisque l'Ecriture définit l'Eglise et ses doctrines, elle a priorité sur l'Eglise. A la question « comment savoir quels livres sont inspirés de Dieu ? » Calvin répond que le témoignage de l'Esprit doit faire foi. Notre Seigneur « besogne intérieurement en nous par son Esprit ».

C'est cette spiritualité souvent abstraite que les fidèles anglais de l'ancienne foi n'acceptent pas dans la nouvelle Eglise d'Angleterre. Sir Thomas Tresham devint le principal porte-parole des catholiques récusants (G.Kilroy) dès l'instant où il fut arrêté en 1581 pour avoir caché Edmund Campion. Il passa presque quinze des vingt-quatre années qui suivirent en prison ou en résidence surveillée. Ses études théologiques lui permirent de mener de savants débats avec les théologiens d'Oxford à la prison de la Fleet et de devenir ce qu'on peut appeler un architecte mystique. Deux de ses remarquables bâtiments, le pavillon triangulaire et Lyveden New Bield et leurs jardins, inscrivent sa déclaration de foi théologique en un code complexe de symboles hébreux, de nombres pythagoriciens, de formes et dessins géométriques. Il découvrit ce code alors qu'il était emprisonné au palais de l'évêque d'Ely ; les papiers où il fut noté restèrent cachés depuis le jour où on les enveloppa d'une feuille blanche et où on les dissimula derrière « une très épaisse cloison » le 28 novembre 1605. On les découvrit seulement en 1828, et ils restèrent en grande partie non publiés parce que difficiles à comprendre. Ces manuscrits peuvent être l'emblème du désir qu'avaient les sujets d'Elisabeth en même temps de cacher et de révéler leur foi, et du peu d'empressement des historiens ultérieurs à percer les cloisons qui avaient emprisonné ce groupe de chrétiens opprimés.

Un langage caractéristique de l'intériorité sous-tend la méditation sur le moi qui constitue la séquence de sonnets *Astrophel et Stella* où Sir Philip Sidney relate ses amours passionnées pour Penelope Devereux. On a cru longtemps que ces poèmes étaient autobiographiques, mais « ce théâtre du plaisir », comme l'appelle Thomas Nashe, représente en fait un exercice littéraire (M.T.Jones-Davies), où s'exprime la double quête de l'amour et de l'art entreprise par Astrophel. Suivant le conseil de Castiglione dans *Le Courtisan,* Sidney s'efforce de cacher l'art par l'art, grâce à cette forme d'esthétique « souple et aisée » qu'est la *sprezzatura* décrite par D. Arasse, grâce nonchalante, qui est comme le goût de la dissimulation. C'est la « belle manière » dans le portrait, qui s'apparente au statut paradoxal du secret.

Le théâtre de la Renaissance anglaise présente plus d'un aspect de l'intériorité (E. Paganelli). Si la figure mystérieuse de Hamlet en domine l'ensemble, il y a, à ses côtés, la faiblesse et la transgression du Faust de Marlowe, ou bien encore, dans *La Duchesse d'Amalfi* de Webster le monstrueux Ferdinand, qui, par sa terreur de la lumière, s'identifie avec l'ennemi de la vie.

Dans la pièce historique de Shakespeare, *Richard II*, lorsque le roi déchu demande qu'on lui apporte un miroir, ce miroir doit annoncer, mesurer et confirmer (A.Kinney) les immenses changements qu'implique la perte de sa majesté. Le miroir tendu à Richard ne reflète pas la réalité : un miroir peut en effet déformer ou multiplier une image, ou renverser un objet en le reflétant. Vers 1590, il y avait les miroirs de verre – produits de luxe – et les miroirs d'étain bon marché. Au début du XVIIe siècle, Képler étudiait le principe fondamental de la réfraction, et comment l'image était transmise au cerveau. Avec les Tudors et les Stuarts, les miroirs devenaient des moyens de connaissance de soi. L'importance croissante des miroirs se retrouve en Angleterre dans les multiples titres d'ouvrages qui fonctionnent comme métaphores. (ex : *The Mirror for Magistrates*). Les miroirs pouvaient encore distendre, redéfinir la vérité. Athanasius Kircher inventa au XVIIe siècle un système optique qui métamorphosait l'image. Et l'on sait que nombreux furent les effets d'anamorphose. Comme Leon Battista Alberti et Leonardo da Vinci l'ont exposé, un miroir peut vérifier la ressemblance, éduquer l'œil, mais aussi produire des illusions.

Il semble que la question de l'intériorité ne se pose pas dans *L'Utopie* de More. L'intériorité y est plutôt victime d'une censure (D. Ménager). Le pays d'Utopie est l'espace où l'on ne peut se cacher. Aucune chance n'y est donnée au goût de la clôture, du secret ; mais au contraire, on remarque le culte de la transparence. Les portes des maisons sont ouvertes. C'est la musique qui doit permettre aux utopiens de retrouver leur espace intérieur. Si, à première vue, on peut croire que *L'Utopie* ne fait aucune place à l'intériorité, en fait les choses sont plus complexes : il faut tenir compte de l'humour de l'auteur.

A partir du XVIe siècle la perplexité désigne une notion technique signifiant pour les juristes une antinomie de lois, et pour les théologiens l'état d'une conscience qui fait erreur et dont le *dictamen* est en désaccord avec l'Eglise (S. Geonget). Dès le début du siècle le débat intérieur prend la forme de la délibération rhétorique. On a recours à la figure de communication décrite par Quintilien au livre IX de *L'institution Oratoire.* On s'interroge *pro et contra.* En 1532, Rabelais exprime de la même façon le dilemme de Gargantua (voyant d'un côté sa femme Badebec morte, et de l'autre son fils Pantagruel vivant). A partir de 1536 et du *Tiers Livre,* la perplexité devint susceptible de se dire comme une inquiétude intime. Elle trouve un lieu de développement propice dans les descriptions de crises intérieures dans les tragédies et tragi-comédies : la place de « l'entresuitte douteuse, » le second moment de la pièce, lieu idéal pour faire le récit des tergiversations du héros. On note le passage d'une thématique théologique à une thématique éthique ; le passage d'une rhétorique délibérative scolastique à une rhétorique théâtrale ; et le passage d'une intériorité qui se dit à une intériorité qui se voit.

L'idée d'un prince des ténèbres et de ses légions d'êtres malfaisants est une intrusion en Occident des religions dualistes d'Orient (C.G.Dubois). Alors apparaît un système d'opposition à la volonté de Dieu.On choisit le diable parmi les anges. Il est intégré dans le christianisme avec le 4e Concile de Latran. Vers la fin du XVe siècle, on s'efforce de donner une identité spécifique au crime de sorcellerie. Le diable au XVIe siècle : il y a la tentation, la possession puis l'intrusion de l'œil humain dans l'univers des diables. L'intériorisation du diable dans des personnes humaines débouche sur des démonstrations spectaculaires : crise de pathologie collective, fondée sur la peur et sa contagion. Phobie de l'infiltration du corps social par les démons, avec remontée en puissance des quatre ennemis héréditaires du christianisme : le retour des dieux antiques, le recours à la magie avec les superstitions populaires, le parti d'en face, l'hérétique ; et le quatrième ennemi : l'esprit critique à l'égard des croyances et du goût de la jouissance épicurienne. Dans le courant de résistance à la sorcellerie se situe Montaigne.

Rien de plus suspect que l'intériorité, au point qu'elle ne peut en un premier temps qu'être objectivée, rejetée à l'extérieur de soi. Le diable apparaît alors avec griffes et pied fourchu. Le discours intérieur se fait donc culpabilisateur pour être racheté par l'extériorité de la grâce divine. La Renaissance est en voie d'assumer l'intériorité ; la poésie, tout en décrivant les espaces intérieurs de l'âme reste prudente et a recours à des conventions littéraires contraignantes. Le sonnet ou l'essai disent-ils l'intérieur ? Comme l'écrit Montaigne : « il faut sonder jusqu'au dedans... » (*Essais,* Livre II, chapitre I).

La Présidente de S.I.R.I.R.
M.-T. JONES-DAVIES

LE MONDE EXTÉRIEUR ET LE MONDE INTÉRIEUR : L'ICONOGRAPHIE DE LA RENAISSANCE

Les relations entre la pensée et l'espace – les espaces – peuvent être de plusieurs types : métaphores spatiales dans un texte représentant l'intériorité, description d'un espace qui crée dans le texte un espace intérieur, iconographie emblématique, spatialité picturale image d'une optique intérieure. Mais plus que la typologie importe le fonctionnement successif syntaxique : les images réflexives, figures de la pensée et de l'intériorité, sont dans une suite où elles peuvent être conçues comme des métaimages ou des images réflexives en enfilade, comme des contenants indéfinis, comme des possibilités de négation et d'hypothèse.

Les images du monde intérieur apparaissent à la fois comme texte, comme image, et comme création d'espaces symboliques dans l'*Hyperotomachie ou Songe de Poliphile* (1467). Le songe débute avec le personnage « couché sans autre compagnie que de ma loiale garde Agrypnie »[1] ; ce mot, qui signifie « insomnie », fait, par son préfixe privatif, de la pensée non une image inversée du monde extérieur, mais un vide, ne se définissant que par négation ; une note marginale dit « Agrypnie est le veiller que l'on fait par maladie ou fantasie ». Les représentations suivantes de ce monde intérieur sont celles de guerre civile, d'ennemis domestiques, puis le rêve prend la forme du voyage en forêt. La négation y apparaît par la mention de rivières non vues, par un appel au fil d'Ariane, par des échos ; tous éléments qui supposent à la fois la conscience et l'ignorance, ou plus exactement la conscience d'un ignoré : le paysage est une image du monde intérieur du fait qu'il contient des parties hors de la vue.

Les gravures sont, pour celles qui représentent la forêt, faites de plans de superpositions incertaines. Puis dans les pages suivantes, au

---

[1] Traduction française, Paris 1546, 1.

symbolisme architectural, apparaît une pyramide à degrés où l'on entre par une porte en forme de tête de Méduse : la pyramide à degrés était un rêve disparu, le Mausolée d'Halicarnasse tel qu'il était reconstitué en imagination d'après des textes ; la Méduse est un paradoxe visuel puisqu'elle regarde les autres mais qu'ici elle est inversement objet du regard et même but de la démarche du promeneur. L'espace est image du monde intérieur par ses contradictions.

La théorie de la vision combine les effets d'image symétrique et ceux d'emboîtement. Les gravures d'ouvrages scientifiques montrant le fonctionnement de la vue présentent l'image rétinienne comme obtenue par symétrie, mais en même temps la ressemblance avec la chambre noire montrée par d'autres gravures combine la relation d'image avec celles de séquence et d'analogie : il y a effet d'image entre le percevant et le perçu, entre le monde et la figure dans la camera ; mais il y a effet de suite (d'instrument) entre le regard et la camera, puisque le regard contemple l'image par l'intermédiaire de la camera, et c'est cette combinaison de deux types de rapports qui crée l'analogie. Si on poursuit l'assimilation, en ne voyant plus la camera comme un instrument extérieur, mais comme une image du fonctionnement intérieur de la vue, on a un effet qui peut devenir infini, de personnage dans le personnage qui regarde l'image dans la rétine de celui de l'étage précédent. Les appareils d'optique étaient des boîtes dans lesquelles l'illusion se fait – ainsi l'appareil d'Hoogstraten (XVIIe siècle, actuellement à la National Gallery), ce qui reproduit l'image de la vision comme emboîtement.

Mais la vision n'est pas seulement une affaire de formes, c'est aussi une perception des couleurs, et la vision colorée du monde extérieur modélise aussi l'expérience intérieure. Selon l'iconographie de Ripa, l'arc-en-ciel symbolise la multitude d'expériences car ceux qui deviennent célèbres doivent atteindre le bon jugement par une multitude d'expériences comme l'arc-en-ciel résulte d'une multitude de couleurs rassemblées par les rayons du soleil[1].

L'usage du monde extérieur comme image du monde intérieur se manifeste non pas seulement par des contenus mais aussi par des

---

[1] *Iconologia* (Padoue, 1611),191. Voir John Gage, *Colour and Culture* (Londres, 1993), 94.

structures, notamment celle du cadrage dans les portraits emblématiques ; ainsi dans le portrait de Wriothesley emprisonné (par de Critz, 1603, Boughton House), où avec un cadre de fenêtre d'un côté, une vue de la Tour de Londres de l'autre, on peut se demander quel rôle joue la deuxième de ces formes symétriques – tableau pendu au mur, emblème de la situation actuelle du modèle, dans lequel, par un inversion de l'intérieur et de l'extérieur, on voit au mur comme en image de l'extérieur le bâtiment dans l'intérieur duquel est le modèle, avec l'effet que l'espace représenté par le tableau – la pièce – est plus petit que ce qu'il contient – la forteresse entière qui y est en image ? Ces paradoxes des cadrages emboîtés se rapportent à une scène d'emprisonnement, pour d'autres tableaux de la même époque ce sont des labyrinthes qui apparaissent à côté du portrait en cadres symboliques.

Le jeu du contenant et du contenu s'apparente ainsi aux « métaphores réflexives », ces images de la pensée qui se réfléchit en elle-même définies par Empson puis par Ricks. Or les exemples qu'ils donnent sont toujours ceux de visions atmosphériques – larme dans sa propre lumière, char dans sa propre splendeur[1]. Donc le fonctionnement de l'image du monde intérieur a même construction interne que les rapports de l'objet et l'atmosphère, que le champ et la figure, que la relation de la forme positive à la forme négative[2].

L'enveloppement, le rapport du champ et de la figure, et plus subtilement de toutes les parties d'une œuvre qui peuvent jouer les deux fonctions entre elles, le rapport à l'arrière-plan, à la forme négative, peut se muer en relation d'image, de symétrie du monde intérieur et du monde extérieur, avec ses articulations logiques. Ainsi dans le Laurent de Médicis (tombeau des Médicis à San Lorenzo de Florence) par Michel-Ange, l'intériorité de la pensée est rendue par les formes qui s'enveloppent, gestes et vêtements, formes négatives.

Se pose la question du rapport du sujet à l'objet, du personnage sujet et du personnage objet, qui vu de l'extérieur a toutefois son intériorité partagée par l'observateur. Il peut y avoir plusieurs modélisations de

---

[1] William Empson, *Seven Types of Ambiguity* et Chistopher Ricks, « 'Its Own Resemblance' » *Approaches to Marvell* (York, 1978), 108-35.

[2] Voir, après les recherches de Betty Edwards, Hazel Harrison, *An Encyclopaedia of Watercolour Techniques* (Londres, 1990), 166.

ce processus. Ce peut être un rabattement par l'oblique, où un personnage placé à angle droit sert d'intermédiaire latéral entre le lointain et l'observateur, ou ce peut être par un effet de projection vers le plan du personnage observé, avec toutes les possibilités de personnages subrogés[1].

La représentation du monde intérieur de l'autre devient alors surtout une définition du sujet, et de ses multiples rôles. Pour l'urbaniste Gordon Cullen, l'illustre *St Jérôme* d'Antonello de Messine (1475, National Gallery de Londres) est utilisé comme point de départ pour décrire l'expérience des espaces urbains, « enclosure », « hereness ». Ce n'est plus le monde extérieur qui sert d'analogie pour se représenter le monde intérieur, ce sont les catégories d'expérience affective qui sont projetées sur le monde extérieur, mais elles sont elles-mêmes représentées par des métaphores spatiales.

Mais si la théorie cherche un rapport d'analogie et d'emboîtement entre le monde intérieur et le monde extérieur, l'art suggère la subtilité du monde intérieur par la complexité. Dans le *Concert champêtre* (de Giorgione ou du Titien, Louvre) c'est le détournement des regards qui crée le monde intérieur. Puisque la peinture doit évoquer la musique, elle le fait par des regards qui suggèrent un ailleurs, et aussi parce que leurs jeux divers suggèrent l'harmonisation de plusieurs instruments, conduisant le regard du spectateur de l'un à l'autre.

Il y a donc un va-et-vient ou un écart créatif entre la modélisation théorique et la suggestion artistique de l'intériorité.

Marie-Madeleine MARTINET

---

[1] Jacques Fontanille, *Les Espaces subjectifs : introduction à la sémiotique de l'observateur – discours, peinture, cinéma* (Paris, 1989), passim.

ÉCRIRE UNE EXPÉRIENCE INTÉRIEURE : LE CAS D'IGNACE DE LOYOLA

La renommée universelle des *Exercices spirituels*, d'abord donnés oralement par leur auteur, puis diffusés en circuit contrôlé après leur première impression à Rome en 1548, aura valu à Ignace le titre de maître de la vie intérieure. Un parcours, même rapide, de ces itinéraires vers la vie contemplative fermement balisés montrerait la complexité de la notion d'intériorité dans cette œuvre. Lieu où le retraitant scrute sa vie face à soi-même en vue de la contrition de ses péchés ou du discernement des esprits, l'intériorité est aussi lieu de contemplation des Mystères du salut, et ceci, suivant deux modes : soit le retraitant entre dans la méditation en élaborant le théâtre des événements de l'Incarnation (par la composition d'un « *lugar corporeo*[1] »), soit il construit un théâtre allégorique[2]. Le travail de l'intériorité s'achève et s'accomplit en « *colloquios* », où le fidèle parle à son Seigneur « *asi como un amigo habla a otro ou un siervo a su señor* »[3], avant de se conclure sur le *Pater noster*. Lieu de contemplation à construire, lieu de rencontre à laisser envahir par la Présence du Dieu trinitaire, l'intériorité ignatienne se dessine marquée du double sceau d'une mystique de la volonté et de l'abandon.

Entre les *Exercices* et les textes qui évoquent directement l'expérience intérieure personnelle de saint Ignace, il y a à la fois distance

---

[1] « ver con la vista dela ymaginacion el lugar corporeo » (voir avec la vue de l'imagination le lieu corporel), Ignace de Loyola, *Texte autographe des Exercices spirituels et documents contemporains (1525-1615)*, Paris, Desclée de Brouwer/Bellarmin, coll. Christus, 1985, p. 10.

[2] Comme dans la méditation des deux étendards (2e semaine, 4e jour). Sur les relations possibles entre les *Exercices* et les *artes memoriae*, voir C. Bologna, « Esercizi di memoria. Dal *Theatro della sapientia* di Giulio Camillo agli *Esercizi spirituali* di Ignazio di Loyola », *Intersezioni*, vol. 11, n°3,1991, pp. 439-475.

[3] Exercices spirituels, éd. cit., p. 86 (comme un ami à son ami, ou un serviteur à son maître). La citation est tirée d'Exode 33, 11.

et familiarité[1]. Le *Journal spirituel* et le récit consigné sous le titre *Acta Patris Ignatii*, serviront ici d'observatoires privilégiés pour tenter de définir la notion d'intériorité. Tous deux datent de la fin de la vie d'Ignace. Nous avons conservé du *Journal spirituel* les feuillets écrits entre le 2 février 1544 et le 27 février 1545, sur une période d'une année environ[2]. La composition des *Acta* est plus complexe. Le texte dont nous disposons dans diverses traductions a pour source une version latine donnée par le père Annibal du Coudray entre 1559 et 1561 sur le mémoire rédigé par le père Gonçalves da Câmara[3] à partir des notes qu'il prit durant les séances où Ignace lui dictait le récit de sa vie, entre août 1553 et décembre 1555. Malgré la déclaration de Câmara dans sa préface : « *he trabajado de ninguna palabra poner sino las que he oído del Padre*[4] », force est de constater que cette « autobiographie » n'a pas pour seul auteur Ignace[5].

Ce texte n'en est pas moins riche d'enseignements pour notre sujet : dans sa pudeur et sa maîtrise, il désigne déjà ce qui est l'essentiel de l'intériorité pour le fondateur de la Compagnie de Jésus : un lieu caché où Dieu parle, dans une langue nouvelle que ne saurait redire la langue d'Ignace. De son côté, le *Journal spirituel* livre, brute, l'écriture d'une

---

[1] Comme l'affirme Jacques Le Brun, « on ne trouve [...] dans ces pages [les *Exercices*], ni un témoignage sur la vie intérieure d'Ignace, ni inversement des maximes générales indépendantes de cette vie intérieure » (« Les écrits d'Ignace », *Recherches de Science Religieuse*, 79/4 (1991), p. 498).

[2] Suivant l'opinion commune, le reste de ces « papiers journaux » a disparu. C'est l'avis de Maurice Giuliani, l'éditeur français du *Journal spirituel*, Paris, Desclée de Brouwer, coll. Christus, 1959, p. 8.

[3] L'original a été édité pour la première fois en 1904 ; la version latine d'Annibal du Coudray a été publiée par les Bollandistes en 1731 (voir *Récit*, trad. Antoine Lauras, introduction et notes Jean-Claude Dhôtel, Paris, Desclée de Brouwer, coll. Christus, 1988, n°65,p. 26). Câmara rédigea le texte en partie en espagnol, en partie en italien, suivant les secrétaires dont il disposait,

[4] *Autobiografía, in Obras completas de S. Ignacio de Loyola*, éd. P. Candido de Dalmases, Madrid, B.A.C., 1952, p. 27. Nos citations sont tirées de cette édition. Nous empruntons la traduction française à l'édition établie par A. Lauras et J.-C. Dhôtel, p. 53 (je me suis efforcé de ne mettre aucun mot que je n'aie entendu du Père).

[5] Deux pages avant la fin, on observe en effet une modification dans l'énonciation. Alors que tout le récit est rédigé à la troisième personne, Câmara reprend la parole à la première personne, pour livrer le résultat des derniers entretiens qu'il a eus avec Ignace en utilisant le style indirect ou indirect libre.

expérience intérieure trop rapide et trop dense pour être disciplinée par le langage. Mais à épouser les tâtonnements de l'écriture, une idée se confirme : l'intériorité ignatienne est bien ce lieu complexe – et sans lieu – ouvert sans réserve à la Présence divine.

Le lieu secret :

Il peut sembler paradoxal de rapprocher dans une même étude deux textes si différents par leur genèse. Scruter la notion d'intériorité dans une autobiographie rédigée à la troisième personne et développant les points que le secrétaire aura notés durant la dictée orale, peut même relever de l'imprudent défi : on n'y saisit en effet l'intériorité d'Ignace que depuis un point de vue extérieur, la voix d'Ignace étant peut-être lourdement médiatisée par le scripteur et ses secrétaires.

Cette parole, arrachée par les jésuites à leur père au terme de plusieurs requêtes, est sollicitée pour « fundar verdaderamente la Compañía[1] », tout en se conformant à la coutume de « los santos padres fundadores de algún instituto monástico[2] » de donner à leurs fils un testament spirituel. Le Père Nadal espère entendre Ignace expliquer « el modo como Dios le había dirigido desde el principio de su conversión[3] ». C'est donc bien le champ de l'intériorité que le *Récit* devrait exploiter pour se constituer : ce récit sur ordre visera à mettre en lumière, non pas les événements qui marquèrent la vie du noble basque touché par la grâce, mais l'action de la grâce en lui.

Toutefois, récit sur ordre ou pas, Ignace entend rester maître d'une opération à laquelle il n'a pas répondu avec le plus grand empressement. C'est lui qui décide de l'opportunité des séances de récit et les retarde en fonction des affaires de la Compagnie. C'est lui aussi sans doute qui fixe le protocole de ses rencontres avec Gonçalves da Câmara, et la distance que le secrétaire doit observer quand le fondateur dicte :

---

[1] Préface de Câmara, éd. esp., p. 28 (éd. franç., p. 53 : « fonder vraiment la Compagnie »).

[2] Préface de Jérôme Nadal, éd. esp., p. 23 (éd. franç., p. 45 : « des saints Pères fondateurs d'un institut monastique »).

[3] Préface de Jérôme Nadal, éd. esp. p. 24 (éd. franç., p. 47 : « comment le Seigneur vous a formé dès le début de votre conversion »).

> Dictaba paseando [...]. Yo, para observar su rostro, me acercaba siempre un poco a él, y el Padre me decía : -observad la regla-. Y alguna vez que, olvidándome de su aviso, me acerqué a él – y recaí en esto dos o tres veces, el Padre me repitió el mismo aviso y se marchó[1].

La méfiance vis-à-vis d'un secrétaire curieux et insuffisamment scrupuleux sur le chapitre de l'obéissance, est mentionnée à plusieurs reprises. Est-ce une manière de garantir la neutralité demandée au scripteur de cette autobiographie orale et de défendre le texte final contre des développements nés de la rêverie et de la conjecture[2] ? Ou simplement un moyen de se prémunir contre toute introspection indiscrète ? La fin de l'enquête de Câmara, qui coïncide avec une phase où Ignace dépeint son état intérieur présent[3], donne quelques indices de réponse sur les réserves observées dans le protocole du récit :

> Quando diceva messa, haveva anche molte visioni ; et che quando faceva le Constitutioni le haveva anche molto spesso ; et che adesso lo pò questo affirmare più facilmente, perchè ogni dì scriveva quello che passava per l'anima sua, et lo trovava adesso scritto. Et così mi mostrò un fasce assai grande di scritture ; delle quali me ne lesse buona parte. Il più era visioni, che lui vedeva in confirmatione di alcune delle constitutioni

---

[1] Préface de Câmara, éd. esp., p. 29 (éd. franç., p. 55 : « Il dictait en marchant [...]. Quant à moi, pour observer son visage, je m'approchais toujours un peu de lui. Le Père me disait : 'observez la règle.' Et une fois, négligeant son avertissement, je m'approchai de lui – et je retombai à deux ou trois reprises dans cette faute –, le Père m'en fit la remarque et s'en alla »).

[2] Les développements donnés aux biographies de saint Ignace dans la Compagnie enjoliveront d'ailleurs la trame du *Récit*, qui, recopié, circule de main en main dans le cercle de la Compagnie. Le texte des *Acta* est retiré de la circulation entre 1565 et 1572 quand François Borgia, supérieur général, donne mission au père Ribadaneyra de composer une biographie d'Ignace : *Vida del bienaventurado padre Ignacio de Loyola, fundador de la religión de la Compañía de Jesús*. Il sera suivi par le père Maffèi, qui enjolive le récit en l'ornant de *topoi* narratifs en vogue.

[3] Voir en particulier la manière dont Ignace parle de la grâce d'union habituelle dont il jouit alors (éd. franç, p. 161).

> [...]. Io desiderava vedere quelle carte delle Constitutioni tutte, et lo pregai me le lasciasse un poco : lui non volse[1].

Le détail du refus de livrer à lecture les liasses de son journal spirituel est révélateur. Même s'il accepte de réciter ses visions, Ignace refuse la saisie en direct par un tiers de ce que l'écriture – comme peut-être tout à l'heure, l'expression du visage – pourrait livrer à son insu. L'intériorité est donc bien ce champ clos où l'on ne saurait pénétrer par effraction. Seuls seront révélés les secrets du jardin de l'âme sur lesquels Ignace aura levé le voile.

Visite, vision, illumination

Ainsi des « visites » divines[2] qui ponctuent plutôt irrégulièrement le récit du *Peregrino* : le terme utilisé par Ignace, qui l'emprunte à la double tradition biblique et monastique[3], désigne déjà l'intériorité comme le lieu privilégié d'une rencontre.

Ces phénomènes se concentrent, pour l'essentiel et dans leurs versions les plus développées, durant la période du séjour à Manrèse, entre mars 1522 et février 1523. Le *Récit*, qui les résume en cinq points, affiche leur fonction propédeutique dans la vie du saint quand il affirme : « En este tiempo le trataba Dios de la misma manera que un maestro de escuela trata a un niño enseñandóle »[4].

---

[1] Ed. esp. (reproduisant en italien cette partie du texte) p. 110 (éd. franç. p. 162 : « Quand il disait la messe, il avait aussi beaucoup de visions ; et quand il faisait les Constitutions, il en avait aussi très souvent. Maintenant il peut l'affirmer plus facilement parce qu'il écrivait chaque jour ce qui se passait dans son âme et qu'il le trouvait maintenant par écrit. C'est ainsi qu'il me montra une assez grande liasse de manuscrits, dont il me lut une bonne partie. C'était en majorité des visions qu'il voyait en confirmation de quelque point des *Constitutions* [...]. Je désirais voir tous ces papiers sur les *Constitutions* et je le priai de me les laisser quelque temps. Il ne le voulut pas »).

[2] § 10 : « visitación » ; § 95 ; « visitationi ». Le terme est utilisé seulement deux fois dans le *Récit* ; en revanche, il apparaît cinq fois dans la lettre de Jacques Lainez à Polanco.

[3] Sur cette question, voir dom Jean Leclercq, *L'Amour des lettres et le désir de Dieu*, Paris, Cerf, 1990 [1956], p. 202.

[4] § 27, p. 47 (éd. franç., p. 84 : « en ce temps-là, Dieu se comportait avec lui de la même manière qu'un maître d'école se comporte avec un enfant : il l'enseignait »).

Les étapes qui mènent à « l'illumination du Cardoner » mettent en scène l'intensité de la vie intérieure et la diversité de ses modes. La plupart de ces séquences narratives, qui frappent à la fois par la pauvreté du vocabulaire employé et par l'effort déployé pour rendre compte de la complexité de l'expérience, privilégient les phénomènes de vision. Par essence indicible, cette expérience mystique se dit dans l'indécision obligée des termes descriptifs, dans le recours permanent à l'approximation et dans une syntaxe embarrassée. Elle est aussi le signe d'une connaissance qui n'est pas parvenue à l'illumination parfaite.

Trois expressions dominent l'évocation des visions : Ignace-Câmara recourt, soit au verbe *ver* (« veía », « vido »...) souvent combiné au verbe *parecer* (« le parescía que vía Cristo »), soit à « aparecer » (« le apareció aquella visión que muchas veces le aparecía »), soit encore à « representar » sous la forme « se le representaba » (« il se représentait », avec nuance passive).

Une fois extériorisée et traduite en mots, l'image apparue en vision revêt toujours un caractère imprécis, sommaire, voire déconcertant pour le lecteur.

> Estando en oración, *veía con los ojos interiores* la humanidad de Cristo, y la figura, que le parecía era como un cuerpo blanco, no muy grande ni muy pequeño, mas no veía ninguna distinción de miembres[1].

Si Ignace exprime à l'occasion la force des effets produits sur le sujet par l'expérience intérieure[2], les visions elles-mêmes restent à la limite de l'abstraction, réduites, pour ainsi dire, à l'état de signe arbitraire de la présence divine. L'impuissance du langage à en livrer

---

[1] § 29, pp. 48-49 (éd. franç., p. 87 : « alors qu'il était en oraison, il voyait avec les yeux intérieurs l'humanité du Christ ; et la figure qui lui apparaissait était comme un corps blanc, ni très grand, ni très petit, mais il ne voyait pas de membres distincts »). Une autre vision, récurrente celle-là et n'appartenant pas à la période de Manrèse reproduit le même processus : « Le aparescía muchas veces nuestro Señor, el cual le daba mucha consolación y esfuerzo ; mas parescíale que vía une cosa redonda y grande, como si fuese de oro » (§ 44, p. 57 ; éd. franç., p. 99 : « notre Seigneur lui apparaissait souvent, ce qui lui donnait beaucoup de consolation et de force. Il lui semblait voir une chose ronde et grande, comme en or »).

[2] Voir les § 21, 29, 44 et 57.

une description pertinente n'est pas ici seule en cause ; c'est plutôt le statut de la vision qui est mis en question : en fait, loin de constituer l'essentiel de l'expérience mystique, elle est une étape sur le chemin de la perfection. C'est bien ce que révèle la double modalité du voir intérieur mise à jour dans une autre des expériences manrésiennes. Ignace raconte qu'un jour,

> alzándose el Corpus Domini, *vió con los ojos interiores* unos como rayos blancos que venían de arriba ; y aunque esto, después de tanto tiempo, no lo puede bien explicar, todavía lo que *él vió con el entendimiento* claramente fué *ver* cómo estaba en aquel Santísimo Sacramento, Jesucristo nuestro Señor[1].

Alors qu'aucune allusion n'est faite ici à une quelconque perception par les sens (voir l'hostie consacrée au moment de l'élévation), le verbe « ver » est utilisé dans le récit pour évoquer à la fois la vision surnaturelle (reçue par les yeux intérieurs) et la compréhension immédiate, totale, du Mystère de la transsubstantiation (reçue par les yeux de l'entendement). L'élimination du regard actif et extérieur (activité du sens de la vue) coïncide avec la double mention du regard intérieur, passif et abandonné du mystique, qui reçoit en lui image et clarté de l'intelligence. L'activité de l'intériorité s'exerce ici suivant deux modes : celui du *sensus* et celui de l'*intellectus*, qui paraissent subordonnés l'un à l'autre.

Cependant, loin de constituer une structure immuable pour le mouvement de l'activité mystique, ces deux éléments sont évoqués dans des modes de relation sans cesse différents. Ici, c'est l'envol de l'entendement qui achemine à une vision : « Se le empezó a elevar el entendimiento, como que vía la Santísima Trinidad en figura de tres teclas[2] ». En revanche, la vision de l'activité du Dieu Créateur,

---

[1] § 29, p. 48. C'est moi qui souligne. Ed. franç., p. 86 : « à l'élévation du Corpus Domini, il vit avec les yeux intérieurs comme des rayons blancs qui venaient d'en-haut. Et bien que, après un si long temps, il ne puisse expliquer cela, cependant ce qu'il vit clairement avec l'entendement ce fut de voir comment Jésus-Christ notre Seigneur se trouvait dans ce Très Saint Sacrement ».

[2] § 28, p. 48. Ed. franç., p. 85 : « son entendement commença à s'élever, comme s'il voyait la Trinité sous la forme de trois touches ».

entrevue dans son processus dynamique, semble s'imposer d'une manière immédiate, sans recours aux facultés de l'entendement :

> Se le representó en el entendimiento con grande alegría espiritual el modo con que Dios había creado el mundo, que le parecía ver una cosa blanca de la cual salían algunos rayos, y que della hacía Dios lumbre. Mas estas cosas, ni las sabía explicar, ni se acordaba del todo bien de aquellas noticias espirituales que en aquellos tiempos le imprimía en el alma[1].

La métaphore finale des connaissances gravées en l'âme par l'action divine comme un sceau dans la cire tendre semble même, par opposition, induire l'idée que l'image est connaissance, mais une connaissance infuse, obscure et passagère. L'illumination finale fait, quant à elle, l'économie de la vision, toujours particulière, toujours fragmentaire :

> se le empezaron abrir los ojos del entendimiento ; y no que viese alguna visión, sino entendiendo y conociendo muchas cosas, tanto de cosas espirituales, como de cosas de la fe y de letras ; y esto con una ilustración tan grande, que le parecían todas las cosas nuevas. Y no se puede declarar los particulares que entendió entonces, aunque fueron muchos, sino que recibió una grande claridad en el entendimiento[2].

Même si le langage de l'intelligence est ici fortement sollicité, l'expérience intérieure évoquée en termes de lumière (« ilustración »,« « claridad ») dépasse largement le champ des facultés intellectuelles. Quand le Père Nadal parle de « *sagesse* architec-

---

[1] § 29, p. 48. Ed. franç., p.86 : « Une fois se représenta en son entendement avec une grande allégresse spirituelle, la manière dont Dieu avait créé le monde : il lui semblait voir une chose blanche, d'où sortaient quelques rayons, et avec laquelle Dieu faisait de la lumière. Mais ces choses, il ne savait pas les expliquer ; et il ne se souvenait pas non plus très bien de ces connaissances spirituelles que Dieu imprimait en son âme. »

[2] § 30, p. 49. Ed. franç. p. 88 : « les yeux de son entendement commencèrent à s'ouvrir. Non pas qu'il vit quelque vision, mais il comprit et connut de nombreuses choses, aussi bien des choses spirituelles que des choses concernant la foi et les lettres, et cela avec une illumination si grande que toutes ces choses lui paraissaient nouvelles ».

tonique »[1] pour désigner le caractère global des intuitions reçues, il désigne à juste titre une illumination transformante. La réminiscence du texte de l'Apocalypse (21,5) est le signe de cette nouveauté radicale.

Dans ces écrits, très éloignés de toute perspective théorique, la notion d'intériorité ne peut être perçue que de biais, depuis les dédales du récit, où Ignace se préoccupe fort peu de réorganiser l'expérience suivant une voie d'ascension jouant sur une progression rectiligne. Le recours à des notions figurant dans des traités spirituels comme l'*Itinerarium* de saint Bonaventure[2] (vision, intelligence, illumination) procède de nécessités pragmatiques pour désigner le moins imprécisément possible l'une ou l'autre des modalités de l'action divine dont l'intériorité est le champ privilégié.

Intériorité : un lieu d'action et de manifestation du Tout-Autre

Ce qui importe à Ignace, en effet, dans ce regard posé sur lui-même, ce n'est pas lui-même, ce n'est pas l'expérience comme telle et ce qu'on en saurait dire, c'est la Présence de Dieu qui lui parle en signes secrets. La partie de son journal spirituel qui a été conservée confirmera cette intuition.

« *Interna mentis sensa* » : tels sont les mots inscrits par une main anonyme sur la page de titre des deux cahiers autographes de 27 et 24 pages qui renferment les notes consignées entre le 2 février 1544 et le 27 février 1545. Les premières ont été rédigées, alors que, l'élaboration des *Constitutions* n'étant pas encore achevée, Ignace tente de faire élection sur la question de la pauvreté de la Compagnie ; la première page du *Journal* porte ainsi ces mots : « más a no nada[3] ». S'il est clair que les religieux de la Compagnie doivent faire vœu de pauvreté, ce vœu concerne-t-il aussi les églises ? Peuvent-elles disposer de

---

[1] L'expression est citée à la note 33 du *Récit*, dans l'édition Lauras/Dhôtel, p. 88.

[2] Les six degrés de la connaissance de Dieu chez Bonaventure sont les suivants : sensibilité (sens/imagination), conscience (vision/intellect), esprit (intelligence/*apex mentis*).

[3] *Diario espiritual*, in *Obras completas*, éd. P. Ignacio Iparraguirre, Madrid, B.A.C, 1952, p. 285 ; « plutôt porté à n'avoir rien », *Journal spirituel*, éd. Maurice Giuliani, Paris, Desclée de Brouwer, 1959, p. 45.

revenus ? Les statuts de 1541 répondaient par l'affirmative. Toutefois, Ignace veut revoir la question, non pas à l'aune des jugements humains mais en se laissant conduire par Dieu. C'est à toute fin de saisir les voies divines qu'il transcrit scrupuleusement les motions de son âme au cours des quarante jours pendant lesquels il s'interroge, du 2 février au 12 mars 1544. Aussi a-t-on pu écrire à propos de ce texte : « El *Diario* no es en un cierto sentido más que los *Ejercicios* en acción[1] ». Le texte du *Journal* accompagne la prise de décision : Ignace note ce qu'il a ressenti, vécu, sans hésiter à revenir sur son expérience, comme l'attestent les corrections[2].

A la date du 13 mars, Ignace change de page : il commence une nouvelle série, dont on ne dispose qu'en partie et qui se caractérise par son aspect fragmentaire, elliptique et dépouillé à l'extrême. Comme l'a écrit Maurice Giuliani, dans la pertinente analyse figurant en préface de son édition française du *Journal*, « Les notations sont d'une brièveté décourageante : on dirait que l'expérience a désespéré de toute expression[3] ». Le *Journal* s'achève en un registre attentif et ponctuel des larmes, vécues comme don de Dieu et signe sensible de sa Présence. Ce ne sont plus les motions intérieures que tente d'analyser Ignace, mais ces larmes et leur nature, comme l'écho d'une Parole intérieure qui doit délivrer la lumière. Pour le lecteur se referme alors la porte que le *Journal* avait momentanément entrebâillée sur le secret colloque dont Ignace avait noté les mouvements, en des mots et des signes parfois inattendus.

Ces préliminaires permettront d'apprécier l'écart qui existe entre l'*Autobiographie* et le *Journal*. En quelques-unes de ses pages, le récit transcrit par Câmara proposait un compte-rendu de l'expérience intérieure comme épuré par la distance temporelle ; le *Journal*, en revanche, constitue une sorte de prise de notes effectuée aussi peu de temps que possible après les phénomènes d'une vie intérieure au rythme accéléré. Cette fois, Ignace tient la plume, mais à des fins privées : le « contrerolle » brut des « interna mentis sensa » est dressé

---

[1] Introduction du P. Iparraguirre, éd. cit., p. 279 (« dans un certain sens, le *Journal* n'est rien d'autre que les *Exercices* en action »).

[2] Voir l'analyse de M. Giuliani, dans son introduction, pp. 14-15.

[3] Ed. cit., p. 29.

pour déchiffrer les volontés divines, illisibles dans l'immédiateté de l'expérience spirituelle.

Dans sa forme matérielle, le manuscrit enregistre à la fois les événements de la vie intérieure et les aventures de l'écriture. Ignace note, en discontinu, suivant le peu de loisir que lui laissent ses charges, les impressions dont il se souvient. Le manuscrit garde la trace de ces interruptions : il scande les étapes de l'écriture en se chargeant de barres verticales. A cinq reprises, c'est une double barre qui vient se glisser dans le cours de la ligne : elle signale un arrêt de la conscience immédiate ; l'écriture a été suspendue par une vision[1]. Ecriture en discontinu, le *Journal* est aussi une écriture qui revient sur elle-même. Témoin, ce passage daté du 8 février :

> Sentí en mí un ir o llevarme delante del Padre, y en este andar un levantárseme los cabellos, y moción como ardor notabilísimo en todo el cuerpo, y consecuente a esto lágrimas y devoción intensisíma ||. Esto después leyendo, y juzgando estar bien escrito, venirme una nueva devoción no sin agoa a los ojos ||[2].

Enfin, le manuscrit admet la surcharge et la rature, où le père Kolvenbach a reconnu un « effort constant afin de se dire le plus clairement possible l'indicible de son expérience mystique[3] » : Ignace répare les oublis, mais il supprime aussi. Ces hésitations du manuscrit, comme la signalétique des pauses de la rédaction, confirment l'idée qu'Ignace relit son registre et en explore le texte pour déchiffrer le sens d'une expérience passée, et dépassée par l'intensité de nouvelles visites divines. Le recours à une rhétorique de l'indicible minimale

---

[1] Le 6 mars, Ignace signale le retour d'une représentation de la Trinité sous forme sphérique, semblable à celle qu'il a reçue à plusieurs reprises dans la journée, « algunos ratos de escribir ésta », p. 310 (« pendant que je notais cela », p. 89).

[2] Ed. esp., p. 286 ; éd. franç., pp. 47-48 (« je me sentis intérieurement aller ou être emporté devant le Père, et dans ce mouvement, mes cheveux se dressaient, et une motion pareille à une ardeur extraordinaire en tout le corps. A la suite de quoi, larmes et dévotion très intense ||. Relisant cela ensuite et trouvant que c'était fidèle, une nouvelle dévotion me vint, non sans larmes aux yeux ».

[3] P.-H. Kolvenbach, « Langage et anthropologie dans le *Journal spirituel* de saint Ignace », *Gregorianum*, 72/2, 1991, p. 216.

(usage de l'approximation[1], expression franche de l'indicible[2], indécision du vocabulaire[3]) traduit de fait la densité du propos qui s'exprime en une prose au rythme rapide et heurté, parfois contrainte à l'usage des abréviations. On ne saurait interpréter cette disposition du manuscrit seulement comme la marque d'une prise de notes rapide à usage privé. Le retour significatif du « etc. », en fin de paragraphe, signale à la fois la réitération de phénomènes parfaitement connus d'Ignace et une écriture à la traîne d'une expérience trop intense et trop vive pour être entièrement fixée par les détours de la phrase. C'est pour les mêmes raisons qu'Ignace recourt fréquemment à la forme elliptique, préférant le participe présent au verbe conjugué. L'effet essentiel de cet usage de l'abréviation syntaxique n'est pas sans intérêt : le passé de l'expérience se voit à proprement parler re-présenté de sorte que l'instant de la lecture renoue au plus proche avec l'instant de l'expérience.

Il reste à examiner maintenant le vocabulaire qui sert à l'expression de l'intériorité. Deux termes dominent le discours mystique : celui de « *visita* » d'abord, qui évoque les manifestations de la Présence de Dieu en Ignace, et parmi lesquelles comptent les larmes. Le mot est utilisé vingt-deux fois ; le verbe « *visitar* », 12 fois, mais essentiellement à la forme passive (10 occurrences). L'adjectif « *interior* » revient, quant à lui, au moins 54 fois, relayé une dizaine de fois par son synonyme « *interno* ». Des expressions comme « *internamente* », « *de dentro* », « *en mí* », « *dentro* », complètent un vocabulaire qui ne

---

[1] « Devoción calorosa y como rúbea » éd. esp. p. 295 ; éd. franç., p. 63 (« une certaine dévotion chaleureuse et comme rouge »).

[2] Ed. esp. p.290 (« viendo, que escribir no se puede, como ni las otras cosas explicar ») ; éd. franç., p. 55 (« d'une manière telle que cela ne peut s'écrire, pas plus qu'on ne peut exprimer les autres choses »).

[3] Il s'agit là d'un procédé très fréquemment mis en œuvre dans le texte. L'un des passages les plus intéressants de ce point de vue concerne la journée du 21 février, où saint Ignace cite saint Paul, (2 Co 12, 2) sur le mode de la réminiscence pour évoquer sa propre expérience mystique. : « conocía, sentía o vía, *Dominus scit* » (éd. esp. p. 298 ; éd. franç. p. 68 : « je connaissais, je sentais ou je voyais, *Dominus scit* »). Dans son annotation, I. Iparraguirre commente : « El santo lucha con el lenguaje para expresar del modo menos impropio sus inefables experiencias místicas » (le saint lutte avec le langage pour exprimer de la manière la moins impropre ses expériences mystiques ineffables).

recherche pas l'originalité. Enfin, c'est très rarement que l'expression « *en mi aníma* » apparaît. L'adjectif « *interior* » qualifie le plus souvent le substantif « *moción* » (17 fois) et la « *loquela* » (10 fois) ; il s'applique aussi à des termes connotés positivement (*visita, devoción, dulzura, sabor, gusto, alegría, satisfacción, fuerza, reverencia, acatamiento*).

D'une telle liste, on déduira forcément l'importance du champ lexical, mais surtout expérimental, de l'intériorité ignatienne. Si cette expression de la vie intérieure frappe par son tour souvent pléonastique, elle déroute cependant le lecteur qui cherche à définir la notion d'intériorité. A plusieurs reprises, en effet, Ignace recourt à des expressions comme « *tanto internamente* »[1]. Y aurait-il des degrés d'intériorité ? De même, que penser des « *sollozos interiores*[2] » ? Sur un autre registre, peut-on admettre que le « *sentimiento interior* » soit seulement la marque d'un pléonasme malhabile ? L'intériorité semble désigner le lieu le plus intime où Dieu déploie les manifestations de sa grâce : le plus intérieur serait alors le lieu de la plus vive rencontre avec Dieu – ou le temps de cette expérience ; la forme pléonastique en serait le signal. De la pertinence de cette idée, le diaire donne au moins un autre indice. A la date du 12 février, dans un passage qu'il biffera plus tard, Ignace oppose extérieur et intérieur : « Yendo de misa y en ella, un parecer que el calor de dentro pugnaba con el viento de fuera, pareciendo bueno lo claro de dentro y lo malo de fuera[3] ». Les deux lieux sont aisément identifiables. La chaleur qui saisit Ignace, comme en d'autres occasions, est le signe d'une visite divine ; le froid extérieur renvoie au bruit extérieur qui distrait le saint dans sa dévotion. Enfin, les notes consignées le 7 mars proposent une expérience très différente qui permet d'avancer les mêmes conclusions : le lieu de la « visita interior » des Personnes divines se situe, non plus dans l'âme, mais « entre su asiento arriba y la letra[4] » entre leur siège,

[1] Voir aussi à la date du 6 mars l'expression : « con mucha interna y mucho suave devoción » (p. 309) « dévotion très intérieure et très suave » (p. 86).

[2] Ed. cit., p. 295.

[3] Ed. esp., p. 289 (éd. franç., p. 53 « allé à la messe. Et pendant, impression que la chaleur de l'intérieur luttait contre le vent du dehors, et aperçu clairement que le bien venait du dedans et le mal du dehors »).

[4] Ed. esp., p. 310 ; éd. franç., p. 90.

là-haut et la lettre du missel où Ignace lit les paroles de la messe. La visite est bien désignée comme intérieure et, simultanément décrite comme se situant devant les yeux du prêtre. L'expérience mystique coïncide ici avec une intériorité dilatée, voire extatique, au sens premier du terme.

Les textes autobiographiques de saint Ignace dessinent donc les contours d'une intériorité qui est, en fait, lieu d'invasion de la pure extériorité de Celui que Michel de Certeau appelait « le Tout-Autre ». L'introspection ne consiste alors qu'à repérer la présence du doux hôte de l'âme, « à fixer la trace de son passage[1] », et à en décrypter les signes. Ce faisant, Ignace rejoint la tradition spirituelle chrétienne dans ce qu'elle a de plus classique[2].

Ce n'est pas un hasard si la fin du texte conservé comporte un nombre important de mentions au mystérieux phénomène de la « *loquela* »[3]. La voix de Dieu s'élève, mais c'est en Ignace qu'elle retentit, au moment où le *Journal* va s'achever dans le registre des larmes, cet au-delà du langage qui semble bien l'anéantir. Elle envahit le texte sans que le lecteur en puisse rien pénétrer. Le rideau se referme sur le mystère d'une intériorité, qui prend la forme d'une nouvelle Tente de la Rencontre.

Marie-Christine GOMEZ-GERAUD
Université de Picardie

---

[1] M. Giuliani, préface à l'édition française, p. 9. Dario Restrepo (Dialogo : communión en el espíritu, Bogota, Cruz, 1975, voit dans le Journal une « conversation intime avec la Trinité » (p. 59), « un dialogue mystique » (p. 60).

[2] Voir l'article « intériorité » du *Dictionnaire de spiritualité*, Paris, Beauchesne, 1975, tome 7-2, col. 1877-1903, en particulier (col. 1898) : « les auteurs spirituels rattachent à ce qui se passe en eux une cause qui n'est pas eux. Ils plongent au centre ou se hissent au sommet de leur âme ; ils en analysent les expansions et les rétractations. Mais en toutes ces investigations, ils cherchent à rejoindre Dieu et à réintégrer en eux-mêmes une chair nouvelle ».

[3] Sur ce phénomène, on lira la note de la page 113 de l'édition Giuliani. Le Père Kolvenbach (voir *op. cit.*, p. 219) a repéré qu'elle s'organise suivant une double articulation (sonorité et signification). I. Iparraguirre a noté de son côté, la présence de la *loquela interior* qui renverrait au sens, et la *loquela exterior* qui évoquerait la musique entendue par Ignace (voir éd. esp. n. 39, p. 324-325).

L'INTÉRIORITÉ SELON BÉRULLE : SOLITUDE OU OUVERTURE ?

Le contexte

À la fin du 16e siècle plusieurs courants d'opinion convergent pour attirer l'attention sur la vie intérieure et en souligner la valeur. J'en retiens rapidement trois auxquels Bérulle se réfère.

Le premier courant que je dois signaler est le stoïcisme qui connaît un regain de faveur en France à la fin du XVIe siècle, alors que l'homme s'émerveille de sa propre liberté. Pour comprendre l'attrait qu'exerce le stoïcisme après la Renaissance, il faut se rappeler à quel point la liberté humaine alors éblouit. Je cite Pic de la Mirandole qui fait parler ainsi le Créateur : « Nous ne t'avons pas donné de place déterminée, ô Adam, pour que tu choisisses toi-même et aies ta place, ton visage, tes dons, à ton gré selon ton jugement. Les autres ont une nature définie, limitée par nos lois. Toi, rien ne t'enserre ainsi. Je t'ai remis aux mains de ton propre jugement ; tu définiras toi-même la tienne. »[1] Pic de la Mirandole fait très large la part de ce qui dépend de nous. Épictète était plus réaliste. Il distingue fondamentalement ce qui dépend de lui et ce qui n'en dépend pas, le domaine dont il est maître et le domaine où il subit. Sa volonté lui appartient ; elle lui est intérieure. Mais ce qui advient de l'extérieur par les sens s'impose sans avoir été voulu. L'homme est donc d'autant plus libre qu'il est moins soumis à ses sens. Guillaume Du Vair développe un stoïcisme chrétien et souhaite « que l'homme s'arrête un peu en lui-même »[2].

Abréviations *OC* Œuvres complètes, Paris (Cerf) 1995 et suiv.
OP Œuvre de piété.
Le numéro indiqué pour les lettres est celui de l'édition Dagens (Louvain 1937-1939).

[1] *De hominis dignitate*, Bâle, 1547, p. 314.
[2] *De la sainte philosophie* (1588), p. 52.

Sans être aussi admiratif d'Épictète que François de Sales[1], Bérulle lui sait gré d'avoir reconnu la « dignité » de la nature humaine et prend position par rapport à lui[2].

Plus encore que le stoïcisme, ce sont le platonisme et le néoplatonisme qu'admirent les choriphées de la Renaissance ; il faut donc nous y arrêter un peu plus. Alors ce n'est plus seulement l'expérience de la liberté, c'est plus largement l'expérience de la connaissance, l'expérience de la pensée, qui est fondamentale et fait apparaître ce que l'âme a de propre. Et Bérulle professe pour Platon un respect particulier, même si sa réflexion sur l'Incarnation le conduit à un autre regard sur le corps humain. Je cite : « La sagesse humaine ne s'est point élevée plus haut que jusques à la connaissance de nous-mêmes, et elle ne nous a point donné d'objet plus grand et d'institution plus sainte, plus utile et plus élevée que « Connais-toi toi-même », tant de fois prononcé et si hautement publié par les divers oracles de la sapience mondaine ». Écrivant ceci, Bérulle, pensait-il à son oncle, Pierre Séguier qui avait écrit un *Épitome super cognitione sui* ? Je n'en suis pas sûr, mais toujours est-il que le sujet était à l'ordre du jour. Ailleurs Bérulle déclare les platoniciens « les plus élevés entre les païens, hommes vraiment divins entre les naturalistes et théologiens entre les philosophes. »[3]

À quoi attribuer cette capacité de choisir et plus largement de penser ? À l'âme, bien sûr, à l'esprit. Et pour dire ce qu'est l'esprit et en quoi il diffère du corps, deux approches sont communément utilisées. Celle qui a laissé le plus de traces dans le vocabulaire discerne d'une part ce qui est matériel, résistant, solide et peut être pris à pleines mains et d'autre part ce qui est immatériel, que l'on conçoit par une sorte de passage à la limite à partir de ce qui semble moins matériel, moins résistant et que les mains ne peuvent saisir, le vent, l'haleine. Les mots d'âme et d'esprit viennent de mots latins signifiant le vent et le souffle. Il en est de même du grec pneuma. Dans la Bible le livre de la Sagesse présente cette sagesse comme un souffle ou esprit subtil, mobile[4].

---

[1] *Amour de Dieu*, I, 17.

[2] *OC* 4, *OP.*, 235.

[3] *Grandeurs* III, 4 (*OC* 7, p. 138).

[4] Sg 7, 22.

Une autre approche est la distinction entre d'une part l'extérieur, ce qui est sensible, le corps et d'autre part, l'intérieur. Nous la trouvons explicitement dans les évangiles qui invitent à purifier non seulement l'extérieur mais aussi l'intérieur. Nous la trouvons chez Épictète, si au lieu de traduire : τα εφ' ημιν comme l'édition Budé par « ce qui dépend de nous », nous traduisons littéralement la préposition επι. Ainsi nous lisons : « ce qui est en nous ». Le corps et l'âme : le corps est ce qui est connaissable par les sens, de même que les autres réalités matérielles ; l'âme est connaissable par l'expérience toute intérieure de la pensée. Alors, plutôt que d'opposer matériel et immatériel, on peut opposer extérieur et intérieur. François de Sales écrit : « Il y a deux parties en nous qui ne font qu'une seule personne : à savoir le corps et l'esprit, que l'on peut appeler l'homme extérieur et l'homme intérieur. »[1] Cette traduction du rapport de l'âme au corps en termes de localisation fait dire que la connaissance « loge » en l'âme ce qu'elle atteint, voire l'univers entier quand elle y pense. Ce n'est pas seulement l'univers qui peut ainsi être logé en l'âme : il se peut que Dieu lui-même y habite, y fasse sa demeure, pour reprendre l'expression du Quatrième évangile. Quelques années après Bérulle Descartes utilise cette double opposition intériorité-extériorité et immatériel-matériel mais en cherchant à s'affranchir de la représentation d'un lieu. « Je pense, donc je suis...Je connus de là que j'étais une substance dont toute l'essence ou la nature n'est que de penser et qui pour être n'a besoin d'aucun lieu ni de dépendre d'aucune chose matérielle, en sorte que ce moi, c'est-à-dire l'âme par laquelle je suis ce que je suis est entièrement distincte du corps »[2]. Je n'ai pas à insister sur les diverses pensées qui s'apparentent alors au platonisme.

Cependant un troisième courant, qui doit beaucoup au néoplatonisme, a davantage marqué Bérulle, courant moins sensible dans les écrits littéraires, mais très fort chez les auteurs spirituels, en particulier chez ceux qui diffusent la pensée des rhéno-flamands (eux-mêmes d'ailleurs redevables aux néoplatonisme). Un mot-programme le résume, un mot qui aujourd'hui est devenu péjoratif, mais qui au début du XVIIe résonne comme un idéal : introversion. Oui, aujourd'hui l'introverti est le sujet enfermé en sa subjectivité et incapable de relations humaines,

---

[1] 2e sermon de l'Assomption, t. 2, p. 347.

[2] *Discours de la méthode*, 4.

mais en 1600 « intoversion » est un mot élogieux comme aujourd'hui « spirituel ». L'introversion signifie la perfection du recueillement, par opposition à la dispersion, la vaine agitation et la superficialité. Une initiation à la vie spirituelle qui n'est pas sans mérite est intitulée : *Méthode de s'introvertir, posséder et cultiver son fond tant en repos qu'en l'action*[1]. L'introversion est la démarche fondamentale de la vie spirituelle. Elle consiste à se tourner vers Dieu « qui m'est plus intérieur que ce que j'ai de plus intime », disait Augustin[2]. Augustin ajoute : « et qui est au-dessus de ce que j'ai de plus haut. » Le mot introversion souligne seulement la première partie de la phrase, intimior intimo meo. Dans une lettre inédite[3], Marie de l'Incarnation, la cousine de Bérulle, lui confie que (Son oraison) « était un recueillement continuel, où les puissances de son âme, à la moindre consolation qu'elle prenait ou qui lui arrivait, se ramassaient toutes au-dedans ». Et André Duval, son biographe, explique : « Il lui suffisait de regarder dans le fond de son âme, où la divine lumière lui enseignait les vérités qu'il lui fallait savoir »[4].

Bérulle doit beaucoup à sa cousine. Quand elle ne s'appelait encore que Barbe Acarie, elle animait un salon, nous dirions un cercle où se retrouvaient des religieux comme des laïcs très soucieux d'un approfondissement spirituel. Et on ne doute pas que le jeune Pierre de Bérulle n'y ait beaucoup appris.

Tout en étant redevable à ces trois courants, Bérulle les critique et se méfie des impasses où ils peuvent égarer et emprisonner. Reprenons-les tour à tour. Je commence par le troisième qui fut spécialement fort et influent au début de l'itinéraire spirituel de Bérulle.

Réserves quant à l'introversion

Nombreux sont les spirituels qui, parlant de l'introversion, ont mis en garde contre les déviations possibles. Déjà Tauler se méfie de ceux et celles qui pensent contempler Dieu dans le fond de leur âme comme

---

[1] Avignon, Musée Calvet, Ms 432.

[2] *Confessions*, III, VI, 11.

[3] AN M233 (à paraître).

[4] *La vie admirable de la bienheureuse sœur Marie de l'Incarnation*, livre 2, chapitre 13.

dans un miroir. Oui, lorsque la nuit pas la moindre brise ne vient rider la surface de l'eau, les astres s'y reflètent. De même lorsque les passions sont parfaitement calmées, le fond de l'âme ne met-il pas en présence de l'abîme de Dieu ? Oui, en un sens. Mais Dieu est encore au delà.

Pour éviter de pareilles confusions, pour que l'introversion ne frise pas ce que nous appelons le narcissisme, Bérulle insiste vigoureusement sur l'abnégation. Il s'agit d'être détaché de toute grâce sensible, de tout ce qui pourrait être expérimenté, même de manière toute intérieure. Sa première œuvre, intitulée *Bref discours de l'abnégation intérieure* traduit en français et amplifie un petit traité italien d'Isabelle Bellinzaga. Il y fait sienne l'insistance sur l'abnégation, et ne s'en départira jamais. Parfois même le mot d'anéantissement remplace celui d'abnégation. Anéantissement du moi, bien sûr.

Ce *Bref discours* est le seul texte où Bérulle, suivant de près le modèle italien, emploie le mot introversion. Par la suite, nous ne trouvons plus chez lui que le mot moins technique et plus large d'intériorité. Est-ce pour éviter les illusions narcissiques ? Je n'ose l'affirmer. Cette réserve est d'abord goût de la simplicité et désir de ne pas imposer un vocabulaire d'école. Elle est aussi le signe d'une autre conception de la présence de Dieu comme la comparaison suivante le laisse deviner : l'ombre varie « selon que le soleil se retire et se cache de nous ; de même selon que Dieu se retire de notre âme par le cours de sa providence qui le requiert ainsi ou bien se cache d'icelle par quelque nuage interposé, elle doit rentrer en elle et reprendre ses opérations. »[1] Du moment que Dieu *se retire de l'âme*, c'est qu'il y était, « Deus intimior intimo meo ». Alors, l'âme doit *rentrer* en elle. C'est donc que Dieu ne lui a pas été présent en elle-même, mais plutôt comme le soleil qui est extérieur. Quelques textes de jeunesse, d'ailleurs rares, évoquent encore Dieu intérieurement « présent et intime même à notre âme plus que l'âme même et continuellement présent et intime »[2]. Mais très vite les expressions employées sont empruntées au vocabulaire de l'extériorité. Dieu vous « environne »[3] ;

---

[1] *Bref discours*, chap. 3 (*OC* 6, p. 33).

[2] *OP* 184 (*OC* 4, p. 47). De même : « La vie divine qui est en vous » (Lettre 839). « Dieu caché en vous » (Lettre 844).

[3] Lettre 862.

il faut le regarder « comme l'objet unique »[1] ; il est à la fois « infiniment présent et infiniment distant »[2].

En tout cas, le fondateur de l'Oratoire poursuit sa réflexion sur le fond, qu'il appelle aussi le centre de l'âme, et ne craint pas les expressions à l'emporte-pièce. Ainsi, loin d'y voir un miroir pur, il y aperçoit l'enfer : « Quand le Christ accorde quelque grâce, l'âme doit descendre jusqu'à son centre, c'est-à-dire l'enfer »[3]. Lorsque la psychanalyse moderne met au jour des mobiles et des ressorts cachés, elle n'est pas aussi impitoyable. Bérulle pense au péché originel et à la concupiscence qui en résulte, cette tendance à juger par rapport à soi et à s'approprier qui pèse tellement sur la liberté humaine.

Cette sévérité sur l'intérieur de l'homme le conduit à une certaine réserve à l'égard du stoïcisme et plus généralement de la philosophie.

Réserves quant au stoïcisme

Si le stoïcisme connaît un regain de faveur au début du XVIIe siècle, les théologiens pour leur part s'interrogent sur le rôle de la grâce, sans laquelle l'homme ne peut poser d'action bonne. Aussi Bérulle dénonce-t-il avec vigueur l'orgueil de qui prétend atteindre la perfection par sa propre volonté. Sénèque, Épictète ignorent la faute originelle qui a laissé à l'homme la plus grande part de sa capacité de connaître, mais a lésé bien davantage sa capacité de vouloir et d'aimer : « Ce peu de lueur qui reste en la nature, ils l'ont converti en ténèbres. Ils établissent l'estime et l'amour propre de la nature et non pas l'amour de Dieu. Ils s'arrêtent en eux-mêmes et il s'en faut éloigner. »[4] Cette dernière phrase est lourde de conséquences pour l'intériorité. Il ne faut pas s'arrêter en soi-même.

Réserves quant au platonisme

J'ai cité quelques lignes faisant l'éloge de Platon, mais en les tronquant. Je les reprends : « La sagesse humaine ne s'est point élevée plus haut que jusques à la connaissance de nous-mêmes et elle ne nous

---

[1] Lettre 846.

[2] Lettre 423, III.

[3] *Collationes* : (*OC* 2, p. 222).

[4] *OP* 235 (*OC* 4, p. 159).

a point donné d'objet plus grand et d'institution plus sainte, plus utile et plus élevée que : « Connais-toi toi-même », tant de fois prononcé et si hautement publié par les diverses oracles de la sapience mondaine, sapience qui l'a su dire et n'a su l'enseigner, et présumant de le proposer, n'y a pu arriver. Mais la sagesse et religion divine nous porte à la connaissance de Dieu et à la connaissance de nous-mêmes, et nous donne des aides et des lumières pour y entrer. »

Comme dans la critique du stoïcisme, l'accent est mis sur la relation à Dieu trop peu envisagée par Platon. Certes, comme Aristote mentionné en même temps, Platon a mis en lumière « un peu de vérités »[1], mais sans porter à l'amour de Dieu. Or la connaissance « loge en nous » son objet en le réduisant à nos dimensions, tandis que l'amour nous transporte et nous transforme en quelque manière en son objet, en Dieu[2]. Ces dernières lignes mettent en garde contre toute conception de l'intériorité qui nous enfermerait en nous-mêmes.

À ces critiques correspondent divers termes, enfer, néant, vide, pour désigner l'intérieur de l'homme, le fond, comme les spirituels disaient alors.

Le fond ou « centre de l'âme »

Nous avons vu qu'en son premier écrit Bérulle qualifie d'enfer ce fond. Bientôt il l'appelle aussi « néant », qualification qui devient rapidement dominante[3]. Autrement dit il souligne que l'homme est créature, contingent. Il se pourrait qu'il n'existât pas. Une éternité s'est déroulée avant qu'il fut. C'est Dieu qui lui a donné et continue à lui donner d'être. Se tourner vers l'intérieur, c'est prendre conscience de cette contingence et de cette radicale dépendance vis-à-vis de Dieu. C'est toujours découvrir sa propre liberté, mais c'est aussi et bien plus découvrir les limites de cette liberté et ce qu'elle doit à la liberté de Dieu.

Revenons à l'abnégation qui paraissait fondamentale, indispensable pour penser à ce fond. Une abnégation radicale est-elle possible ? Si on ne s'approprie plus rien, rien de ce qu'on n'éprouve, ni rien de ce qu'on fait, est-on encore soi-même ou n'est-on plus qu'un automate ?

---

[1] *OP* 296 (*OC* 4, p. 346).

[2] *OP* 235 I (*OC* 4, p. 158).

[3] Lettre 821, etc.

L'abnégation ne devient possible que dans la mesure où elle consiste à reconnaître ce qui est dû à Dieu. C'est devant Dieu, non seulement plus intérieur, mais aussi plus haut, autre que moi que je peux la pratiquer. Elle revient à reconnaître et à vivre ma condition de créature et de pécheur. Mon fond est tendance au péché. Mais Dieu m'appelle à la sainteté. Mon fond est néant, mais Dieu m'appelle à exister.

Alors par l'amour je suis porté vers Dieu. Alors le fond n'apparaît plus tant comme l'enfer que comme un vide : « Nous devons regarder notre être comme un être manqué et imparfait, comme un vide qui a besoin d'être rempli, comme une partie qui a besoin d'être accomplie, comme une table d'attente qui attend l'accomplissement de celui qui l'a faite, comme une couche première en la main d'un excellent peintre, qui attend les vives et dernières couleurs. »[1]

Intériorité

Bérulle souligne de plus en plus la transcendance divine en mettant l'accent sur la nescience, le sentiment que Dieu est au delà de tout ce qui peut se dire et se vivre. Il faut donc « se séparer » de toutes superfluités de pensées de paroles et d'actions »[2].

Et il insiste : « Il faut premièrement regarder Dieu et non pas soi-même et ne point opérer par ce regard et recherche de soi-même, mais par le regard pur de Dieu, et auparavant que de dire ou faire quelque chose jeter notre regard sur Dieu pour tirer de lui notre conduite. »[3]

« Regarder premièrement Dieu et non pas soi-même ». Des expressions vont encore plus loin : aux carmélites Bérulle recommande de « s'oublier elles-mêmes »[4] dans une « séparation intérieure »[5] d'elles-mêmes.

Si ce n'est plus vers soi-même que chacun est invité à se tourner, peut-on encore parler d'introversion et d'intériorité ? En fait, ai-je dit, Bérulle abandonne très vite le mot d'introversion, mais sans dire pourquoi. Sans être inexact, il ne convient plus. Car il ne dit pas l'essentiel. Il ne met pas assez l'accent sur l'altérité de Dieu. Il ne

---

[1] *OP* 204 (*OC* 4, p. 83, 84).

[2] Lettre 809.

[3] *OP* 296, XI. (*OC* 4, p. 344). De même Lettre 401, début.

[4] Lettres 803, 807, 860.

[5] Lettre 388.

souligne pas assez qu'il faut se tourner vers Dieu en tant qu'il est autre. Il est celui qui est, tandis que la créature n'est pas par elle-même.

S'il abandonne le mot introversion, Bérulle continue à parler de l'intériorité et de l'intérieur. Il le fait bien souvent dans le sens usuel et banal où « intérieur » s'oppose à « superficiel » et « intériorité » suggère une pensée suivie et cohérente qui ne se contente pas de distractions. Que l'on pense à Dieu non plus comme à celui qui vous est plus intérieur que vous-même, mais comme à celui qui est plus élevé que ce que vous avez de plus élevé, c'est toujours la pensée, l'intérieur, qui est en acte et refuse de se laisser fasciner par les créatures ou étourdir par l'agitation[1], comme on disait alors, et par l'activisme, comme on dit maintenant. C'est en lui-même, librement, que l'homme fait le choix de prier. Beaucoup semblent ne guère s'en préoccuper. Serait-ce même au XVIIe siècle le cas de certaines religieuses qui n'ont pas vraiment choisi leur genre de vie ? À l'inverse, « la régularité et l'intériorité »[2] caractérisent les bonnes religieuses.

Cette intériorité au sens banal n'est évidemment pas caractéristique de Bérulle et est le fait de tous ceux qui ne cherchent pas uniquement à se distraire, mais prennent tant soit peu le temps de réfléchir. L'originalité de Bérulle est d'associer intériorité et oubli de soi. C'est sans doute un paradoxe insoutenable pour quiconque ne croit pas en Dieu et ignore celui qui est plus élevé que ce que nous avons de plus élevé. Je cite : « Il se faut porter tout à Dieu, en oubli de soi-même... et il faut peu de réflexion sur soi et sur ce qui nous arrive. »[3] Ou encore : « Cet objet incréé est si distant et élevé par dessus tout être créé, que nous avons plus à nous perdre et abîmer en lui que non pas à le connaître, et nous avons plus à lui appartenir par ses propres opérations secrètes que par nos pensées et conceptions particulières. Désirez d'être et appartenir à cette divine essence, si intime, si présente, si opérante, par les voies qu'il lui plaira ordonner sur votre âme sans votre connaissance et sans vous contenter ni limiter à celles que vous pourriez penser et former en vous. »[4] Voilà les voies vraiment intérieures, celles auxquelles on ne s'attache pas réflexive-

---

[1] *OP* 202 (*OC* 4, p. 80).

[2] Lettre 21.

[3] Lettre 820.

[4] Lettre 813.

ment, ou pour reprendre le mot d'Augustin, celles qui sont encore plus intérieures que ce que nous avons de plus intime.

La manière de penser à Dieu permet d'expliquer et de préciser davantage. Bérulle en distingue deux : penser à Dieu en lui-même ou reconnaître sa présence et son action à travers les créatures[1]. La seconde manière est ce que Bellarmin invite à faire dans son *Livre de l'ascension de l'esprit vers Dieu par l'échelle des créatures* paru en 1606 et souvent réédité. C'est la voie la plus communément présentée par les prédicateurs. Mais Bérulle ne prend pas ce parti et remarque : « Il y a une sorte de sainteté qui fait que celui qui la possède est par dessus tout ce qui est en ce monde, soit des choses, des choses belles, soit laides, parce que Dieu lui est tout. Et ainsi il voit les fleurs et tout ce qui est beau sans s'y arrêter, parce que Dieu est sa fleur et qu'il ne voit que lui en toutes choses et toute chose en lui. Il y a une autre sorte de sainteté qui serait comme de cueillir la fleur, y prendre plaisir et par la créature s'élever au Créateur ; et c'est la manière qu'avaient les anciens ermites. Mais la première est beaucoup plus excellente. »[2].

Je dois dire que cette comparaison des deux sortes de sainteté, de deux voies n'est pas originale. Elle est un lieu commun de la tradition spirituelle au moins depuis Cassien. Elle est exposée en particulier de manière remarquable par un contemporain de Bérulle, Constantin de Barbanson, sans que je puisse dire lequel des deux précède l'autre. Si notre Bérulle est si peu attentif aux spectacles de la nature, c'est peut-être qu'il est fort myope et ne peut voir ce que d'autres aperçoivent. Mais c'est aussi qu'il pense déjà à Dieu, s'élevant intérieurement vers Dieu et comme il le dit, voit les créatures en Dieu. Je serais tenté de dire que pour Bérulle l'intériorité est d'abord l'intériorité de Dieu, mais il n'aurait sans doute pas accepté pareil anthropomorphisme.

L'expression « vision en Dieu » fait penser à Malebranche qui la retiendra comme clef de sa théorie de la connaissance, clef de son système. Bérulle, lui, vit sa dépendance à l'égard de Dieu en tout ce qu'il est comme créature. Malebranche découvre cette dépendance plus spécialement dans l'acte de penser. Bérulle mentione, pour reprendre son propre terme, « l'idée »[3] en Dieu de ceci ou cela qui permet d'en

---

[1] Lettre 839 : « Chercher Dieu purement en soi-même ou dans les créatures. » (nous dirions : « en lui-même ».)

[2] *OC* 5, p. 404.

[3] *OP* 46 (*OC* 3 p. 148) ; *Grandeurs* IX, 1 et XI, 2 (*OC* 7, p. 345 et 406).

avoir connaissance, mais en fait il ne systématise pas. Il invite à « remonter aux causes suprêmes »[1]. Mais il ne prétend pas que toute connaissance ne soit possible que par la vision en Dieu, puisqu'il reconnaît l'existence d'une autre voie. Il évoque seulement une vie intérieure où la pensée de Dieu est si continue que la perception de détails ne l'interrompte pas. Et ceci reflète l'idéal de contemplation dans l'action proposé par des Jésuites. Moins ambitieux et plus réaliste, Richelieu plaide pour une sanctification par l'action elle-même[2]. Et de nos jours les théoriciens de l'action catholique ont préconisé la prière à partir de la vie, c'est-à-dire la deuxième voie.

Le Christ

Jusqu'à présent je n'ai guère parlé de Jésus-Christ qui tient pourtant une place centrale dans la pensée du fondateur de l'Oratoire. Ce dernier suit aussi cette voie d'intériorité lorsqu'il pense au Christ. Il le contemple d'abord dans la pensée de Dieu : « Quant à l'Incarnation, dit-il, il faut adorer la volonté de Dieu qui daigna envoyer son Fils au monde »[3]. Certes, il lui arrive aussi pour parler de Jésus de partir d'un épisode rapporté par un évangéliste. Mais aujourd'hui Jésus est invisible. Ce n'est pas avec les yeux du corps que l'Oratorien le contemple, mais dans l'idée que Dieu lui en donne, l'idée d'ailleurs beaucoup plus que l'image. Ce n'est pas lui qui, pour rendre plus vivante telle ou telle scène, ajouterait quelques détails. Il n'a pas l'imagination d'un Ignace de Loyola. Alors il ne s'éloigne guère de la voie de l'intériorité. Parce qu'il n'a pas besoin de voir et encore moins d'imaginer, il s'attarde sur Jésus encore invisible, Jésus dans le sein de Marie. Il s'y attarde tant que lorsqu'il publie la vie de Jésus, il n'est parvenu qu'à l'épisode de la visitation : Jésus n'a pas encore paru au monde, n'est pas encore né.

Un autre trait de la manière de Bérulle est son attention à la pensée de Jésus, à l'intériorité de Jésus. Les évangélistes ont noté les faits et gestes de Jésus et rapporté ses paroles beaucoup plus que ses sentiments. De nos jours la psychologie de Jésus prend davantage de place dans la réflexion des chrétiens. Bérulle est à la charnière de cette

---

[1] Lettre 819.

[2] *Traité de la perfection du chrétien*, chap. 43.

[3] *Col.* 104 (*OC* 2, p. 104).

nouvelle ouverture. Elle est déjà manifeste chez lui et en fait un devancier. Ainsi il écrit à une carmélite : « Adorez encore cette âme sacrée de Jésus en sa vie intérieure et voyagère sur la terre, et en cette partie de sa vie intérieure qui regarde les appauvrissements secrets esquels l'être divin a voulu la réduire par l'intime puissance et plénitude de son être increé sur icelle, par des voies que nous devons plus adorer que pénétrer. »[1] Pour évoquer la vie intérieure de Jésus il reprend le mot de « cœur ». Je dis : « il reprend » parce qu'on a parlé avant lui du cœur de Jésus. Et lui-même le fait bien avant sœur Marguerite-Marie. Pour lui le cœur de Jésus n'est pas tant l'organe de la circulation sanguine ouvert par le coup de lance du soldat romain que la pensée de Jésus même avant sa naisssance : « Le cœur de la Vierge est le premier autel sur lequel Jésus a offert son cœur, son corps, son esprit en hostie de louange perpétuelle. »[2] Jean-Jacques Olier, qui sur plus d'un point fait écho à Bérulle, emploiera l'expression « intérieur de Jésus ». Sous sa plume « cœur de Jésus » et « intérieur de Jésus » sont des expressions interchangeables.

À propos de l'introversion, j'ai indiqué que Bérulle n'invite guère à penser à Dieu comme à celui qui nous est plus intime que nous-mêmes, mais préfère insister sur l'oubli de soi. Quand il s'agit de Jésus, il n'y a pas à craindre d'ambiguïté plus ou moins narcissique. Il va de soi que Jésus est pensé comme autre. Dès lors l'habitation de Jésus en soi et l'oubli de soi vont de pair. En celui qui pense non plus à lui-même, mais à Jésus, en celui dont la pensée est celle de Jésus, Jésus habite. « Nous devons regarder notre être comme un être manqué et imparfait, comme un vide qui a besoin d'être rempli. »[3] Rempli comment ? Par Jésus. Jésus veut être non seulement à vous, mais encore en vous ; non seulement avec vous, mais au fond et intime de vous-mêmes, ne faisant qu'un de corps, de cœur et d'esprit avec vous. »[4]

Alors la comparaison des deux voies rejoint plus clairement l'expérience commune. Je prends un exemple. L'évangile, évoquant ceux qui se penchent sur les misères, présente au jugement dernier Jésus leur disant : « Tout ce que vous avez fait au moindre de mes

---

[1] Lettre 846.

[2] *La vie de Jésus*, XXVIII, 1 (*OC* 8, p. 298).

[3] *OP* 204 (*OC* 4, p. 83).

[4] Lettre 410, VI.

frères, c'est à moi que vous l'avez fait ». Beaucoup de pieuses gens se sont efforcées de reconnaître Jésus comme caché sous les dehors de la misère. Mais cela ne va pas sans difficulté quand un clochard répugnant de saleté et divaguant parce qu'il est saoûl vous tend la main. L'autre voie, qui a les préférences de Bérulle, est, non pas de voir en lui le Christ, mais de partager la pensée du Christ sur lui : si déchu qu'il soit, c'est un homme pour qui le Christ est mort.

Intériorité et vie de communauté

Les lettres que je viens de citer sont pour la plupart adressées à des contemplatives, des carmélites. On ne s'étonne pas que Bérulle insiste sur le silence plus que sur les mises en commun, comme on dit aujourd'hui. Celles-ci sont prévues et systématiques à l'Oratoire. Mais dans les carmels on parle peu et il n'y faut pas divertir son esprit à « regarder sur les autres »[1]. Il en résulte une incontestable solitude. La charité mutuelle n'est pas pour autant au second plan. Parlant de ses sœurs à une prieure, Bérulle lui dit : « Ces âmes doivent être encloses en vous et sont comprises dans l'étendue et la circonférence de votre âme. Cette voie intérieure réprime beaucoup les imperfections de la nature »[2]. Quelle est cette voie intérieure ? Une autre lettre l'explicite davantage. C'est l'union de toutes à Jésus-Christ qui est le moyen d'obtenir ce que lui-même a demandé : « Que tous soient un. »[3] « Soyons un avec Jésus-Christ notre chef – nous dirions : « notre tête » – par son Saint Esprit et que cet Esprit qui lie Jésus-Christ à Dieu, lie nos âmes à Jésus-Christ. »[4] On retrouve ainsi dans le domaine des relations humaines la même tendance à la vision en Dieu. Les autres sont vus d'abord en Dieu. Alors le silence devient chargé de sens. Loin de signifier l'indifférence et encore moins le mépris, il exprime l'accord complet de ceux qui n'ont plus besoin de parler pour se comprendre, parce qu'ils vivent la même expérience de l'amour de Dieu.

---

[1] *Notes et entretiens*, 117 (*OC* 5, p. 506).
[2] Lette 818.
[3] Jn 17, 23.
[4] Lettre 825.

Conclusion

Tout ceci ne paraît sans doute pas fort original. Pour faire davantage ressortir ce que cette position a de personnel, je hasarde une comparaison avec Montaigne qui aime donner dans la méditation libre cours à ses pensées. Montaigne ne conçoit sa méditation solitaire que comme le moyen d'être ensuite propre au dialogue : « Il y a des naturels particuliers, retirés et internes : ma forme essentielle est propre à la communication et à la production : je suis tout au dehors et en évidence né à la société et à l'amitié »[1]. Bérulle est un homme de dialogue et d'action, même beaucoup plus engagé que Montaigne dans l'action et en particulier dans les relations publiques. Mais sa méditation n'est pas au service de son activité. Sa vie intérieure se justifie autrement, non par « réflexion sur ce qui lui arrive », mais essentiellement comme relation à Dieu.

M. Dupuy

[1] *Essais*, III, III.

LA VIE INTÉRIEURE SELON CHARLES DE BOVELLES

A parcourir la plupart des œuvres de Bovelles, et notamment celles dont la portée métaphysique ou théologique est la plus évidente, ou encore sa correspondance variée, on ne trouve pas le syntagme de *vie intérieure* (*vita interior, vita interna* ou *vita intima,* par exemple), par opposition à une vie *extérieure* qui serait celle de la vie quotidienne ou des affaires, de l'activité pratique, au sens traditionnel du terme, et notamment dans le *De vita*[1] de Marsile Ficin. On ne rencontre pas davantage (tout au moins je ne l'ai pas rencontrée) l'expression de *vie contemplative* (*vita contemplativa*), qui pourrait lui être substituée, bien que le vocable *contemplatio,* comme l'idée à laquelle il correspond, lui soit très familier. A me limiter au manuscrit de Bovelles que j'ai récemment édité[2], on notera une *divina contemplatio*[3], ou encore une *divinæ contemplationis sedes*[4], une *contemplatio mundi*[5], la *vis contemplationis*[6], la *contemplationum fons*[7], ou les *contemplationis officia*[8]. En revanche, il se sert volontiers, accolée au substantif *vita,* de l'épithète *solitaria*, peut-être parce que ce syntagme était entré depuis longtemps – chez les Pères de l'Église, et singulièrement avec Pétrarque – dans le vocabulaire des philosophes, des poètes ou des mystiques. Mais Bovelles emploie aussi avec une certaine délectation l'expression de *solitudo mentis,* comme si l'esprit, pour fonctionner pleinement, avait besoin de solitude, non pas d'une solitude matérielle,

---

[1] *De triplici vita libri tres,* Florence, 1489.

[2] *Lettres et poèmes de Charles de Bovelles.* Édition critique, introduction et commentaire du ms. 1134 de la Bibliothèque de l'Université de Paris, Honoré Champion, Paris, 2002.

[3] Ms 1134, 53r°.

[4] *Ibid.*, 47r°.

[5] *Ibid.*, 2v°, 41r°.

[6] *Ibid.,* 3r° et 48v°.

[7] *Ibid.*, 3r°.

[8] *Ibid.*, 35v°, 39v°.

mais d'une solitude intérieure, c'est-à-dire d'un repli sur soi, d'une ascèse contemplative[1].

S'il n'y a pas, linguistiquement parlant, de vie intérieure chez Bovelles, les épithètes latines indiquant l'intériorité (notamment *intraneus* et *intrinsecus*, ainsi que leurs équivalents sémantiques) abondent à travers son œuvre, surtout quand elles sont appliquées à l'œil (*oculus*) ou à la vision (*visio*). Pour me limiter, ici encore et pour le moment, au ms 1134 de la Bibliothèque de la Sorbonne, qui demeura pendant deux siècles et demi dans la bibliothèque du couvent parisien des Célestins[2], on notera quelques syntagmes définissant ce « regard du dedans » ou cette vison intérieure[3] (qui peut être aussi une vision à longue portée, comme l'indiquent ses expressions familières d'*oculus propheticus*[4] ou de *visio prophetica*[5]. Voici, par exemple, les yeux purifiés (*oculi mundi*, ou *oculi expiati*)[6], mais aussi l'œil *intérieur* (*oculus internus*, ou *interior)*[7], quand ce n'est pas l'œil philosophique (*oculus philosophi*)[8] ou cet œil prophétique que je viens d'évoquer. Notons encore, dans la même série oculaire, l'œil de la raison (*oculus rationis*[9]), l'œil du sage (*oculus sapientis*[10]), l'œil souverainement serein (*oculus serenissimus*)[11], l'œil subtil [ou plus subtil] (*oculus subtilis* [ou *subtilior*[12]], l'œil supérieur, tourné vers le ciel (*oculus sublimis* « sublimis »)[13], ou enfin (mais l'homme peut-il en disposer ?) l'œil dit surhumain (*oculus superhumanus*[14]). Quant à la vision

---

[1] A propos de ces deux solitudes et des paradoxes qu'elles suscitent, voir *Lettres et poèmes...*, p. 79-80 et notre commentaire, p. 495-498.

[2] Voir *Lettres et poèmes... (op. cit.)*, p. xxxv-xlv.

[3] Voir l'étude que j'ai faite de ce thème particulier : « Le sens de la vue et la vision intérieure d'après Charles de Bovelles », in *Foi, fidélité, amitié en Europe à la période moderne* (Mélanges offerts à Robert Sauzet), Publications de l'Université de Tours, 1995, t. I, p. 233-245.

[4] Ms 1134, 47v°, 57v°, 58r°-v°, 61r°.

[5] C'est le titre d'un de ses ouvrages : voir n. 23.

[6] Ms 1134, 55v°, 57v°.

[7] *Ibid.*, 38v°, -47r°, 58r°-v°, 61r°.

[8] *Ibid.*, 58r°.

[9] *Ibid.*, 58r°.

[10] *Ibid.*, 58r°.

[11] *Ibid.*, 57r°.

[12] *Ibid.*, 18v°.

[13] *Ibid.*, 19r°, 57r°.

[14] *Ibid.*, 62r°.

(*visio*), elle peut être nocturne (*visio nocturna*)[1], secrète (*visio occulta* ou *secreta*)[2], sacrée (*visio sacra*)[3]. Rappelons que Bovelles a consacré tout un opuscule à la vision prophétique : c'est le *De prophetica visione liber*[4], dans lequel, s'appuyant sur les prophètes de l'Ancien Testament et sur le Christ, « prophète des prophètes », il montre que pour eux, le temps et l'espace n'ont pas la même signification ni la même valeur que pour les hommes ordinaires, usant de leur œil « ordinaire », c'est-à-dire charnel[5], d'une portée limitée. Il est d'ailleurs symptomatique que plusieurs de ces prophètes ou devins (comme le célèbre Tirésias, du cycle thébain) aient été aveugles[6], comme si la disparition ou l'effacement du monde dit extérieur leur donnait une puissance de concentration, une énergie mentale et un regard intérieur, susceptible de transcender l'espace et le temps qui limitent l'aventure humaine. C'est, toute proportion gardée, et dans un registre suprahumain, le privilège du Dieu Créateur que d'abolir ces frontières artificielles de la chronologie ou des horizons limités par la perception (visuelle ou auditive).

*

* *

Les remarques précédentes laissent entendre qu'à défaut de la présence linguistque de la vie intérieure ou de l'intériorité dans les écrits de Bovelles, ce concept est consubstantiel à la pensée et, si je

---

[1] *Ibid.*, 26v°.

[2] *Ibid.*, 57r°, 62r°.

[3] *Ibid.*, 60r°.

[4] A la suite du *De raptu divi Pauli libellus*... Paris, Simon de Colines, 1531.

[5] *Oculus carneus, oculi carnei :* ms 1134, 16r°. Par opposition à l'œil intérieur ou à l'œil pur et purifié, Bovelles use de toute une série d'expressions imagées pour qualifier l'œil ordinaire, celui des perceptions d'ordre matériel, « l'œil de chair » . Dans le ms 1134, on rencontre notamment, et en premier lieu, *oculus exterior* (œil externe) (55v°, 56v°), *oculi crassi* (yeux épais, stupides) (59r°), *oculi crustati* ou *squammatecti* (yeux couverts d'écailles) (47r°),*oculi hebetes* (yeux languissants) (61v°), *oculi offuscati* (yeux obscurcis) (55v°), *oculus inexpiatus* (œil impur) (53v°), *oculus corporeus* (œil charnel) (52r°, 58v°), *oculus plebeius* ou *gregarius* (œil ordinaire) (57r°, 58v°, 59r°). Et bien entendu, *oculus humanus* (l'œil humain), dont l'état ou la fonction dépend de l'usage qui en est fait par son propriétaire.

[6] Même si, dans le cas de Tirésias, la légende veut qu'il ait été rendu aveugle par les dieux, pour le punir de son indiscrétion.

puis dire, à la vie même du philosopohe picard, surtout quand, loin de l'agitation parisienne, et ayant renoncé aux voyages en terres lointaines, il se fût retiré[1] dans sa quasi-solitude de Noyon, se contentant, en dehors de quelques rares échappées à Paris et de ses séjours auprès de ses amis célestins, de parcourir les chemins contenus dans un triangle dont les sommets étaient Saint-Quentin, Amiens et Noyon.

L'un de ses ouvrages les plus célèbres, le *Liber de Sapiente*, ou *Livre du Sage*[2], constitue, à mes yeux, la meilleure introduction à la conception bovillienne de la vie intérieure. Disons d'entrée de jeu que le sage, c'est-à-dire l'homme qui a atteint la perfection à laquelle il peut parvenir dans des conditions optimales, celui qu'il appelle l'homme triplement homme, *homo homo homo*[3] – mais ce sage représente l'exception, et non le degré ordinaire de la condition humaine – propose cette image de l'intériorité, complétant ce que nous trouvons dans ses deux ouvrages contemporains[4], le *Livre des sens*[5] et le *Livre de l'intellect*[6]. L'opposition, ou plus profondément, la complémentarité dissymétrique de l'*homo exterior* et de l'*homo interior* (car l'homme intérieur s'élève au-dessus de l'homme extérieur, réalisant cette sorte d'ascension spirituelle, caractéristique de l'ontologie scalaire[7] de Bovelles) constitue, si l'on peut dire, l'axe de son anthropologie.

Que lisons-nous dans le chapitre 2 et dans chapitre 4 du *Liber de Sapiente*, auquel je viens de faire allusion ? Bovelles a commencé par distinguer quatre degrés d'humanité, correspondant aux quatre éléments[8]

---

[1] Vers la fin de l'année 1512, ou au début de 1513 (voir *Lettres et poèmes...*, *Introd.*, p. xxvii).

[2] Paris, Henri Estienne, 1511. Voir l'édition-traduction (et commentaire) de Pierre Magnard, *Le Livre du Sage* (Paris, Vrin, 1982).

[3] Voir ch. 4 « Quod homo trifariam Homo dicatur » (Que l'homme peut être déclaré homme de trois manières dfférentes).

[4] Ils font d'ailleurs partie du même in-folio de 1511.

[5] *Liber de Sensu*, d2v°.

[6] *Liber de Intellectu*, *passim*.

[7] Qu'il désigne, dans de nombreux textes, tirés d'œuvres diverses, *assurrectio* . Cf. l'article de Pierre Quillet, « L'ontologie scalaire de Bovelles », in *Charles de Bovelles en son cinquième centenaire 1479-1979*, Actes du colloque international tenu à Noyon les 14-15-16 septembre 1979, Ed. de la Maisnie, Paris, 1982, p. 171-179.

[8] Éd. Magnard, p. 64-69.

« Ce qui est purement et simplement est comparable à la terre ; ce qui vit, à l'eau ; ce qui sent, à l'air ; ce qui comprend, au feu. C'est un fait que les choses, qui n'ont que l'être, sont comme les pierres : elles sont d'elles-mêmes inertes, informes, inorganiques, indifférenciées, à même la terre...

Celles qui vivent participent du flux vital des eaux et sont les premières à se mouvoir, à se nourrir, à croître et à se reproduire. Elles ont, pour une part, poussé à partir de la terre et se sont développées en hauteur, mais pour une autre, elles sont restées attachées à la terre comme au sein maternel.

Les bestiaux par contre et tous les êtres qui possèdent le sentiment (*iis que sentiunt*) ont cette faculté, gage de supériorité et de liberté, de se mouvoir d'un lieu à un autre...Ils ont pourtant la tête tournée vers le sol, penchée en avant et portée vers le bas .

Aux hommes seuls, il a été accordé par la nature de se dresser sur leur séant, de se tenir debout et de contempler le ciel ... »[1]

Dans cette amorce d'une anthropologie liée à une cosmologie traditionnelle, où chaque catégorie des êtres naturels (pierres, plantes, animaux, hommes) est liée à l'un des quatre éléments, dûment hiérarchisés (de la terre, où les êtres de la première catégorie ou du premier degré, sont privés de têtes, « totalement ensevelis dans les entrailles de la terre », au feu, qui correspond à l'intelligence, caractéristique de l'homme, dont « la tête est faite pour élever le regard vers les extrémités du monde, astres et corps célestes, et pour les observer », en passant par l'eau, symbole de la vie (qui convient aux plantes) et à l'air, qui correspond au sentiment, dont sont dotés les animaux, s'esquisse déjà une nouvelle hiérarchisation correspondant au développement organique et intellectuel de l'homme lui-même, du nourrisson qui tête le sein de sa mère[2], comme les plantes qui ne se détachent jamais du sein maternel qu'est la terre[3], et qui sont « très

---

[1] Trad. Magnard, p. 67.

[2] *Ibid.*, p. 70-71.

[3] Dans une conception de la vie prénatale qui nous paraît aujourd'hui purement fantasmatique, Bovelles écrit : « L'enfant, avant sa naissance, est caché dans le ventre de sa mère et se tient immobile et inactf, tout comme les minéraux sont cachés et contenus dans les entrailles de la terre » (p. 71). Ensuite, on l'a vu, c'est une comparaison avec les plantes (deuxième degré) à cause de sa tête, baissée vers le sein maternel. Quand l'enfant marche (troisième degré), il passe par le stade animal.

semblables à des hommes inachevés »[1], à l'homme viril « qui s'accom-plit en son corps en prenant de l'âge et se parachève en son cœur grâce à la vertu »[2]. Cette hiérarchisation nouvelle correspond à l'homme triplement homme : c'est, comme le dit encore Bovelles, « l'homme de la culture » (*studiosus homo*), non pas celui qui se détache de l'homme naturel, mais celui qui lui est « apparié » (*par naturali*) :

> « ... Ou bien l'homme est simplement homme, c'est-à-dire composé d'un corps humain et d'une âme raisonnable[3] (*rationali anima*) ; selon cette acception, tout homme est homme, le fou comme le sage, le jeune enfant comme celui qui a acquis la force virile. C'est là en effet une manière naturelle d'être homme, manière par laquelle il est reconnu que l'espèce humaine réalise le quatrième degré des choses sensibles. Ou bien nous appelons homme celui qui a achevé sa croissance physique et a fini par actualiser la forme humaine ; selon cette acception, le nouveau-né ni le fou ne sont hommes en ce sens, seuls le sont les hommes cultivés (*studiosi*) et sages (*sapientes*). L'homme de culture en effet est homme de toutes manières (*omnifariam*), ou si l'on veut, trois fois (*triniter)* : homme par la nature, homme par l'âge, homme par la vertu[4]. »

Cette conception dynamique de l'homme, qui fait partie de la nature, comme les pierres, les arbres et les animaux, avec, en plus, ce don de

---

[1] ***De Sapiente***, p. 68-69. Par rapport à la plante, « dont la tête est tournée vers le bas », l'homme naturel, « parvenu à la virilité », est défini comme « une plante inversée et retournée » (ch. 3, p. 68-69).

[2] ***Ibid.***, p. 70-71 : « Nempe et cum per corpus sive per etatem perficitur Homo et cum animo virtute consummatur... ».

[3] Car il faut bien comprendre que pour le philosophe Bovelles, l'esprit ou l'âme, ou encore la raison (pour le moment, on ne distinguera pas entre ces trois « instances ») font partie de l'équipement ***naturel*** de l'homme. Une gravure originale du ***Liber de Sapiente*** (p.80) représente la Nature et ses quatre filles, sous la forme de cinq personnages ***féminins***, classés de gauche à droite sur une ligne qui aboutit à Dame Nature : la première est dénommée ***Lapis*** (pierre) et est placée sur le cercle de l'***Essentia*** ; la seconde, c'est ***Planta*** (plante), juchée sur le cercle *Vita* ; la troisième ; c'est ***Animal***, juchée sur ***Sensus*** ; la quatrième, c'est ***Homo***, et non pas ***Vir*** (exactement une femme qui tient dans ses bras un petit d'homme), juchée sur le cercle ***Ratio***. Quant à la Nature, elle accueille avec délicatesse ses quatre filles, mais tendant les bras vers le nourrisson.

[4] *Op. cit.*, p. 72-75.

la raison[1], mais qui s'est élevé à un degré supérieur par le développement naturel et progressif de son cycle vital, et surtout par la vertu morale (qui, elle, ne résulte pas de son équipement naturel) aboutit à ce que j'appellerai, avec Jean Nabert[2], une expérience intérieure de la liberté, en identifiant pratiquement ces trois expressions : vie intérieure, exercice du libre-arbitre, activité de la pensée. Car le socle moral de l'homme « trois fois homme », qu'il lui soit accordé par la seule grâce divine, ou, plus vraisemblablement aux yeux de Bovelles, par une collaboration entre la volonté humaine et la volonté de Dieu, est propice à l'émergence et au développement de ce que notre philosophe appelle la vertu intellectuelle *(intellectualis virtus)*, qu'il définit de la manière suivante :

> « La vertu intellectuelle est la pénétration de l'âme par la lumière qui, sans vertu morale, ne peut pas plus la pénétrer et y resplendir, que le rayon de soleil ne peut étinceler de son éclat doré dans une atmosphère brumeuse. Aussi cette vertu intellectuelle, par laquelle finit par être illuminée l'âme qu'apaise et rassérène la vertu morale, quoique elle soit la propriété privée de cette âme, comporte également quatre degrés[3], par lesquels elle mûrit et s'achemine vers son faîte... »[4]

On aura remarqué que, fidèle à son ontologie scalaire et à sa conception d'un dynamisme, inspiré par l'observation du monde naturel et de la vie organique, Bovelles ne voit pas dans la vertu intellectuelle une sorte d'illumination instantanée, à la manière dont il a décrit, après Marsile Ficin, le *raptus,* ou extase de Saül-Paul sur le chemin de Damas[5], mais une installation progressive, un mûrissement. Mais il s'agit là d'un mûrissement purement intérieur, provoqué par un retour sur soi et par un détachement par rapport au monde extérieur,

---

[1] Identifiée, comme on l'a vu, à cette quatrième fille de la Mère Nature, « la plus belle, la plus sage des quatre égale à sa mère, qui a soumis à sa direction ses trois sœurs parce qu'imparfaies et sans gouverne » (p. 75).

[2] *L'Expérience intérieure de la liberté,* Paris, PUF, 1923.

[3] Comme le remarque justement Pierre Magnard, cette image des quatre degrés est une transposition sur le plan intellectuel de la hiérarchie ascétique de Jean Climaque dans sa *Scala Paradisi.*

[4] *De Sapiente,* p. 76-77.

[5] Voir le *De raptu divi Pauli libellus* (*op. cit.*), et dans nos *Lettres et poèmes de Bovelles* (*op. cit.*), les pages 80-108, et surtout notre commentaire des pages 501-505.

consécutif à un apprentissage qui met en jeu l'ensemble de ses facultés, et qui valorise l'éducation :

> « L'homme commence à écrire ; de l'écriture, il est conduit à la parole[1] ; de la parole, il fait sortir le concept (*conceptum*) ; de la notion enfin, qui est l'image la plus proche et la plus intime de son intelligence, il s'élève jusqu'à l'être sublime de l'intelligence sur quoi rien ne l'emporte. tel est donc le véritable, très puissant et intellectuel accomplissement de l'homme : de l'écriture à la parole, de la parole à la notion, de la notion à l'intelligence (*mentem*)[2] »

Ainsi, l'homme accompli, qui fait toujours partie de la nature (du macrocosme) et qui constitue à lui seul un petit monde (le microcosme), mais qui a acquis le pouvoir de se détacher par la pensée et par l'exercice de sa liberté et de l'un et de l'autre, fait-il l'expérience de sa vie intérieure, dont le point extrême est la contemplation, par laquelle le « sujet » se distancie de l'« objet », tout en prenant conscience de soi par sa visée propre. C'est ce que Bovelles appelle l'acte intellectuel, actualisation de la vertu (au sens de force, *vis*) intellectuelle. D'où se dégage une triple dualité : celle de l'intérieur et de l'extérieur, celle du supérieur et de l'inférieur (qui se confondent souvent), celle du sujet (à la première personne) et de l'objet (dont le *moi* n'est évidemment pas exclu). A ce dernier titre, et sans négliger la profonde influence qu'ont exercée sur Bovelles Aristote[3], le néoplatonisme[4], le Pseudo-Denys[5], Scot Érigène[6], Raymond Lulle[7],

---

[1] En fait, la parole est, chez le jeune enfant, antérieure à l'apprentissage de l'écriture.

[2] *Op. cit.*, p. 76-77.

[3] Il le cite toujours avec révérence, qu'il s'agisse du métaphysicien ou du cosmologue. L'acte et la puissance, la nature et l'art, l'intellect agent et l'intellect patient, la matière et la forme, etc., sont des concepts ou des binômes philosophiques directement empruntés à Aristote.

[4] En particulier Plotin.

[5] Certaines de ses œuvres, comme le *Divinæ caliginis liber*, sont des paraphrases, voire des transcriptions des œuvres les plus marquantes de l'Aréopagite : la *Hiérarchie céleste*, les *Noms divins* et surtout la *Théologie mystique*.

[6] Voir des concepts tels que *gradus, operatio*, *consummatio*, *ordo, recipere*, etc.

[7] Il est l'auteur, entre autres, d'une *Vita Remundi Lulli* (Paris, H. Estienne, 1511).

Nicolas de Cues[1], Marsile Ficin[2], l'Ancien et le Nouveau Testament[3], on peut soutenir que l'auteur du *De Sapiente* et du *De Intellectu* a découvert, avant Montaigne et Descartes, la subjectivité, et – qu'on me pardonne cette audace – l'expérience intérieure du *cogito*[4], même s'il ne la formule évidemment pas comme l'auteur des *Méditations métaphysiques.*

Cette expérience intime et silencieuse de la pensée est celle de la *mens* ou esprit, instance supérieure à la *ratio* et à l'*intellectus,* que l'homme parfait ou sage partage avec l'ange. C'est la *mens* qui commande et meut la vie intérieure du sujet humain, tout en lui permettant de se reconnaître dans son affrontement avec l'objet extérieur. La *mens* s'exprime au mieux de ses possibilités dans l'acte de contemplation, que Bovelles définit ainsi dans une lettre adressée à son maître et ami du Collège du Cardinal Lemoine, Lefèvre d'Étaples[5] :

> « La contemplation est manifestement l'acte de l'âme à son point le plus élevé, de même que l'homme est, de toute évidence, supérieur à tout ce qui se passe dans le monde sensible en présence de l'homme lui-même [...] Il n'y a rien dans l'âme qui ne puisse en aucune manière l'empêcher de révérer, entretenir, nourrir cette force contemplatrice (qui est, à juste titre, comme la pointe extrême de l'âme). En effet, bien qu'il soit dit que l'âme est le siège d'une double force, l'une, négotiatrice ou encore pratique, mais l'autre, spéculative, ou plutôt contemplative, il n'existe pourtant entre elles aucun conflit propre à la parité ou à l'égalité de leur empire, puisque la force négotiatrice, qui se tient dans le vestibule et à la

---

[1] Il est très sensible aux idées et à la méthode développées par le Cusain dans le *De docta ignorantia.*

[2] Voir plus loin.

[3] Des versets entiers des deux Testaments se retrouvent dans ses œuvres philosophiques et théologiques.

[4] A cet égard, je rejoins très volontiers la thèse d'Emmanuel Faye qui, dans son ouvrage,*Philosophie et perfection de l'homme. De la Renaissance à Descartes* (Paris, Vrin, « Philologie et Mercure », 1998) reconnaît entre les deux philosophes « de profondes affinités d'intention » dans leur commun idéal d'accomplissement humain, même si la *perfectio hominis* de Descartes, qui émane de son projet d'une « science universelle », diffère de la *perfectio hominis* bovillienne, qui émane de sa conception de la « science humaine ».

[5] *Epistolæ philosophicæ et historicæ,* Paris, Badius, 1511 (lettre du 12 octobre 1511, f° L v°-f° LIIr°).

porte de l'âme, se reconnaît ouvertement comme étant la servante de la force contemplative... La contemplation est l'acte de l'âme dont l'observation (ou la spéculation) ne porte sur rien d'autre que sur l'intérieur d'elle-même (*haud alius quam seipsum intus*). Car la contemplation exclut toute espèce différente et étrangère, s'appuyant sur la seule espèce qui est l'essence propre de l'âme[1]... »

Et, après quelques considérations sur l'*oculus visibilis* et le *materiale speculum*, opposés au monde invisible de l'âme, mais lui étant pourtant solidaires, et sur les rapports entre la puissance et l'acte, Bovelles poursuit ses considértaions sur l'« acte supérieur de l'âme » (autrement dit la contemplation) qui est comme l'« œil de l'âme ».

Intériorité et supériorité sont donc étroitement liées, la vie intérieure apparaissant alors, non pas comme un flux continu se déployant dans un temps homogène, mais plutôt comme une série d'expériences discontinues, ponctuées par l'acte contemplatif. C'est ici qu'il faudrait reprendre et modifier la comparaison que j'avais établie entre l'acte de connaître bovillien et l'expérience cartésienne du *cogito*. En effet, pour Descartes, le *cogito* n'est pas intermittent : assimilé à la conscience de soi ou au sentiment de sa propre existence, de son affectivité, de sa volonté, de ses jugements, de ses représentations de toutes sortes, l'acte de pensée, coextensible à l'existence même du sujet, s'exerce même dans la rêverie, les rêves, le sommeil. En revanche, la contemplation, qui correspond à une tension extrême de l'âme, est un acte, sinon exceptionnel et réservé à des êtres d'exception (comme les prophètes, les mystiques, les ascètes, les hommes d'une vaste culture, etc.), du moins nécessitant un certain nombre de conditions éthico-affectives, qui rompent avec les habitudes de la vie « négotiatrice » ou « pratique ». L'expression la plus intéressante du fragment de la lettre à Lefèvre, citée précédemment, est le « seipsum intus speculatur », qui définit ce mouvement de retour sur soi, que l'on appelle la réflexivité. Et ici, on revient, une fois encore, à Descartes.

---

[1] Ma traduction.

Les spéculations de Bovelles sur l'équipement sensoriel de l'homme[1] (et accessoirement, des animaux)[2] nous font accéder, par un autre biais, à une spécification de l'intériorité, terme que j'utiliserai désormais de préférence à celui de vie intérieure, à cause du statut mal défini de la vie.

Suivant une tradition, héritée de l'antiquité, que le Moyen-Age et la Renaissance ont respectée et complétée, une hiérarchie a été généralement établie entre les cinq sens. Les plus « charnels » sont le goût et l'odorat, les plus « incorporels » la vue et l'ouïe (avec, selon les auteurs, une compétition entre ces deux sens). Quant au toucher, il est parfois considéré comme le sens de toutes les concupiscences charnelles, parfois comme l'instrument privilégié de l'homme artisan ou artiste – *homo artifex* –, surtout quand il est rapporté à cet instrument ductile et intelligent qui n'a pas son équivalent dans toutes les espèces animales, y compris les singes : la main humaine. Pour Bovelles, les sens qu'il appelle supérieurs, et qui sont qualifiés de *liberales* et d'*honesti* sont la vue et l'ouïe, celle-ci occupant d'ailleurs la première place, tandis que les trois sens inférieurs, y compris celui du toucher, « prodromus omnium sensuum », c'est-à-dire l'éclaireur des autres sens, sont qualifiés d'*illiberales* ou de *serviles*. D'après les expressions que nous avons rappelées en commençant et qui qualifient l'œil ou la vision, on se doute que c'est par la médiation des deux sens supérieurs que l'esprit humain peut accéder à cette intériorité, qui l'élève au-dessus et bien au-delà des contingences terrestres et des perceptions matérielles. A ces sens *superiores* et *inferiores* correspondent, dans la vision macro-microcosmique de Bovelles, produit d'un long héritage, des planètes *superiores* et des planètes *inferiores* : Saturne, Jupiter et Mars sont les planètes supérieures, qui gouvernent respectivement l'imagination, l'ouïe et la vue. Vénus, Mercure et la Lune sont les planètes inférieures, qui gouvernent, quant à elles, l'odorat, le goût et le toucher, planètes « femelles » qui s'opposernt aux planètes « viriles » ou supérieures. Et le Soleil ? Occupant une

---

[1] Voir le *Liber de Sensu*, et notre article, « Le sens de la vie et la vision intérieure d'après Charles de Bovelles », in *Foi, fidélité, amitié en Europe à la période moderne* (« Mélanges offerts à Robert Sauzet »), Publications de l'Université de Tours, 1995, t. I, p. 233-245.

[2] Surtout pour établir des comparaisons entre l'acuité sensorielle de tel organe, chez l'homme, et chez tel animal, comme l'odorat chez le chien.

situation privilégiée, il correspond à la raison. Mais, pour revenir au sens de l'ouïe et à celui de la vue, on rappellera qu'en de nombreuses langues, et notamment en français, *entendre* et *voir* s'appliquent souvent à la connaissance ou à un savoir déterminé, sinon à un jugement, tandis que les autres sont relégués à leur rôle de serviteurs charnels[1], assez semblables, en vérité, à ce qui se passe dans le monde animal. La vue et l'ouïe, dont les organes sont implantés dans la partie supérieure de la tête, – et la tête humaine est particulièrement mobile[2] – visent les régions supérieures du monde (*alta petentes*)[3]. Ces réalités, qualifiées d'*alta*, sans plus de précision, peuvent représenter, bien entendu, les planètes ou les étoiles, mais, plus profondément, on peut admettre que notre auteur songe à des réalités d'ordre métaphysique (qui, par définition, sont invisibles), et notamment à Dieu. Ainsi l'œil « charnel » ou « impur » se métamorphose virtuellement en cet *oculus sublimis,* en cet *oculus rationis,* ou, si l'on préfère, en cet œil intérieur (*interior* ou *intraneus*) qui a été noté au début de cette communication. Cet œil est l'organe qui favorise l'exercice de l'intellect : « Hominis intellectus (quæ est suprema et spiritalis pars animi)[4] haud per se, sed per sensus et in ipsis sensibus invectus »[5]. Autrement dit, la vision intérieure et supérieure ne constitue pas un phénomène qui se produit indépendamment du corps et de son équipement sensoriel, comme cet « arrachement » (ou *raptus*) auquel j'ai déjà fait allusion[6] : elle apparaît comme une sublimation de la vision humaine ordinaire, de la même façon que dans le *De Amore* de Ficin, la grâce et même la spiritualité de Vénus – celle qu'il appelle la Vénus céleste – se dégagent des amours charnelles de Mars et de Vénus, dans

[1] On pourrait toutefois m'objecter que le verbe *sentir* (ou celui de *subodorer)* peut désigner également un sentiment, ou une esquisse de jugement.

[2] L'un des premiers auteurs à avoir fait cette remarque est Sénèque.

[3] A la différence des sens inférieurs, considérés comme *inferiora petentes* . On songe en particulier au groin du porc, tourné vers le bas, et se complaisant dans les immondices.

[4] Cette définition rappelle celle de la contemplation « animi apex », ou « praestantissima pars animi ».

[5] « L'intellect humain, qui est la partie suprême et spirituelle de l'âme, ne se meut pas par lui-même [il ne porte pas en lui son propre moteur], mais par l'intermédiaire des sens et dans leur exercice même. »

[6] Voir p. 51 et n. 5.

la scène mythologique bien connue[1]. Tout ce passe comme si une lumière intérieure, émergeant à partir des yeux ordinaires ou charnels, ces « serviteurs » de l'âme[2], permettait cet accomplissement de l'homme, capable de contemplation. On songe à ce passage des *Confessions*[3] de saint Augustin, quand il s'écrie :

> « O lumière, que voyait Tobie quand, privé de ses yeux du corps, il enseignait à son fils la route de la vie et l'y précédait ? ... Lumière, que voyait Isaac quand, malgré le voile pesant que la vieillesse avait abaissé sur ses yeux de chair, il mérita, non de bénir ses enfants en les connaissant, mais de les connaître en les bénissant. Lumière, que voyait Jacob quand, pris par les yeux, lui aussi, à cause de son grand âge, il projeta les rayons de son cœur tout illuminés sur les générations du peuple futur, préfiguré dans son fils ! ... La vraie lumière, la voilà : elle est une, elle ne fait qu'un avec tous ceux qui la voient et l'aiment ... »

De l'usage que l'auteur des *Confessions,* bien avant Bovelles, fait de la vue, des yeux et de la lumière invisible, et pourtant combien réelle et efficace, je ne retiendrai que ce fragment de phrase, qui me paraît s'appliquer parfaitement à la vision intérieure, selon le philosopohe picard : « il projeta les rayons de son cœur tout illuminés ... »

Mais il est un autre philosophe, plus proche encore de Bovelles, que ce dernier suit souvent point à point et presque mot à mot[4], et qui exprime des idées allant dans le même sens : c'est le pseudo-Denys l'Aréopagite, l'auteur de la *Théologie mystique* et de la *Hiérarchie céleste.* L'œil le plus pénétrant, écrit-il, celui que l'on peut à bon droit assimiler à l'intellect, c'est l'œil *intérieur.* J'ai rappelé le symbole de Tirésias, l'aveugle. Plus probant est encore celui d'Œdipe, l'Œdipe de la tragédie eschyléenne[5] Œdipe le voyant (pourvu de ses yeux de chair), qui poursuit avec ardeur une enquête que son intelligence et ses yeux ne lui permettent pas de conclure, et qui le font errer loin de la

---

[1] Voir mon article, « Du *De Amore* de Ficin à la *Délie* de Scève : lumière, regard, amour et beauté », in *Marsilio Ficino e il ritorno di Platone. Studi e documenti,* a cura di Gian Carlo Garfagnini, Leo S. Olschki editore, Florence, 1986, p. 587-614.

[2] Malebranche appellera les sens des « moniteurs fidèles » de l'esprit.

[3] X, 34, 51 et 52.

[4] Par exemple, dans son opuscule (déjà cité) sur la ténèbre divine, le *Liber divinæ caliginis,* Lyon, A. Blanchard, 1526.

[5] *Œdipe-Roi.*

cible ; ce n'est qu'après son aveuglément (même si celui-ci est volontaire) qu'il prendra conscience du double crime qu'il a commis, même si des circonstances atténuantes peuvent lui être accordées. Mais revenons à Bovelles et à ce passage capital du *De Sapiente*[1], qui se présente comme une conclusion de tout l'ouvrage :

> « La nature assiste donc l'homme en donnant d'emblée clairvoyance (*efficit illustrem*) à son œil tourné vers le dedans, le dehors et le monde, et en mettant en la présence de celui-ci et à sa portée la totalité du monde. Mais dans la mesure où elle a laissé aveugle le regard intérieur (*internam aciem*) et postérieur de l'homme (*posteriorem et humanam*), elle a négligé celui-ci et l'a voulu pauvre, de telle sorte qu'il incombe à ses propres moyens et à ses efforts de transmettre au second œil la lumière mendiée auprès du premier et d'y voir ainsi par les deux yeux ... L'homme, à qui le monde est initialement offert en sa lumière (*objicitur illucescitque mundus*) fait ensuite retour du monde sur lui-même (*ex mundo redeat in se ipsum*) ; de la lumière et de la science première du monde, il apprend à tirer sa lumière et sa science propre. »

Car la lumière du monde, qui vient de l'extérieur, et qui favorise la « possession » virtuelle ou potentielle du monde[2], n'est pas assimilable à la sagesse. Toutefois Bovelles admet qu'elle « en est le commencement » (*Sapientiæ initium*). Nous dirions plus volontiers qu 'elle en est un stimulant, comme ce regard extérieur appelant un retour sur soi et la mise en œuvre du regard intérieur. Car, dans la conception cosmologique et théologique de Bovelles, le monde, créé par la volonté de Dieu (qui aurait parfaitement pu s'en passer, car, « dans le premier âge, tourné vers lui-même et replié sur soi, Dieu se mouvait, s'assumait, se rendait présent à lui-même et maître de soi. De toute éternité il était [...] éternellement il sera, s'engendrera, fera acte de présence »[3]. En mettant fin à sa solitude et en décidant, au seuil du second âge, de créer le monde, et, beaucoup plus tard, l'homme, il a imprimé sa marque sur l'un comme sur l'autre. Le monde a été créé

---

[1] *Op. cit.*, p. 301 (p. 300 pour le texte latin), ch. 50.

[2] On sait, en fait, que le champ de la perception visuelle et les « prises » de l'intellect sont limitées en raison de la finitude et de l'imperfection de l'homme, par rapport à la perfection absolue, qui est celle de Dieu.

[3] *Liber de Nichilo,* Paris, H. Estienne, 1511, 65v°. Trad. P. Magnard, in Charles de Bovelles, *Le Livre du Néant,*Paris, Vrin, 1983, ch. 3, p. 59

pour l'homme : il est donc tout à fait normal, dans l'esprit de Bovelles, qu'il soit au commencement de la sagesse, laquelle, comme on l'a vu, est l'apanage de l'homme *humainement* parfait, de l'homme triple, *homo-homo-homo*. « De toutes les créatures, écrit encore Bovelles dans ce même chapitre du *Livre du Néant*[1], l'ange et l'homme seulement – en tant qu'ils participent de la lumière et de la sagesse divine – passent en Dieu (*in Deum invadunt*) et deviennent Dieu[2] par participation (*participatione dii fiunt*). Qu'est-ce donc que la vraie sagesse ? Bovelles l'explicite dans le même chapitre 50 :

> « Est sage en effet non pas celui qui se contente de porter un regard extérieur sur le monde pour en être le spectateur, mais celui qui possède, lucides parce qu'en acte, l'un et l'autre œil, qui peut se voir lui-même aussi bien que le monde, à qui sont connues, accessibles et manifestes comme à un Janus à double visage les réalités du dedans aussi bien que celles du dehors[3]. »

On insiste ici particulièremlent sur la vision interne et externe de l'œil de l'homme devenu sage, mais des remarques analogues pourraient être faites à propos de l'audition. Dans son opuscule[4] consacré au « raptus », arrachement ou extase de Saül-Paul sur le chemin de Damas, Bovelles insiste sur la faculté d'audition des oreilles humaines et sur cette faculté superéminente, quand elle est actionnée par Dieu. Cette acuïté particulière et exceptionnelle du sens auditif se rapporte plus sûremet à une audition *intérieure*, analogue à cette vision interne ou intérieure[5]. Bien entendu, les trois sens *illiberales* que sont le toucher, le goût et l'odorat sont tout en extériorité : alors que nous avons (ou croyons avoir) la mémoire d'une odeur[6], d'une saveur ou

---

[1] *Ibid.*., 65v° et éd. Magnard, p. 61.

[2] Je traduirais plutôt « divins », comme nous y invite d'ailleurs l'épithète *dii*, avec son pluriel.

[3] *tam extima quam intima, ibid.*, p. 301.

[4] Ou dans le ms 1134, qui lui a servi en quelque sorte de premier jet (c'est la pièce N° 48 de nos *Lettres et poèmes*..., p. 96, lignes 410-412.

[5] Voir H. Wunzel, *Hören und Sehen und Bild-Kultur und Gedächtnis im Mittelalter*, Munich, C. H. Beck, 1995.

[6] Voir le développement du ms 1134 (pièce n° 17 de nos *Lettres et poèmes* ..., p. 273, n. 30-33) sur la mémoire olfactive des chiens et leur capacité à retrouver leur maître grâce à la trace olfactive (inaccessible aux humains) qu'ils ont laissée sur leur

d'un contact corporel, nous ne trouvons aucune signification à l'intériorité de ces organes sensoriels, même si certains esprits, comme ce théologien auvergnat du XIIIe siècle, devenu évêque de Paris, Guillaume d'Auvergne, ont voulu voir dans le remarquable instinct olfactif de certaines races de chiens, que leur a généreusement accordé la volonté du Créateur, l'équivalent de ce que Ramus, et surtout Descartes, appelleront plus tard la « lumière naturelle » (*lumen naturale*) ou encore un « sentiment naturel » *(sensus naturæ)*[1].

Mais revenons à la métaphore de l'œil dans ses diverses acceptions hiérarchiques, tout en examinant une gravure qui fait partie intégrante du texte bovillien du *De Sapiente,* car elle a été décrite par notre philosophe. C'est, au chapitre 40 (intitulé « Dieu, comme le soleil se donne sous trois apparences ») que nous trouvons cette image et les quatre orbites concentriques. A défaut de la montrer ici, on citera le texte de Bovelles, qui a suscité d'ailleurs un commentaire de Cesare Vasoli[2] :

> « Tu apprécieras plus clairement tout cela, si tu distribues toute sorte d'œil sur quatre orbites : l'œil divin sur l'orbe centrale ; l'œil intellectuel ou angélique sur la seconde orbite de façon à ce qu'il soit de partout tendu et dirigé vers l'œil divin ; l'œil rationnel sur une troisième orbite, de façon à apercevoir de partout, comme l'ange, mais après lui, le regard divin ; l'œil animal enfin sur la quatrième et dernière orbite. Que l'œil divin, puisqu'il est par nature unique, soit seul dans le cercle central ; que les yeux créés, puisqu'ils monnayent l'unité de l'œil incréé de Dieu en une multitude et une variété presque innombrable, soient dessinés en un très grand nombre autour de l'œil divin ![3]

---

passage. Voir aussi le *Liber de Sensu,* notamment les passages relatifs à l'odorat et à sa place dans la hiérarchie des sens.

[1] « Hoc [= lumen naturale] mirabilius videtur esse in canibus : non solum olfactus artificior est quam visus, sed etiam velut quoddam lumen prophetiæ vel divinationis quibusdam canibus a creatore inditum est naturaliter, ita ut et latrones, et homines occultos hoc lumine investigent, dignoscant, et apprehendant »(*Guillelmi Alverni Episcopi Parisiensis Opera omnia*, tomus primus, Parisiis MDCLXXIV, *De fide et legibus,* p. 758).

[2] « Note sur les « thèmes solaires » dans le *De Sapiente* », *Charles de Bovelles ...* (voir n. 34), p. 121-122 (figure reproduite p. 123, comme dans l'édition Magnard, *op. cit.*, p. 254).

[3] Trad. Magnard, p. 263.

Après quoi, l'auteur indique les couleurs dont la figure devra s'enrichir pour être vértablement « parlantes » (ou clairement visibles et lisibles) : couleur d'or pour l'orbe de Dieu, blancheur et clarté pour l'esprit de l'ange, rougeoiement et clair-obscur pour celui de l'homme (avec son œil extérieur et son œil intérieur), et enfin noirceur et ténèbres pour l'esprit de l'animal. « Dans ce singulier modèle « planétaire », écrit Cesare Vasoli[1], inspiré des représentations que l'on trouve souvent, bien qu'avec un sens différent, dans la peinture de la fin du Moyen Age, frappe surtout l'obsédante répétition des métaphores lumineuses et célestes, exprimées toujours dans la forme de la vision du soleil véritablement exalté, à la fin, par le parallèle avec l'or (le métal qui, justement, « correspond » au soleil, selon une constante symbolique alchimique). »

Toutefois, malgré son ascèse et l'approfondissement de son intériorité, la situation ontologique de l'homme, dans le plan de la Création, entre l'animal et l'ange[2], ne lui permet pas de contempler Dieu purement et simplement, dans sa luminosité, comme peut le faire l'ange[3]. Il navigue dans le clair-obscur, ce qui correspond à la couleur rouge, intermédiaire, écrit Bovelles, entre le noir et le blanc, la blancheur étant le symbole de la pureté et de la vérité (de la divinité), le noir celui de la matière et des passions purement charnelles et aveuglantes. Alors que l'intellect angélique, acte pur, est parfait dès la création, l'intellect humain se constitue progressivement, à partir du néant ; il est tributaire de ce que Bovelles appelle la « mens opifex », la pensée créatrice de l'homme, idée par laquelle il rejoint l'un des thèmes majeurs de la pensée de Pic de la Mirandole, mais aussi de celle d'Érasme, quand celui-ci déclare, en un texte fameux du *De pueris instituendis*[4] : « Les hommes, crois-moi, ne naissent point hommes ; ils se font hommes[5]. » L'enfant, à sa naissance – qui n'est pas encore un homme, selon les dires d'Érasme – n'aurait pas d'intériorité ou de conscience réflexive de soi ; sa vie serait purement

---

[1] *Art. cit.*, p. 121.

[2] On connaît la mise en garde de Pascal : « Qui veut faire l'ange fait la bête ! ».

[3] « Dieu est vu par l'ange comme un miroir sans tain (*ut speculum mundum*), propre et pur, naturellement et par lui-même sans image ni figure ... » (*De Sapiente*, p. 270-271).

[4] Voir mon édition de cet ouvrage (Genève, Droz, *THR* N°LXXVII, 1966, p.389 (493b) et mon édition critique d'Amsterdam (*ASD* I-2 1970, p.31, ligne 21).

[5] « Homines, mihi crede, non nascuntur, sed finguntur »

animale, purement extérieure. Disons, pour reprendre les propres termes de Bovelles dans le *Liber de intellectu*[1], que ce qui constituera l'intellect humain n'est alors que pure virtualité, pure potentialité. La science, la culture, ou ce qu'il appelle l'art (*ars,* ou *studium*), qui fait de l'être humain un *homo studiosus,* rend possible et féconde cette évolution. Et la pensée, en tendant du néant vers l'être, acquiert du même coup la possibilité d'un retour sur soi.

*

* *

J'ai intitulé ma communication *La vie intérieure* selon Bovelles. D'après ce que nous avons vu, et malgré la grande extension du concept de vie, je pense qu'il vaudrait mieux remplacer ce syntagme, qui ne figure pas dans le vocabulaire du philosophe picard, par celui d'intériorité, que nous ont rendu familier les nombreuses images et métaphores de l'œil. On sait que la troisième vie du *De triplici vita* de Marsile Ficin pourrait correspondre *grosso modo* à cette intériorité. Les analogies sont d'ailleurs nombreuses entre les idées de Ficin et les images cosmiques dont son œuvre abonde, en particulier les images solaires[2] et les pages du *De Sapiente*, du *De Sensu* et du *De Intellectu,* sur lesquelles je me suis surtout appuyé. Ainsi de profondes analogies caractérisent les métaphysiques développées par les deux philosophes, Bovelles citant d'ailleurs Ficin avec respect. Influencé par Plotin, dont le troisième livre du *De vita* pourrait être considéré comme une partie de son commentaire, Ficin reste attaché à la thèse d'un monde d'où serait exclue la discontinuité entre l'intellect et le corps, grâce à la double médiation de l'âme et du « spiritus » (l'« esprit »), substance déliée, qui est répandue à travers tout l'univers, à mi-chemin entre âme et matière ; notion médico-psychique ou médico-cosmique. Dans cette troisième vie, l'accent serait également mis sur la communauté de structure entre le macrocosme et le microcosme, et sur cette notion de sympathie universelle, chère aux théoriciens de la magie naturelle, unissant les divers membres du monde, ainsi que sur l'attrait que certains corps peuvent exercer sur les âmes, comme les influences

---

[1] Cap. 1, prop. 9, f. 4° : « Ut rursum angelicus intellectus est omnium essentia, ita et humanus omnium potentia et nulla essentia ... »

[2] Voir notamment le *Liber de Lumine* ou le *Liber de Sole* de Ficin.

astrales et bien d'autres. Bovelles est encore fidèle à la figuration du grand et du petit monde, et sa comparaison entre le sage, le soleil et les planètes reste dans la ligne ficinienne, comme le passage de la métaphore du cœur (ch. X) à celle du soleil (ch. XI)[1]

> « Le sage, écrit-il[2], imite en particulier le soleil. De même que le soleil cosmique est placé au milieu des planètes errantes et qu'il se meut sans cesse sans jamais cesser d'être au milieu d'elles ni s'écarter de son parcours continu le long de l'éclyptique ; de même, tant qu'il est guidé par son soleil, la raison, et qu'il accepte que la raison le guide en toutes choses, le sage marche avec assurance au milieu du chemin, sans jamais divaguer ni butter contre les écueils. »

Et surtout, ce qui suit :

> « Si en effet l'homme est un petit monde (*minor mundus*), il convient qu'il soit guidé et éclairé par autant de lumières et de lampes que nous voyons le grand monde (*majorem mundum*) briller et étinceler de luminaires. Or la nature a allumé dans le grand monde sept luminaires grâce auxquels elle a voulu le gouverner et le régler : deux plus grands, le soleil et la lune, et cinq plus petits, Saturne, Jupiter, Mars, Vénus, Mercure. Au milieu de tous, elle a placé le soleil auquel elle a commandé de fournir la lumière aux autres et de régner sur eux, afin que, marchant toujours au milieu,il mesure et calcule en une juste balance les écarts compensés des petites planètes... »[3]

Mais si la connaissance de la matière, avec ses cinq sens, plus l'imagination (considérée comme un sixième sens, mais comme un sens interne) « s'exerce dans la machine du corps », « la connaissance immatérielle de l'homme est l'œil de la raison qui, plus profondément caché que tous les sens, n'est tributaire du corps *en aucune de ses fonctions*[4], ni n'est fait pour regarder et contempler aucune des choses

---

[1] On lit par exemple chez Ficin : « Si le centre divin possède dans quelque partie de l'univers un siège d'opération imaginaire ou invisible, il règne de préférence au milieu des êtres, comme un roi au milieu de la cité, comme le cœur presque au milieu du corps, comme le soleil au milieu des planètes » (*Théologie platonicienne des âmes*, t. III, Livre XVIII, trad. R.Marcel, p. 191).

[2] *De Sapiente,* ch. X, éd. Magnard, p. 111. (texte latin, p. 110).

[3] *Ibid.*, p. 111. (texte latin, p. 110).

[4] Souligné par nos soins.

qui se trouvent dans le monde et dans le corps ; son regard se borne au sous-sol de l'âme (*in interna animi crepidine*) et à son infranchissable enceinte (*invio claustro coercet*)[1].

Tout comme Ficin[2], Bovelles combat le matérialisme et affirme le caractère indissoluble, donc immortel de l'âme. Il a d'ailleurs composé *Trois livres de l'immortalité de l'âme*, qu'il aura d'ailleurs beaucoup de mal à publier à cause de la censure exercée par la Faculté de théologie de l'Université de Paris[3].

En conclusion, on peut dire que chez Bovelles, l'intériorité ne peut être que l'apanage de l'âme, exerçant son activité primordiale dans l'acte de contemplation. Mais c'est parce que l'homme se trouve immédiatement hors de toute chose (*extra omnia*, selon sa propre expression[4], plusieurs fois renouvelée). Cette intériorité n'est pas un aveuglement ou une fermeture au monde, mais un point central d'où l'homme, jouissant pleinement de sa liberté, ayant coupé les liens charnels qui pourraient offusquer son regard, et dans une parfaite opposition au monde, peut le refléter dans sa totalité.

> « L'homme donc a été créé en dehors de la totalité des choses, et cette totalité créée en dehors de l'homme, pour lui être opposée en diagonale. En effet, si l'on place toutes choses sur le pourtour sphérique du monde, soit sur le firmament, l'on doit placer l'homme au centre ; il en résulte que tout le pourtour du monde lui apparaît en toute clarté et lui est révélé[5] ».

Ainsi l'intériorité bovillienne mériterait-elle de troquer son nom au profit de celui de centricité, puisqu'aussi bien, face à tous les êtres du monde, l'homme se situe comme un miroir universel, dont le foyer occupe le centre de la sphère. D'ailleurs le modèle géométrique du cercle et des cercles concentriques court à travers toutes les œuvres de Bovelles, des mathématiques à la philosophie morale, de la métaphy-

---

[1] Ch. XI, p. 113. (texte latin, p. 112).

[2] Surtout dans la *Théologie platonicienne de l'immortalité des âmes.*

[3] Voir Faye, *op. cit.*, p. 139-140, et mes *Lettres et poèmes de Bovelles*, passim.

[4] Voir notamment le ch. XXVI du *DeSapente*, intitulé « L'homme miroir de l'univers », où cette exclusion de toute chose s'exprime sous différentes formes : « séparé de toute chose » (extra omnia),

[5] *Ibid*, p. 179.(texte latin, p. 178).

sique à la théologie[1]. Si l'excentricité, comme l'a montré un récent ouvrage[2], peut être considérée au sens propre comme un modèle mathématique et comme une caractéristique de l'humanisme, dans la mesure où « la parodie, la dérision et le détournement des codes »[3] constituent effectivement des procédés chers à Alberti, à Érasme, à More, à Rabelais, à Landino, à Montaigne, et à bien d'autres, la centricité[4] et la figuration de cercles concentriques n'en est pas moins, de Georges de Venise à Lefebvre de la Boderie et à John Dee, voire même chez Érasme[5] (dans un autre contexte) une image de la concorde ou de l'harmonie universelle à laquelle les poètes et les philosophes de la Renaissance n'étaient pas insensibles.

Jean-Claude MARGOLIN

---

[1] Voir mon article, « La fonction de modèle dans la pensée créatrice de Bovelles », in *Le Modèle à la Renaissance*, Paris, Vrin (« L'oiseau de Minerve »), 1986, p. 51-75.

[2] *Excentricité et Humanisme*, par Patricia Eichel-Lojkine, Genève, Droz, 2002.

[3] C'est le sous-titre de l'ouvrage.

[4] Voir François Roudaut, *Le Point centrique : contribution à l'étude de Guy Le Fèvre de la Boderie (1541-1598)*, Paris, Klincksieck, 1992. On ne peut pas non plus ne pas penser à Leibniz et à sa *Monadologie*, chaque monade (humaine) ayant un point de vue sur tout l'univers.

[5] Voir sa représentation allégorique de la Chrétienté dans la *Paraclesis* . Le centre de ces différents cercles est occupé par le Christ, à la fois centre de rayonnement et de diffusion de l'Esprit, et cible visée par la communauté des Chrétiens.

PÉTRARQUE ET LA MUSIQUE DE L'ÂME

La Musique, mise en rapport avec l'idée d'intériorité, ne pouvait trouver meilleur porte-parole, en ces débuts de Renaissance, que Pétrarque. Le néophyte s'en étonnera peut-être, mais le lecteur avisé du grand homme ne s'en laissera aucunement surprendre. Pétrarque montra en effet un attrait tout spécial pour cet art, et plus généralement, une très grande sensibilité et réceptivité aux phénomènes sonores, que ce soit la musique de la nature ou celle de la langue. L'anecdote est bien connue du jeune Pétrarque s'enthousiasmant pour les mots de Cicéron qu'il ne comprenait pas encore mais dont la beauté musicale, – la *dulcedo* et la *sonoritas* –, enchantait ses oreilles[1].

Comme il le dit lui-même, il éprouva toujours une grande douceur à l'écoute des harmonies musicales et fut profondément ébranlé par leurs effets : le pouvoir de la musique fut à ses oreilles comme une ivresse[2], au point qu'il lui sembla être ravi hors de lui-même[3].

---

[1] *Seniles,* XVI, 1. « Et à cet âge, je ne pouvais rien comprendre. Seules une certaine douceur dans les mots, une sonorité me saisissaient, au point que si je lisais ou entendais autre chose, cela me paraissait rude et privé de toute harmonie ». Traduction A. Tripet, *Pétrarque et la connaissance de soi*, Genève, Droz, 1967, p. 137.

[2] *Sen.*, XI, 5. « De sa compagnie je prenais un plaisir particulier, à cause de cette douceur que j'ai toujours éprouvée dans les harmonies musicales ; et elle me fut si grande que pensant quelquefois aux controverses des philosophes à propos des harmonies célestes, je me sentais porté vers le jugement de ceux qui n'envient pas aux Dieux le mouvement des sphères, satisfaits de cette douceur qui nous enivre les oreilles [...] ». *Lettere senili,* Firenze, Le Monnier, 1892, volgarizzate e dichiarate con note da G. Fracassetti, II, p. 155.

[3] *Familiares,* XIII, 8. « Que dire des oreilles ? Chants, sons, harmonies de cordes et de luths, dont j'éprouvai autrefois une si grande douceur qu'il me paraissait être transporté hors de moi-même [...] ». *Lettere delle cose familiari,* Firenze, Le Monnier, 1892, tradotte e annotate da G. Fracassetti, III, p. 259-260.

Il fut l'ami de nombreux musiciens, et musicien fut son plus fidèle compagnon, Ludovicus Sanctus[1], dédicataire des *Lettres familières,* et rebaptisé du grand nom de Socrate pour l'excellence de sa vertu plus encore que pour celle de son art[2]. Pétrarque ne s'en tint pas à se délecter de l'écoute de la musique ; il la pratiqua et chanta lui-même ses *rime* en s'accompagnant au luth[3].

Mais laissons-là l'anecdote. Il va de soi que si l'apport de Pétrarque à la culture musicale de son temps s'était limité à ces quelques éléments, il eût été bien vain de vouloir entreprendre une réflexion à ce sujet. A l'inverse, gardons-nous, par une trop grande affection portée à la musique comme à cet auteur, de vouloir en surévaluer la contribution. Les exégètes, selon leurs compétences, ont fait à l'envi de lui le premier des philologues modernes, des historiens et même des musiciens[4]... Or le projet du grand poète et philosophe, comme de ceux qui suivront ses traces, ne saurait bien évidemment s'inscrire dans le cadre d'une discipline donnée, *a fortiori* dans celui éminemment circonscrit de la musique. Les pages consacrées par Pétrarque à cet art sont bien peu nombreuses au regard de la densité de son œuvre ; elles sont néanmoins d'une importance capitale et fondatrice en ces débuts de Renaissance. Grâce au cygne de Vaucluse et aux magnifiques

---

[1] Voir H. Cochin, « Sur le Socrate de Pétrarque. Le musicien flamand Ludovicus sanctus de Beeringhen », *Mélanges d'Archéologie et d'Histoire,* publiés par l'école française de Rome, XXXVII (1918-1919), Rome, Cuggiani, 1918.

[2] *Fam.,* IX, 2.

[3] *Fam.,* II, 12. « [...] les sons que j'avais coutume de tirer de la lyre caressante ». Traduction A. Longpré, Paris, Les Belles Lettres, 2002, I, p. 224. Voir aussi *Bucolicum carmen,* Églogue IV, Paris, Champion, 2001, p. 102. « C'est à moi que ce souverain maître a fait don de cette cithare mélodieuse et du plectre et des modes musicaux » ; p. 106. « Que m'importe la richesse ? Un monceau d'objets muets ? Tu vois mes ressources : la voici, celle qui me libère des assauts répétés de la fortune agressive, et des pesantes chaînes du monde, et de la pauvreté. Lors de mes fréquents passages par les rudes sentiers des Alpes, ou à travers une forêt déserte, dans le silence de la nuit la plus sombre, avec elle je marche en confiance. Les oiseaux, les cavernes rocheuses me font écho, tandis que sur les nuées fuient chagrins et soucis ».

[4] C. Culcasi, *Il Petrarca e la musica,* Firenze, Bemporad, 1911, p. 125-126. « R. Rolland dit dans son précieux livre que le drame musical moderne est dû, outre les éléments lyriques conservés au Moyen-âge, au réveil de la personne humaine et à l'observation de la nature. S'il en est ainsi, qui plus que Pétrarque mérite d'être considéré comme un précurseur de la musique moderne ? ».

floraisons que produisit son extraordinaire fortune, la musique se vit investir du souffle d'une vie nouvelle. Alors qu'elle n'en finissait pas de s'amenuiser en une science sclérosée et spécialisée, Pétrarque, sur les traces tant aimées de Platon et de saint Augustin, lui fait accéder à un tout autre statut intellectuel ; mieux encore, il donne à la musique sa place au sein des phénomènes majeurs de l'expérience humaine.

Pétrarque et les arts libéraux

La musique, de tous les arts du Beau, avait connu un destin unique. Seule à appartenir aux arts libéraux, en tant que science du *quadrivium,* elle s'était développée au sein du savoir universitaire. A ce titre, elle ne put rester intouchée par la remise en question pétrarquienne de l'encyclopédie médiévale du savoir ; à la source de la « dispute des arts » qui régna au *quattrocento,* celle-ci amorce une conception originale de la culture sapant les fondements de la scolastique tardive pour constituer une nouvelle *paideia* humaniste.

Contre les vieillards retombés en enfance

C'est la dialectique, science reine de la scolastique tardive, qui est l'objet des attaques enflammées de Pétrarque ; au-delà, c'est toute la culture doctrinale et livresque qu'elle représente, fondée sur l'autorité d'un Aristote que le latin médiéval a rendu barbare, et destinée à la formation de professeurs emmurés dans leur spécialisation et leurs exercices verbaux voire verbeux. Pourtant, Pétrarque ne condamne pas les arts libéraux pour eux-mêmes et la distinction traditionnellement établie entre les arts mécaniques ou vulgaires qui avilissent le corps et les arts nobles qui élèvent l'esprit reste absolument opérante chez lui. Ce qu'il réprouve est non pas d'effectuer ce cycle, mais de s'y cantonner à vie. Il n'a pas de mots pour ces dialecticiens qui parviennent au seuil de la vieillesse en ressassant les mêmes arguties, de sorte qu'ils semblent être retombés en enfance :

> « Beaucoup de ces choses qu'il était convenable de faire autrefois, c'est à notre grande honte que nous les ferions maintenant, car si dans notre vieillesse nous ne savons pas quitter les écoles de dialectique pour la raison que nous y avons joué dans notre enfance, de la même façon nous

n'aurions pas à rougir de jouer à pair et impair ni de chevaucher un faible roseau ni de nous faire bercer de nouveau dans un berceau d'enfant »[1].

L'image de la vie comme d'un voyage, long et difficile, est chère à Pétrarque et dans cette entreprise de toutes la plus redoutable, les arts libéraux ne sont que des chemins et non point le terme :

> « Mais, ô imbécile, il n'est pas vrai que [la dialectique] soit privée de valeur et je sais combien on doit lui en attribuer ainsi qu'aux autres arts libéraux : j'ai appris des philosophes à ne pas apprécier excessivement aucun d'entre eux. Par conséquent comme il est louable de les avoir appris, ainsi est-il puéril de vieillir avec eux. Ils sont les routes à parcourir non le but, sauf pour ceux qui errent et vagabondent sans avoir aucun port dans la vie »[2].

Car en effet, nul métier n'est bon à acquérir pour Pétrarque, si ce n'est le métier d'homme. Tout savoir est vain s'il n'améliore l'homme. Comme il le revendique si hautement pour lui-même, « je n'ai jamais été si jeune ni si désireux de gloire (même si cela m'est arrivé de temps à autre), que je n'aie préféré être bon plutôt que savant »[3]. État vers lequel ne conduisent ni la dialectique, ni les mathématiques, ni les

---

[1] *Fam.*, I, 7 « contre les vieillards dialecticiens », *op. cit.*, p. 82.

[2] *Invettive contra un medico,* Milano, Marzorati, 1972, p. 76. Voir aussi, réunissant les deux images du retour en enfance et du voyage, *Fam.*, XII, 3. « La grammaire, ni aucun des sept arts libéraux, ne peut s'arroger le droit d'être digne qu'un noble esprit vieillisse en les cultivant. Ils sont une route : non un terme. Celui qui connaît bien le voyage ne se laisse ni effrayer par l'âpreté, ni retenir par l'aménité du chemin, et de façon franche et leste dans la difficile montagne et dans le pré fleuri suit sa voie et parvient rapidement à destination. Ingénieux et brillant un jeune homme plaît et reçoit des louanges : un vieux qui se perd dans l'alphabet est ridicule et aux vieux déjà doctes fait pitié. Tu t'es jadis montré sous le premier aspect : garde-toi d'apparaître dans le second. Mieux vaut mourir enfant que de vieillir dans des tâches enfantines ». *Lettere, op. cit.*, III, p. 125.

[3] *De sui ipsius et multorum ignorantia,* II, 21. Traduction J. Bertrand revue par C. Carraud, Grenoble, Atopia, p. 75 ; voir aussi *Fam.*, I, 3, *op. cit.*, p. 52. « Pour ma part, même si ma jeunesse m'enlève tout crédit, ma conscience cependant m'est témoin que je lis, non pas pour devenir éloquent ou plus brillant mais meilleur et, ce qu'a dit Aristote de la philosophie morale, je l'applique à toutes les disciplines ».

sciences naturelles[1], mais la philosophie morale érigée par Pétrarque en science suprême. L'exigence éthique est le fondement de toute recherche, y compris esthétique.

La culture et la Vie

Pourtant, avancer le terme de philosophie morale est insuffisant pour cerner la pensée de Pétrarque. L'éthique, formalisée en une science théorique, est pour lui tout aussi inhumaine et déshumanisante que les autres branches de la philosophie scolastique :

> « J'ai lu, je crois bien, toutes les œuvres morales d'Aristote ; j'en ai aussi entendu exposer certaines. [...] Elles me permettaient de revenir à moi plus savant, peut-être, mais non pas meilleur, comme il aurait fallu. J'ai souvent regretté en secret – et parfois aussi en public – que ce philosophe n'ait pas tenu la promesse qu'il met en tête du premier livre de l'*Éthique*, et selon laquelle on doit apprendre cette partie de la philosophie non pour devenir plus savant, mais pour devenir meilleur »[2].

---

[1] Spécialement indifférentes à Pétrarque. Voir *De sui ipsius et multorum ignorantia*, II, 12, à propos d'Aristote zoologiste, *op. cit.*, p. 67. « Cet homme, donc, sait quantité de choses sur les bêtes sauvages, les poissons, les oiseaux ; combien le lion a de crins sur la tête, de quel nombre de spires le poulpe enlace le naufragé, que les éléphants s'accouplent dos à dos et que chez eux, la gestation dure deux ans, que ce sont des animaux dociles, robustes et d'une intelligence qui se rapproche de celle des hommes, qu'ils vivent jusqu'à deux ou trois siècles, qu'on brûle le phénix sur un feu d'aromates et qu'il renaît de ses cendres, que l'oursin, capable d'arrêter un navire lancé même à pleine vitesse, devient sans force une fois tiré de l'eau, que le chasseur dupe le tigre à l'aide d'un miroir, que l'Arismaspe attaque le griffon à l'épée, que le dos des baleines abuse le matelot, que les petits de l'ourse sont informes, ceux de la mule rares, que la vipère n'enfante qu'une fois et que cet enfantement lui est funeste, que les taupes sont aveugles, que les abeilles sont sourdes, qu'enfin de tous les animaux, le seul qui puisse remuer la mâchoire supérieure, c'est le crocodile. Toutes choses qui sont fausses en grande partie (comme on l'a clairement vu lorsque des phénomènes de ce genre ont été rapportés dans nos régions) ou, du moins, inconnues de ceux qui les affirment ; mais leur éloignement même leur fait croire plus facilement ou imaginer plus volontiers. Toutes choses enfin qui, lorsqu'elles seraient vraies, ne serviraient en rien au bonheur de la vie. Car je me demande à quoi sert de connaître la nature des bêtes sauvages, des oiseaux, des poissons, et d'ignorer ou de dédaigner la question de la nature de l'homme, la fin pour laquelle nous sommes nés, d'où nous sommes venus et où nous allons ».

[2] *De sui ipsius et multorum ignorantia*, *op. cit.*, IV, 53, p. 155.

C'est qu'à cette théorie fait totalement défaut le pouvoir de *conversio,* qui touche l'esprit, l'âme et le cœur et incline à la pratique, seule digne d'être cultivée aux yeux de Pétrarque[1]. Ce pouvoir des mots, seuls Cicéron, Sénèque, et Horace le possèdent.

L'enquête intérieure, l'examen de la condition humaine, la recherche de la purgation des passions qui mène au bonheur seuls intéressent Pétrarque. Face aux logicisme, terminisme, formalisme de l'école, notre poète revendique haut et fort, en des accents si douloureusement personnels, les droits à la vie : « *vivere est cogitare* »[2], nulle autre forme possible d'activité de l'esprit que celle d'une culture de l'âme.

Le culte de la *vox* : éloquence et musique

Dans ce cadre, c'est l'éloquence qui tient le primat dans la hiérarchie des arts libéraux. Éloquence, et non pas rhétorique, que le modèle cicéronien révéré par Pétrarque a fait atteindre à la plus haute place des attributs de l'homme. La parole, qui distingue l'homme de l'animal, est en effet le moyen d'expression de l'âme et il existe entre les deux une indissoluble fusion :

> « La parole en effet n'est pas un mince indice de l'âme, ni l'âme un faible guide de la parole. L'une dépend de l'autre ; celle-ci reste cachée dans la poitrine, celle-là se présente en public ; celle-ci arrange celle-là quand elle se prépare à sortir et la façonne à son goût, celle-là, quant elle sort, fait voir la nature de l'autre ; on obéit aux décisions de l'une, on croit au témoignage de l'autre »[3].

Grand est son pouvoir psychagogique, selon une tradition d'origine pythagoricienne dont on suit la trace chez Cicéron et Quintilien, et que Pétrarque revivifie en ce quatorzième siècle. L'instrument de ce pouvoir est la *vox,* et doubles en sont les armes : le mot et le son, indissociablement liés. Éloquence et musique sont sœurs jumelles. De

---

[1] *Ibid.*, p. 157. « [...] mais cette lecture n'a pas, ou si peu, cette puissance, cette ardeur venue des mots, qui enflamment l'esprit et lui font aimer la vertu et haïr le vice ».

[2] Maxime cicéronienne, *Tusculanes*, V, 38, 111. Voir *Fam., op. cit.,* introduction de U. Dotti, p. XLVI-XLVIII.

[3] *Fam.*, I, 9, « de l'étude de l'éloquence », *op. cit.*, p. 98.

la voix parlée se dégage un *cantus obscurior*[1], tandis que le chant n'est autre qu'une modulation supérieure de la parole. De cette gémellité originelle Pétrarque témoigne avec attachement. La *Lettre familière* III, 22 a ainsi pour objet l'étude conjointe « des admirables effets de l'éloquence et de la musique », réunies sous la même bannière de la douceur. C'est la fable d'Arion, d'après Aulu-Gelle (*Nuits attiques,* XVI, 19)[2], qui y est narrée : il ne dut son salut qu'à la suavité de sa lyre qui parvint à calmer vents et tempêtes et à dompter le dauphin qui lui servit de vaisseau. Mais c'est le mythe d'Orphée, dans sa source virgilienne qui, bien avant la promotion que lui assurera le ficinisme, trouve chez Pétrarque une nouvelle vie, appelé à témoigner du pouvoir de la musique[3] aussi bien que de celui de l'éloquence :

> « [...] je ne vais pas non plus rapporter la fable d'Orphée ou celle d'Amphion ; ils ont ému, dit-on, par leur chant et conduit où ils voulaient, celui-là les bêtes sauvages, celui-ci les arbres et les pierres, et par la seule force de leur admirable éloquence ils ont, croit-on, disposé à la douceur et à l'endurance de toute contrariété, l'un les âmes d'hommes violents et sauvages, semblables par les mœurs aux bêtes féroces, l'autre les âmes grossières, dures comme roc et indomptables »[4].

Ce mythe met en évidence un troisième terme adjuvant de la musique et de l'éloquence : la sagesse. La figure n'est pas neuve dans la tradition rhétorique. Quintilien, dans le chapitre I, X de son *Institution oratoire* consacré aux arts nécessaires à la formation du *perfectus orator,* en rappelle la triple activité de musicien, devin et philosophe. L'orateur étant, selon la maxime catonienne, un *vir bonus dicendi peritus,* seule la musique conçue comme philosophie pourra être de quelque utilité à sa formation. Et Quintilien d'en appeler à Pythagore, Platon, Socrate, hommes renommés pour leur sagesse et experts en musique. Du point de vue rhétorique, c'est donc le pouvoir émotionnel de la musique sur les passions de l'âme qui est mis en valeur. L'apprentissage de la musique n'a pour l'orateur qu'un seul

---

[1] Cicéron, *Orator,* XVIII, 57.

[2] Voir aussi Ovide, *Fastes,* II, 83-118 ; et Pline, *Histoire naturelle,* IX, 8, 28.

[3] *Africa,* V, 675, VI, 56 ; *Triomphe de l'Amour,* III, 13-15, 93 ; *Canzoniere,* XXVIII, 68, CCCXXXII, 51 ; *Lettere Varie,* LIII.

[4] *Fam.,* I, 9, *op. cit.,* p. 100.

objectif : la connaissance d'une méthode qui sert à exciter et à calmer les passions. Pour provoquer les émotions de l'auditoire, l'orateur prend modèle sur le musicien qui exprime les sentiments par les inflexions de la voix ou même par celles des instruments pourtant dénués de signification[1].

On comprend donc l'importance de la résurgence de la tradition rhétorique dans l'image de la musique promue par Pétrarque : la musique y est chant, et immenses en sont ses pouvoirs sur les passions de l'âme. Dans cette conception, la parole possède une valeur thérapeutique de grande importance. Mots et sons conjoints ont le pouvoir de soulager le cœur de l'homme. Ainsi, « l'avide paysan ramasse ses outils / et par des mots et des notes rustiques / de tout fardeau débarrasse son cœur »[2] (*Canzoniere,* L). Cette faculté spontanée de l'expansion lyrique est chez Pétrarque le remède privilégié de la passion amoureuse, comme en témoigne la chanson XXIII : « Dans le doux temps du premier âge / qui vit naître, et presqu'en herbe encore / la fière envie qui pour mon mal grandit, puisqu'en chantant la douleur s'atténue / je chanterai comment vécus en liberté / tant qu'Amour en ma demeure fut dédaigné »[3].

Pourtant, ce n'est pas tant l'expression du chant lui-même qui peut guérir les maladies de l'âme que celle de la raison et de la vérité qu'il recèle. Nous lisons en préface au Ier livre des *Remèdes* :

> « Je sais bien que beaucoup penseront que prendre des paroles pour remèdes guérit aussi peu les passions de l'âme que les maux du corps : mais je sais aussi qu'aux maladies invisibles dont l'âme est affectée, on ne peut appliquer que des remèdes également invisibles. Quand on a été

---

[1] Quintilien, *Institution oratoire,* Paris, Les Belles Lettres, 1975, tome I, I, 10, 24-26, p. 137. « En effet, grâce à la voix et à la modulation, le musicien rend les pensées élevées avec noblesse, les pensées aimables avec douceur, les pensées modestes avec calme, et il harmonise toujours son art avec les sentiments qu'il exprime. De toute façon, dans un discours, c'est en haussant la voix, en la baissant, en variant ses inflexions que l'orateur émeut un auditoire, et – pour recourir au même terme – la modulation de la phrase et de la voix provoque, soit l'indignation, soit la pitié du juge ; aussi bien, ne voyons-nous pas même les instruments de musique, qui sont incapables de reproduire le langage, provoquer sur les esprits des impressions diverses ? ».

[2] *Canzoniere,* traduction de P. Blanc, Paris, Bordas, 1988, p. 127.

[3] *Ibid.,* p. 75.

> abusé par de fausses maximes, il faut s'en libérer par de vraies opinions ; de la chute que des paroles ont entraînée, on ne se relève qu'en écoutant d'autres paroles »[1].

Le Pétrarque lyrique s'efface devant le moraliste ; la musique devant l'éthique. C'est au cœur de l'homme que s'adresse désormais la musique. Musique de l'âme, qui n'est pas le reflet d'une harmonie cosmique, parfaite et divine, mais l'expression d'une expérience humaine et terrestre, douloureuse et tragique ; une recherche de résolution du désordre, de la dysharmonie, des dissonances des passions dont seul le musicien – Pétrarque lui-même en ses tentatives désespérées – ayant su se faire l'âme du sage antique trouvera le secret.

La musique et la *virtù*

Bien que Pétrarque aimât à s'entourer de musiciens et qu'il appréciât les effets de leur art au point de les comparer parfois à ceux d'Orphée[2], la musique, et les arts en général, n'échappent pas au *contemptus mundi* général qu'il jette à la face de ses contemporains : « On a vu en quelques années régresser les arts les plus nobles, pour ne point parler de ces amusements-là, qui se sont dégradés jusqu'à ne laisser aucun doute sur le goût corrompu et la pauvreté de jugement de ceux qui s'y adonnent aujourd'hui. Il est assez logique, du reste, que la qualité échappe à des hommes qui apprécient la médiocrité, et qu'on ait perdu l'habitude des exigences de l'art quand on n'a plus que des plaisirs vulgaires »[3].

A cette critique acerbe du monde dans lequel il parvient si difficilement à vivre répond une passion immodérée de l'Antiquité pour laquelle Pétrarque possède une insatiable curiosité s'étendant aux arts figuratifs et à la musique.

---

[1] « Préface », 16, *De remediis utriusque fortune*, traduction C. Carraud, Grenoble, Éditions Jérôme Millon, 2002, I, p. 21.

[2] *Sen.*, XI, 5 ; *Epistole metriche*, III, 2.

[3] « De histrionibus », I, 28, 8, *De remediis utriusque fortune, op. cit.*, p. 143.

Le mythe de la musique antique et le culte des hommes illustres

C'est bien à Pétrarque en effet que l'on doit la naissance du mythe de la musique antique qui, relayé par plusieurs générations d'humanistes, allait si profondément féconder la création musicale à la Renaissance. De la tradition timéique et de la science de l'Harmonique qui avaient dominé au Moyen-âge, l'on ne trouve à peine trace chez lui. Sous sa plume, c'est le *pastor* du *Bucolicum carmen*, ce berger musicien que l'on entend dans une campagne idyllique *cantare, canere,* se distraire par la composition de *carmina,* d'airs et de poèmes[1] ; c'est le cistre barbare de Cléopâtre[2] et le chant de l'aède relatant l'histoire de Carthage[3] qui font retentir leurs accents dans l'*Africa*.

Surtout c'est le culte des hommes illustres, ressortissant à l'étude morale de l'histoire antique, qui fournit à la musique de nouveaux modèles. Ce fut une préoccupation constante de Pétrarque, désireux de gloire et de postérité, que de tenter de penser sa vie à l'aune des exemples fameux auxquels il consacra un *De viris illustribus* et dix lettres familières *antiquis illustrioribus*. Cette imitation n'est point nécrophage. C'est la gloire, l'excellence qui donnent aux âmes vie, tandis que la simple vie physique n'est que mort : « [...] les vivants sont ceux qui sont morts dans la vertu et la gloire, [...] ceux qui s'étourdissent dans les jouissances et fausses joies, qui sont ramollis par la débauche et le sommeil et alourdis de vin, même s'ils semblent vivants sont toutefois des cadavres respirant encore mais déjà hideux et effrayants »[4].

L'idéal grec d'une *Mousiké* sœur d'*Areté* et discipline privilégiée dans la formation de l'homme avait été transmis par les historiens romains, Valère Maxime, Aulu-Gelle, Suétone, comme par Cicéron et Quintilien. En les prenant pour sources, Pétrarque fait à son tour ressurgir cet idéal à l'attention des modernes. Dans le chapitre *De dulcedine musica* (I, 23) du *De Remediis Utriusque Fortunae,* l'on retrouve pour leurs compétences musicales les exemples des hommes

---

[1] Cf. *Fam.*, X, 4, 13-19.

[2] *Africa*, II, 243.

[3] *Ibid.*, III, 378-455.

[4] *Fam.*, VI, 4, traduction A. Longpré, Paris, Les Belles Lettres, 2002, II, p. 290-292.

illustres, si dévotement louangés ailleurs par Pétrarque : ce sont de grands généraux et hommes d'états, Thémistocle et Epaminondas[1] ; c'est le philosophe Socrate[2] qui apprit la musique en sa vieillesse ou encore le jeune Alcibiade[3]. Dans le chapitre suivant consacré à la danse *De choris* (I, 24), c'est Scipion lui-même, l'*exemplum* par excellence, héros de l'*Africa* auquel Pétrarque consacra l'une des *Vitae* les plus développées, qui est citée en faveur de cet art, d'après le *De tranquillitate animi* (XVII, 4) de Sénèque.

Pourtant, l'orientation morale des *Remèdes* invite à la mesure et à l'honnêteté dans la pratique de ces deux arts ; car l'excès, contraire à la vertu, conçue comme *medietas*, conduit à la vanité et à la mollesse. Ce sont alors les exemples des princes romains célèbres pour leur cruauté, leur corruption et leur débauche qui sont avancés, Caligula[4]

---

[1] « De dulcedine musica », I, 23, 16, *De remediis utriusque fortune, op. cit.*, p. 123. « Chez eux, quand on ne savait pas chanter ni jouer d'un instrument, on passait pour un rustre. Cicéron raconte que c'est la mésaventure que Thémistocle eut à subir, ce grand homme d'Athènes, pour avoir refusé de pincer un luth lors d'un banquet ; et que le Thébain Epaminondas touchait fort bien de la lyre, parce qu'il craignait peut-être de s'attirer la mauvaise réputation qu'on avait faite au premier ». Cf. *Tusculanes*, I, 2, 4.

[2] *Ibid.* « On dit même que Socrate, dans la gravité de sa vieillesse, se mit à étudier la lyre, et c'est bien étrange ». Cf. Valère Maxime, *Facta et dicta memorabilia*, VIII, 7-8.

[3] *Ibid.* « [...] aussi ne faut-il pas s'étonner de voir Alcibiade étudier la flûte, occupation fort distinguée chez les Grecs, à la demande de son oncle Périclès, et cela pour qu'il parcourût tout le cycle des arts libéraux. Mais nous pouvons louer la modestie du jeune homme, car s'étant aperçu qu'en appliquant sa bouche et en gonflant ses joues pour jouer de la flûte que lui présentait le maître dépêché pour la lui apprendre, il en résultait une notable difformité du visage, il en rougit de honte ; par dépit, il jeta son instrument, qui se brisa. Malgré son jeune âge, son exemple fit une loi dans son pays, et depuis lors l'usage de la flûte commença de disparaître à Athènes ». Cf. Aulu-Gelle, *Nuits attiques*, XV, 17.

[4] « De dulcedine musica », I, 23, 16, *op. cit.*, p. 123. « Il est vrai que cette passion de la musique ne s'est pas introduite chez vous pour s'emparer de l'esprit de tous vos princes ; mais elle s'est étendue à quelques-uns, et surtout aux pires : Caligula n'avait d'affection que pour le chant et la danse [...] ». Cf. Suétone, « Caligula », *Vie des douze Césars*, 11, 54.

et Néron[1] dont le goût immodéré pour la musique est si largement développé dans la vie que lui consacre Suétone.

L'homme et les animaux chanteurs

Dans les *Remèdes*, Raison n'a de cesse de contrer systématiquement tout argument en faveur de la bonne comme de la mauvaise fortune. Elle tentera donc d'affaiblir les effets merveilleux de la musique sur le cœur de l'homme. L'un des arguments employés fait appel au *topos* de la comparaison entre l'homme et l'animal[2] dont l'orientation musicale avait été largement développée par saint Augustin dans son *De musica.* Définie comme science, la musique relève de l'activité exclusive de la raison. Aucune forme d'appréhension intuitive et sensorielle des phénomènes sonores ne peut s'enorgueillir de ce titre. C'est l'animal qui fournit le contre-exemple le plus frappant de cette conception supérieure, aristocratique et libérale de l'*ars musicae.* Ceux qui chantent par instinct ne diffèrent guère du rossignol dont les harmonieuses et plaisantes modulations emplissent les campagnes au printemps. De même, ceux qui écoutent simplement sans connaître les causes rationnelles ne font que grossir la cohorte des animaux réceptifs au charme et au plaisir de la musique :

> « Que dire de ceux qui les écoutent volontiers sans cette science, alors que nous voyons des éléphants, des ours, et plusieurs espèces animales s'agiter au son de la musique, les oiseaux se charmer de leur propre chant (ils n'y ont pas d'avantage extrinsèque, et ils n'agiraient pas ainsi avec tant de zèle s'ils n'y prenaient plaisir) : ne peut-on comparer ces gens à des bêtes ? »[3].

---

[1] *Ibid.* « [...] et l'on ne saurait dire quel attachement Néron avait pour la cithare, et quel soin il prenait de sa voix. N'est-il pas du dernier ridicule, que la nuit qui fut la dernière de sa vie, et la première qui permît au monde de respirer un peu, parmi plusieurs sujets de se plaindre que l'approche de la :mort, la crainte et la douleur présentes mettaient sur ses lèvres, il déplorait sans cesse, misérablement, non point de voir périr un si grand prince, mais un si grand musicien ? ». Cf. Suétone, « Néron », *Vie des douze Césars,* 20-21, 54.

[2] Voir T. Gontier, *L'homme et l'animal. La philosophie antique,* Paris, PUF, 1999.

[3] Saint Augustin, *De musica,* I, IV, 5. Traduction de J. L. Dumas, *Œuvres,* Paris, Gallimard « La Pléiade », I, p. 560-561.

Enfin, troisième catégorie à ne pas dépasser le rang d'animal musicien, les virtuoses, joueurs de flûte, de cithare ou d'instruments de la sorte. Bien que leur activité soit supérieure à celle de la seule nature car ils possèdent un indéniable savoir-faire, ils n'agissent pourtant que par imitation : celle-ci relève de l'obéissance du corps tandis que la science fait appel à l'esprit seul. Ils ne diffèrent guère des pies et des perroquets, à la pratique quasi humaine, l'homme et l'animal ayant en commun la tendance à l'imitation, le sens auditif et la mémoire.

L'on retrouve chez Pétrarque les échos de ce *topos,* non plus comme chez Augustin, pour montrer la rationalité de la musique, mais pour en dévaloriser les effets dans un but moral. « Les chants et les sons me flattent l'oreille », s'écrie Joie, à laquelle Raison réplique : « Les bêtes et les oiseaux se font prendre au chant tout comme toi ; et ce qui est plus merveilleux, les poissons aussi se laissent toucher par une douce musique »[1]. La sensorialité, la sensualité de la musique est si puissante qu'elle peut submerger la raison et rabaisser l'homme au rang de l'animal. Immense est donc le pouvoir trompeur et aliénant de la musique.

Le remède *De aviariis avisbusque loquacibus et canoris* (I, 64) est précisément l'objet de ces oiseaux qui se distinguent par leurs pratiques quasi humaines exercées par la parole et le chant, pie éloquente, rossignol excellent chanteur, rossignols et étourneaux qui parlent grec et latin, grive imitant la conversation des gens, et perroquets. Pourtant, nul émerveillement. L'image vise à condamner le pouvoir corrupteur de la parole et du chant. Dépourvus de raison, les animaux ne sauraient faire bon usage de ces attributs et présentent tous les vices humains qu'ils peuvent engendrer. Dépourvue de sagesse, la pie n'est point éloquente, mais bavarde, comme tant d'hommes ; la grive utilise les mille douceurs de la voix et du geste afin de persuader, non pour quérir la vérité, mais telle ou telle friandise ; et les perroquets d'Auguste ne sauraient faire résonner leur organe que pour flatter sa vanité en le saluant du titre de César victorieux et triomphant.

---

[1] « De dulcedine musica », I, 23, 3-4, *op. cit.,* p. 121.

Le chant des Sirènes

Conduit par l'idéal catonien du *vir bonus dicendi* soumettant l'éloquence à la sagesse, Pétrarque ne se lasse pas de dénoncer l'usage trompeur de la voix et le naturel vil de son organe, la langue, lorsque celle-ci n'est pas guidée par une conscience éduquée : « Chez certaines personnes, qui sont en fort petit nombre, c'est un organe noble et subtil ; mais chez la plupart des hommes, c'en est un nuisible et malsain, dont ils auraient avantage à être privés »[1]. Raison admet dans le remède *De amissione lingue et loquele* (II, 103) que la perte de la parole n'est pas dans la plupart des cas un bien grand mal, car elle met fin aux innombrables vices engendrés par l'usage trompeur de la parole : bavardage, mensonge, hypocrisie, discordes et dépravations de toute sorte, telles que guerres ou adultères[2].

Ce qui concède à la voix son pouvoir, aussi bien dans le discours que dans le chant, est la *dulcedo.* C'est cette douceur, cette beauté de la langue qui seule peut émouvoir les âmes et insuffler à l'esprit et au cœur le message de la raison. C'est donc de cette caressante suavité qu'il faut se méfier lorsqu'elle n'est qu'un artifice, un appât, tels que le maquillage d'une courtisane ou le miel d'un breuvage empoisonné[3]. L'amertume et la chute font souvent cortège au plaisir, et ce d'autant plus durement que doux fut le plaisir. Aux caresses de la musique, Raison oppose dans le *De dulcedine musica* (I, 23) : « L'araignée aussi, dit-on, caresse sa proie avant la morsure, et le médecin met un baume avant l'amputation ; la femme et l'oiseleur se servent également de leurs appâts pour tromper leurs victimes ; le meurtrier embrasse celui qu'il veut occire, comme le poulpe celui qu'il veut noyer »[4].

---

[1] « De amissione lingue et loquele », *op. cit.,* II, 103, 12, p. 997.

[2] *Ibid.,* II, 103, 7-8, p. 995. « J'ai perdu l'usage de la parole. Et avec lui l'habitude de mentir, les stratagèmes de l'hypocrisie, et l'instrument dont l'inimitié se sert aussi bien que l'infamie. Car on a vu l'infamie procéder de la parole plus souvent que des actes : la langue est l'organe le plus disposé à vous nuire, et le plus difficile à réfréner ». Voir aussi « De dulcedine musica », I, 23, 4, *op. cit.,* p. 121. « Mais voici un fait d'expérience qui n'a rien d'une invention : c'est tous les jours que des paroles caressantes servent aux hommes à se tromper l'un l'autre, et l'on peut dire que rien n'est mieux fait pour les abuser que la voix ».

[3] « De eloquentia », *op. cit.,* I, 9, 18.

[4] « De dulcedine musica », I, 23, 6, *op. cit.,* p. 121.

L'image que l'on retrouve le plus fréquemment sous la plume de Pétrarque pour symboliser ce pouvoir trompeur du chant et de la parole est l'épisode des Sirènes de son cher Homère (*Odyssée,* XII, 184s), rapporté par Cicéron (*De finibus,* V, 18, 49) et Ovide (*Métamorphoses,* V, 555, 2s). Si dans le sonnet CLXVII Laure est la sirène du ciel, dont la douceur du chant ravit l'âme du poète[1], l'image est utilisée ailleurs de façon négative. Les Sirènes, habiles musiciennes qui trompaient les hommes par leur chant, ne manquent pas d'être évoquées dans le *De dulcedine musica* (I, 23, 4). Elles sont également appelées à témoigner d'un ensemble de situations négatives dont les degrés de gravité diffèrent. Dans le *De pavonibus, pullis, gallinis, apibus et columbis* (I, 62), on suivra, de façon bien anodine, l'exemple d'Ulysse et l'usage de la cire dans les oreilles afin d'échapper aux cris infernaux du paon[2]. Le chant des sirènes est associé aux divers pièges de l'amour. Dans la chanson CCVII, il n'est autre que le doux poison d'amour dont les tourments n'ont cessé d'assaillir le cœur du poète[3], tandis que dans la *Lettre familière* V, 8 sur la condition d'un jeune débauché, il conduit aux séductions les plus charnelles et dépravées des courtisanes[4]. Mais la plus cruelle sirène est pour Pétrarque celle qui est la métaphore de la vie, aux innombrables illusions et cruautés. « Quand vient la fin de cette autre Sirène / qu'on nomme vie, – (O toi qui le sais à l'épreuve !) – / « Ah ! dis-le moi : mourir est-il si grande

[1] *Canzoniere, op. cit.*, p. 305. « Mais le son qui ravit les sens par sa douceur, / grâce à ce grand désir du bonheur de l'entendre / retient mon âme toute prête à partir. / C'est ainsi que je vis, qu'enroule et que défait / le fil de cette vie à moi attribuée / la sirène du ciel unique parmi nous ».

[2] I, 62, 4, *op. cit.*, p. 293. « C'est un bel oiseau, j'en conviens, fort agréable à voir : mais si les yeux sont comblés, les oreilles ne sont pas gâtées : je ne vois que la fuite pour échapper à leurs cris infernaux, ou alors la poix d'Ulysse à s'enfoncer dans les oreilles ». Voir aussi « De auditu perdito », II, 97, 6, *op. cit.*, p. 977. « La nature, ou bien un accident, t'a fait une faveur qu'Ulysse n'a due qu'à un stratagème : tu peux donc passer devant les Sirènes sans craindre la douceur de leur chant ». Cf. *Odyssée,* XII, 39-54 ; *Métamorphoses,* V, 52-562.

[3] *Canzoniere, op. cit.*, p. 353. « Ainsi de bien aimer je subis le tourment, / et du péché d'autrui je demande pardon. / Du mien plutôt : j'aurais dû détourner les yeux / d'excessive lumière, et au chant des sirènes / fermer mes oreilles ; pourtant je ne regrette / que de ce doux poison soit débordant mon cœur ».

[4] *Fam.*, V, 8, 4.

peine ? », peut-on lire dans le *Triomphe de la mort*[1]. Parmi les images variées qui décrivent notre vie dans la *Lettre familière* VIII, 8, s'immiscent le breuvage de Circé et le chant des Sirènes. Et félicitant son frère Gerardo de la vie consacrée à l'*otium* religieux qu'il choisit chez les Chartreux de Montrieux, Pétrarque s'exclame : Oh toi bienheureux « qui au chant des sirènes t'es bouché les oreilles ! »[2].

Les dissonances du corps : *voluptas et vanitas*

La musique, art libéral

L'orientation morale du *De Remediis* présente de la musique un tableau fort intéressant. Elle n'y apparaît pas dans le cadre du *quadrivium,* aux côtés de l'arithmétique, de la géométrie et de l'astronomie, mais elle est rapprochée et des autres arts, peinture, sculpture, et des jeux, jeu de paume, dés et échecs, jeux du stade, et spectacles. Alors qu'au XIVe siècle les arts ne sont pas organisés de façon unitaire, la curiosité de Pétrarque, qui n'exclut aucun domaine de l'expérience humaine, s'attache à l'ensemble des activités artistiques et en présente un premier panorama, annonçant l'ascension des arts du dessin qui trouveront en Alberti et Léonard leurs défenseurs et théoriciens.

Pour l'heure, Pétrarque reste très fortement attaché à la division en arts libéraux et arts mécaniques, les premiers s'adressant à l'âme alors que les seconds au corps[3]. Ainsi s'établit une hiérarchie dans laquelle la musique conserve sa suprématie, en tant qu'art libéral. Car la musique s'adresse à l'âme, à la partie supérieure, la *mens,* dont le siège est établi dans la tête, citadelle de l'activité rationnelle qui mène au divin[4]. Dans le *De ludis palestricis* (I, 29), Raison condamne avec

---

[1] *Les Triomphes,* traduits par H. Cochin, Paris, Pichon, 1923, p. 68-69.

[2] *Fam.,* X, 3. *Lettere, op. cit.,* II, p. 458.

[3] *Invettive contra un medico, op. cit.,* p. 123.

[4] La division tripartite de l'âme est rappelée par Pétrarque dans le « De discordia animi fluctuantis », II, 75, 8, *op. cit.,* p. 855-857. « Les philosophes ont distingué trois parties dans l'âme : ils ont mis la première au lieu le plus haut, c'est-à-dire dans la tête, comme dans une citadelle, et cette partie est la modératrice de la vie humaine, elle est céleste, tranquille, et toujours proche de Dieu ; c'est là que les volontés

force l'esclavage du corps, cette prison et ce tombeau, ce maître tyrannique et ingrat, et invite à l'horreur et au mépris des efforts physiques. C'est Cicéron que Pétrarque suit ici : « [...] négliger son corps, ce n'est pas se négliger soi-même, mais la demeure fragile et périssable dont on est l'hôte ; tandis que négliger son âme, c'est en vérité se négliger soi-même. « Car tu n'es pas celui que cette forme fait voir », écrivait Cicéron ; « c'est l'esprit qui est l'homme, et non cette figure qu'on peut montrer du doigt »[1].

La condamnation de la danse

Un tel idéal entraîne la dévalorisation et la condamnation de toute forme de musique s'adressant à la partie inférieure de l'âme, siège de la sensation corporelle, de la concupiscence, et du plaisir[2]. Les circonstances dans lesquelles la musique participe au monde sensible sont nombreuses ; engagée dans l'activité du corps, dans le désordre des passions et des vices, sans qu'une finalité éthique lui soit assignée, elle ne peut prétendre au noble titre de musique mais s'apparente au vacarme, au bruit. Ainsi dans les banquets (*De convivis,* I, 19), « les cymbales retentissent, les trompettes se déchaînent, mais elles révèlent que tout ici est fait pour la montre, et rien pour la charité »[3]. Sur les histrions, les comédiens, les amuseurs (*De histrionibus,* I, 28) pèse fortement le discrédit inhérent à la place du théâtre dans les *artes mechanicae* ; et même si cette discipline peut d'enorgueillir d'illustres ancêtres, tel le célèbre Roscius de Cicéron cher à Pétrarque, « l'agrément que donnent les mélodies musicales est bien plus noble : c'est une manière d'art libéral qui le dispense [...] »[4]. Le théâtre (*De variis spectaculis,* I, 30) n'est plus ce lieu d'excellence de la musique, de la danse et de la poésie réunies dans la tragédie antique, mais le lieu

---

honnêtes et apaisées ont leur appartement. Les deux autres sont logées, l'une dans la poitrine, où la colère et les émotions s'échauffent, l'autre au niveau des entrailles, où règnent la concupiscence et les plaisirs désordonnés ».

[1] I, 29, 4, *op. cit.*, p. 145.

[2] Notons qu'une condamnation morale de cette musique corporelle et *luxuriantis* se trouve dans le *Policraticus* (I, 6) de Jean de Salisbury dont Pétrarque se fait le disciple.

[3] I, 19, 2, *op. cit.*, p. 97.

[4] I, 28, 2, *op. cit.*, p. 141.

privilégié de la corruption des mœurs[1]. Mais de toutes les formes d'activités artistiques auxquelles la musique s'associe, c'est la danse qui est l'objet de la plus sévère des condamnations : « [...] comme de coutume, une vanité suit l'autre, il est vrai plus grave et bien plus malséante. Car si la douceur que le chant nous donne unit souvent l'utilité à la piété, la danse n'offre jamais qu'un vain spectacle de débauche, dont des yeux honnêtes se détournent comme d'un objet indigne d'un homme »[2].

La danse est l'activité corporelle par excellence ; la musique y tient davantage un rôle de soutien. Il est en effet parfaitement possible de danser sans musique. Pourtant le corps n'est pas séparé de l'âme. Pétrarque met en avant l'antique théorie physiognomonique de la correspondance entre les mouvements du corps et ceux l'âme : « [...] les affections cachées, les sinuosités du cœur se laissent souvent découvrir par d'infimes indices. Bouger, s'asseoir, se coucher, faire un geste, marcher, parler sont les signes de l'âme »[3]. De sorte que les mouvements lascifs et sensuels de la danse ne manquent pas d'attiser les vices de l'âme, et *vice-versa.* La danse est le domaine recueillant tous les lieux communs anti-féminins, de la *voluptas,* de la corruption des mœurs, de la dissolution morale incarnée par la femmes. Elle est le lieu de la mollesse, de l'efféminé, de l'impudeur, de la lubricité, de la concupiscence, du libertinage, associés au désordre amoureux et charnel. La condamnation de Pétrarque est sans appel :

> « On n'y trouve pas tant une volupté présente que le présage d'un plaisir qu'on attend avec beaucoup d'impatience, un prélude aux jeux de Vénus : on y conduit de jeunes écervelées que la musique rend folles, on les sert de près, on les caresse et pelote sous couvert de courtoisie ; les mains s'égarent, les yeux aussi, et les paroles ont le même air de liberté. Le raclement des pieds, les voix criardes de la foule agglutinée, le vacarme des instruments, la ronde des corps, la poussière, la nuit même, complice de l'impudeur et confidente des égarements, qu'on choisit

---

[1] La critique pétrarquienne des différentes formes de spectacles s'inspire directement de celle énoncée par les Pères, en particulier Tertullien et Ps-Cyprien, *De spectaculis,* et saint Augustin, *Confessions,* III, 2 et VI, 8 ; *De catechizandis rudibus,* XVI, 25. Voir T. Gérold, *Les Pères de l'Église et la musique,* Paris, Alcan, 1931.

[2] « De choris », I, 24, 2, *op. cit.,* p. 125.

[3] *Ibid.,* I, 24, 4, p. 125.

ordinairement pour les danses, tout est fait pour renoncer à la pudeur et à la retenue, tout excite la concupiscence et dispose au libertinage »[1].

L'idéal serait de renoncer complètement à la danse. Dans le cas où cela serait impossible, l'on en usera avec la plus grande retenue, et le plus rarement possible, seulement comme une détente que se donne l'esprit par l'exercice du corps, et non comme un plaisir expressément recherché. A l'exemple de Scipion, l'on ne saurait agir qu'avec virilité[2]. L'activité du corps, comme celle de l'esprit, est soumise à l'idéal pétrarquien du sage antique. Est bien superflue pour qui veut exercer son métier d'homme et rechercher la vertu la virtuosité trompeuse du corps comme celle de la langue. A Douleur qui se plaint de la pesanteur et de la gaucherie du corps vieillissant dans le *De gravitate corporis* (II, 99), Raison oppose : « Si tu n'es pas capable de passer dans un petit cerceau, ou de marcher en l'air sur un fil, quelle importance ? Avance d'un pas mesuré, en compagnie des hommes de bien : s'agiter et danser, c'est l'affaire des saltimbanques. Ce qui convient à un sage, dans sa démarche aussi bien que dans ses paroles et dans ses actions, c'est la réserve et la gravité »[3].

---

[1] Le lien entre la danse et l'amour charnel est également souligné dans le *De otio religioso*, II, IV, 8, traduction C. Carraud, Grenoble, Éditions Jérôme Millon, 2000, p. 265. « Qu'une flatteuse séduction parvienne à s'ouvrir un chemin secret, il suffira, je l'espère, de lui montrer l'aspect de votre séjour et la nature de votre dessein pour qu'elle se dissipe aussitôt. Car si le lieu dispose à la luxure, comme Cicéron en fit le reproche à Verrès dans ses discours, pourquoi n'inviterait-il pas à la chasteté ? N'en saura-t-il pas appeler aux bonnes actions plus qu'aux mauvaises ? Cet amour charnel est chose très délicate, il prend sa nourriture dans le sommeil, l'oisiveté, la bonne chère, le vêtement mœlleux, les soins exquis, les propos clandestins, la gaîté, les jeux et les chants ; mais il déteste les rigueurs, et il les fuit. Pas de halte pour lui dans vos demeures d'une sévérité rigoureuse ; et quel commerce aurait-il avec votre assemblée d'insomnie et de peine, de jeûne et de rudesse, qui trouve dans de sombres soupirs et de durs accents la louange qu'elle ne cesse d'adresser à Dieu ? ».

[2] « De choris », I, 24, 12, *op. cit.*, p. 129. « Scipion, dit-il, meut en cadence son corps de triomphateur et de guerrier, non pas avec ces attitudes pleines de mollesse qui sont à la mode aujourd'hui et qui donnent à la démarche même un alanguissement plus que féminin, mais à la façon de nos grands ancêtres, qui savaient, aux jours de réjouissance et de fête, danser avec virilité, sans que leur prestige risquât d'en souffrir, même s'ils avaient eu pour témoins les ennemis qu'ils combattaient ».

[3] II, 99, 4, *op. cit.*, p. 983.

Vanité et corruptibilité des plaisirs sensibles

Dénuée de toute finalité éthique, destituée de son statut privilégié d'art libéral, la musique est abaissée à une simple activité sensorielle parmi les autres, aux côtés du goût (*De lauto victu,* I, 18) et de l'odorat (*De suavi odore,* I, 22), que l'homme raisonnable partage avec la bête. Outre la *voluptas,* Pétrarque en dénonce la *vanitas*[1]. La musique prend alors place dans une série d'ornements, d'expressions de luxe – les chevaux, une nombreuse domesticité, les meubles précieux, les perles et les pierres, l'abondance des livres, les jardins, les animaux – que la bonne fortune accorde parfois, mais que la mauvaise fortune comme l'œuvre destructrice du temps renvoient à de simples vanités. Dans le *De otio religioso,* l'on retrouve la musique dans ce futile cortège de richesses et de jouissances que procure la vie terrestre :

> « Où les maîtres queux, et les habiles trancheurs de volailles ? Où les tapisseries de vermeil et de soie, la pourpre étendue sous les pas, les plafonds rehaussés d'ivoire, les cavales mordant un frein d'or ? Où la vaisselle rare, les vases de Corinthe, l'ouvrage des orfèvres damascènes, les animaux saillants sur leurs vases dorés ? Où les lits des festins, les buffets, les crédences, les demeures lambrissées d'ébène et de cyprès ? Où les spectacles, les chants, les victuailles arrachées aux entrailles de la terre et des flots, les vins élevés au loin sous un autre soleil ? »[2].

Comme tous les autres types de plaisirs sensuels, cette musique sensible dédiée au divertissement n'est qu'un appât, un leurre masquant illusoirement l'irrémédiable anéantissement de tout corporel, tout juste « un ornement posé sur la fange des corps ».

---

[1] « De suavi odore », I, 22, 4, *op. cit.*, p. 115. « [...] en avoir le goût n'accuse pas une dépravation particulière, bien sûr, mais la vanité : d'où suit que l'odeur des parfums des femmes, ou celles des fumets des festins, est plus corrompue que celles des fleurs et des fruits. Et cela vaut pour les plaisirs de l'ouïe et de la vue. Tu le sais bien, si tu t'intéresses à l'éthique ».

[2] *De otio religioso, op. cit.*, II, II, 7, p. 241.

De la dysharmonie du monde à la musique silencieuse

La dysharmonie du monde et de la vie humaine

Chez Pétrarque, la conception du monde et de l'homme ne répondent plus au modèle musical et harmonique pensé par Platon et transmis au Moyen-âge latin par les Pères. Il n'existe plus de consonance supérieure, d'harmonie divine organisant de façon ordonnée le macrocosme et le microcosme. L'existence humaine se déroule sous le signe de la dysharmonie, de la discorde, de la dissonance. L'extériorité peut se résumer à de perpétuels conflits, guerres, combats et luttes dont les innombrables agressions engendrent d'infinies douleurs et souffrances humaines. Dans la préface au IIe livre du *De remediis,* Pétrarque tente d'illustrer l'universalité de cette dissonance d'inspiration héraclitéenne, « Tout se fait dans la lutte », par un catalogue d'une étonnante ampleur et minutie des chocs d'éléments contraires dont recèle le monde. Le modèle musical y est repris, mais renversé et polarisé sur la dissonance et non sur la consonance : « Quel mélange des contraires dans l'équilibre que nous désirons ! La vertu tient le milieu entre les extrêmes qui s'opposent et se repoussent ; l'accord musical s'obtient par la différence des voix et le désaccord qui les sépare »[1].

C'est tout d'abord la nature dont les éléments s'opposent, étoiles, terre, mer, air, feu, saisons ; puis vient le règne animal. Pétrarque s'y attarde complaisamment en passant en revue toutes sortes d'animaux, des sauvages à ceux d'élevage, jusqu'à ceux de petite taille, araignée, teigne, vermisseaux, chenille, sauterelle, hérisson et fourmi. Suivent végétaux et minéraux, qui viennent compléter le tableau de l'agression généralisée de l'extériorité sur l'homme.

L'homme arrive enfin, mais ne jouit, en dépit de sa place au sommet de la hiérarchie des créatures, d'aucun privilège aux yeux de la loi irréfragable et universelle de la dissonance. Celle-ci n'épargne nul habitant de *civitas terrena.* Chaque âge et chaque sexe a ses tourments et ses guerres ; l'enfant balbutiant et trébuchant n'est pas moins affecté que l'adolescent en proie à la concupiscence ou que le vieillard face à la mort, tandis que la femme possède aussi son lot de douleurs. La

---

[1] « Préface », 24, *op. cit.,* p. 545.

guerre règne dans tous les secteurs de la vie humaine, dans les actions comme dans les opinions. Innombrables sont les querelles d'école entre philosophes, grammairiens, rhéteurs, dialecticiens, avocats, médecins ou théologiens : « La vérité a beau être une, et ne se trouver qu'ainsi dans les choses (lesquelles consonent toutes avec elle, comme dit Aristote), les opinions émises à son sujet s'opposent si bien et font entendre de si grandes dissonances, qu'elles agitent ceux mêmes qui sont censés la professer »[1]. Les arts mécaniques présentent leurs propres difficultés et l'exercice de l'artisan, du forgeron, du laboureur, du soldat n'est qu'un pénible corps à corps de la main avec son instrument. Contraire à toute douceur et à toute harmonie, l'ensemble de la vie terrestre est présentée par Pétrarque comme une universelle et insupportable cacophonie :

> « Mais les délicats et les riches n'ont pas moins d'incommodités. Qui parmi eux n'a pas à supporter les guerres que se font la nuit les oiseaux, les chats huants, les orfraies, les chiens qui veillent pour rien et qui hurlent à la lune, les chattes en chaleur qui marchent sur les tuiles et dont les miaulements horribles déchirent le silence dans un raffut infernal, les cris sinistres des souris, tous les bruits enfin qui remplissent péniblement la nuit ? Ajoutons à celui le coassement des grenouilles dans l'obscurité, les criailleries des hirondelles le matin, leurs plaintes et leurs défis. On dirait qu'Itys et Térée sont là en personne. Impossible d'avoir le moindre repos durant la journée : il leur faut subir sans fin le stridulement des cigales, le croassement des corbeaux, le braiment des ânes, le bêlement des moutons, le mugissement des bœufs, le caquètement des poules dont les œufs minuscules atteignent des prix astronomiques. Voici sur tout cela le grognement des cochons, les vociférations de la populace, les éclats de rire des imbéciles, dont la sottise, comme dit Catulle, n'a pas d'équivalent ; les chansons des ivrognes dont la gaîté est hantée de tristesse, les différends des chicaneurs, les radotages mauvais des vieilles ; et les batailles d'enfants qui s'achèvent dans les pleurs, et puis reprennent ; le brouhaha des noces, entre les banquets et les danses ; les larmes de joie que versent les veuves après deux sanglots de circonstance, et les hurlements qu'une vraie douleur arrache aux parents qui perdent leurs enfants. Il y a aussi le vacarme des places populeuses, les empoignades des marchands, la morgue des acheteurs et les serments des vendeurs, la main sur le cœur ;

[1] « Préface », 27, *op. cit.*, p. 549.

et puis les chansons tristes des artisans qui soulagent ainsi leur fatigue, la pénible musique des foulons battant la laine et les peaux roulées en boule, le claquement de la navette sur le métier, le sifflement rauque des soufflets de forge, le tintement suraigu des marteaux – et à nouveau la nuit tombe, la nuit d'hiver égale au jour, comme s'il fallait que l'inquiétude règne jusque dans notre repos »[1].

Mais les combats inhérents à la vie terrestre ne s'arrêtent malheureusement pas à ceux de l'homme extérieur ; tout aussi redoutables sont ceux que doit mener contre lui-même l'homme intérieur :

> « En résumé, je dirai donc que tout se ramène à une lutte, à commencer par la vie humaine. Je ne parle pas seulement de cette lutte extérieure dont j'ai déjà fait mention (et dont on souhaiterait qu'elle n'ait pas cette ampleur et soit en conséquence moins bien connue), mais encore l'intérieure, qui est si vive. Elle oppose l'homme à sa propre espèce plus encore qu'à une autre, et à lui-même plus qu'aux individus qui l'entourent ; ce qui vaut pour l'enveloppe corporelle, qui est la part la plus vile et la plus basse de nous-mêmes, comme pour les profondeurs de l'âme les plus secrètes : chacun mène contre soi une guerre perpétuelle »[2].

Nombreuses sont les causes qui nous font dissoner de nous-mêmes, de sorte que « jamais nous ne faisons un avec nous-mêmes ». C'est la variabilité et l'inconstance des élans de l'esprit aussi bien que la diversité des affections opposées qui habitent l'âme. L'homme psychologique est soumis à une multitude de mouvements qui sont autant de dommages que nous nous causons à nous-mêmes, autant de maladies de l'âme que seule Raison sera capable de guérir, tels que Pétrarque les présente dans le vaste tableau des vices et des peurs qu'il brosse dans la deuxième partie des *Remèdes* consacrée au binôme négatif, douleur et crainte, des quatre passions[3].

---

[1] « Préface », 19, *op. cit.*, p. 543.

[2] « Préface », 33, *op. cit.*, p. 543.

[3] L'inquiétude des songes (II, 87) ; Tristesse et misère (II, 93) ; La folie (II, 115) ; La peur de la mort (II, 117) ; La convoitise (II, 105) ; L'envie (II, 106) ; La colère (II, 107) ; L'orgueil (II, 111).

Les oreilles du cœur

Les oreilles sont les portes de l'âme. C'est par elles que pénètre en l'homme la rumeur stridente, trompeuse et vaine du monde. Ainsi, la perte de l'ouïe est un bien piètre mal et même un bienfait, comme l'avance Raison dans le *De auditu perdito* (II, 97) :

> « Je sais bien que tu n'entendras plus le rossignol, ni la cithare et la flûte, mais tu ne seras pas non plus contraint d'entendre braire les ânes, grogner les cochons, hurler les loups, aboyer les chiens, grommeler les ours, ni rugir les lions ; tu n'entendras plus les enfants chigner, les vieilles crier, ni enfin, ce qui est pire que tout, le rire niais des imbéciles éclater à chaque instant, ni leurs hoquets, leurs sanglots et leur voix pâteuse produire à tes oreilles le bruit le plus déplaisant qui soit »[1].

De même que la vision intérieure est plus lumineuse que la faculté externe, que les yeux du cœur et de la raison constituant le regard intérieur sont les plus perçants (*De cecitate* II, 96), les capacités de l'oreille intérieure sont éminemment préférables à celles de l'oreille externe. Pétrarque, pour la seule fois, fait référence ici à la mathématique musicale pythagorico-platonicienne, que saint Augustin avait insérée dans l'*ordo disciplinarum*[2] à la conquête graduelle et ascendante de la raison, dans le *De ordine.* Après la *litteratio,* apprentissage élémentaire de l'écriture et du calcul, et les disciplines de la parole, grammaire, dialectique et rhétorique, formant un premier stade de rationalité, arrive la musique, conçue comme science des nombres, précédant la géométrie et l'astronomie. Le nombre, dégagé de toute corporalité, est l'indice de la vérité universelle et permet d'accéder au sixième degré, la philosophie. Mais il ne suffit pas d'exécuter des choses nombrées, tel que peut y parvenir aussi la nature ou la mémoire pour accéder à la raison. C'est la connaissance de la cause qui fait de l'homme un animal rationnel. Pétrarque est ici très proche d'Augustin :

---

[1] II, 97, 8, *op. cit.*, p. 977.

[2] Voir I. Hadot, *Arts libéraux et philosophie dans la pensée antique,* Paris, Études augustiniennes, 1984 ; H. I. Marrou, *Saint Augustin et la fin de la culture antique,* Paris, De Boccard, 2ᵉ éd., 1983.

> « Même un sourd peut connaître les tons et les nombres dont sont faits les intervalles de quinte et d'octave, et entendre les autres proportions avec lesquelles les musiciens travaillent. Et quoiqu'il ne puisse percevoir de l'oreille les mélodies de la voix humaine, de la flûte ou de l'orgue, il en pénètre les causes, et préfère sans hésiter la délectation de l'entendement au plaisir de l'oreille »[1].

En outre, l'intellectualité ne saurait se constituer sans moralité et la connaissance des nombres sonores est inutile si elle ne mène aux *virtutis numeri* :

> « Mais encore que les nombres de la musique fussent inconnus à un sourd, il se trouverait fort bien s'il se contentait de connaître ceux de la vertu, et qu'il y joignît la pratique »[2].

La musique que l'on doit rechercher est donc une musique silencieuse. Elle n'a pas recours aux oreilles externes pour être perçue ; elle n'a pas recours au lourd mécanisme corporel des organes de la voix, à la soufflerie naturelle qui produit le son. C'est la voix du cœur que l'on doit entendre au plus profond de soi, la musique de l'âme qui cherche à s'harmoniser avec elle-même et s'élancer vers les oreilles de Dieu.

La voix de Dieu et la musique du salut

Comme chez Augustin, la musique mène chez Pétrarque à la contemplation de Dieu. Malgré les charmes indéniables que la musique opère sur lui, malgré l'irrésistible beauté du chant de Laure comme les douces sonorités de son cher compagnon de solitude le luth, Pétrarque se détourne finalement de toute expression musicale profane. Fuyons l'idéal illusoire et aliénant de la vie civile, et son cortège de laborieux, marchands, avocats, maquignons, usuriers, notaires, médecins, parfumeurs, bouchers, peintres, acteurs, danseurs et musiciens, esclaves comme leurs compagnons de la recherche du gain, exhorte-t-il dans le

---

[1] « De audito perdito », II, 97, 16, *op. cit.*, p. 977-979.
[2] *Ibid.*, II, 97, 16, p. 977.

De Vita solitaria[1] ; aux chansons profanes préférons le silence, rehaussé du son des hymnes[2].

C'est à l'oreille intérieure qu'il faut prêter attention, et bien plus du cœur que des lèvres vénérer le Christ. La qualité externe de la voix est bien égale ; que la langue soit plus suave que la plus suave des harmonies musicales, ou affectée du pire défaut comme celle si célèbre de Démosthène atteinte de bégaiement, il importe peu. La vertu, la pureté du cœur, le dévotion de l'esprit constituent la seule musique qui puisse atteindre les oreilles de Dieu :

> « Je l'avoue, vos divines louanges m'enchantent à l'égal des sons les plus mélodieux qu'un pécheur doué du plus grand art, ou même Aristioxène lui-même, ferait entendre à mes oreilles, car la dévotion de l'esprit atteint à la douceur de la musique ; – non, c'est trop peu dire : elle la surpasse »[3].

Si Pétrarque ne manque pas d'évoquer le chant des anges ou l'harmonie des sphères, ce n'est pas tant le concert parfait et éternel des cieux qui trouve grâce à ses yeux que celui des âmes humaines touchées par la Rédemption. Seules la piété et la foi mènent sur le chemin de résolution des dissonances de la vie humaine, accomplie par la miséricorde du Sauveur.

Cette musique du salut de l'âme est en définitive la seule qui puisse s'enorgueillir de ce doux titre :

---

[1] *De vita solitaria*, II, XV, traduction P. Maréchaux, Paris, Rivages poche, 1991, p. 291.

[2] *Ibid.*, II, XI, p. 230. « C'est dans le silence et non point, à l'instar de beaucoup, dans les contes de vieilles bonnes femmes, que leurs oreilles se récréent le plus. Ce silence n'est pas troublé par les cris des hommes ou par des chansons profanes, mais par le chant des oiseaux et par le son des hymnes, la seule chose à laquelle ils exercent leur langue ». Pétrarque n'accorde dans ses écrits aucun prix à la musique profane de son temps ; seule la musique antique, telle qu'elle se dessine à partir des sources littéraires et philosophiques, apparaît au fil de ses réflexions. En revanche, notre fervent admirateur de David, auteur des *Psalmi penitentiales,* semble nourri, par son attachement à Augustin et à Ambroise, de la tradition du chant liturgique, spécialement de celle de l'hymnique chrétienne. Voir A. Michel, *In hymnis et canticis. Culture et beauté dans l'hymnique chrétienne latine,* Paris, Vander-Oyez, 1976.

[3] *De otio religioso, op. cit.*, I, V, 6, p. 77.

> « Ah ! si tu entendais les soupirs des saints ! et si les sanglots et les gémissements des damnés frappaient tes oreilles, et puis les cris de joie des bienheureux, les chants des anges et cette harmonie céleste que Pythagore a introduite, qu'Aristote a détruite et Cicéron restaurée ! La piété et la foi te montreraient qu'il y a au ciel des voix qui s'élèvent à jamais dans une douceur infinie ; non point celles des cieux, mais celles des habitants célestes qui louent sans fin la Cause première et éternelle. Si tout cela, disais-je, parvenait jusqu'à tes oreilles, avec quelle évidence tu reconnaîtrais le concert le plus doux et le plus salutaire ! »[1].

C'est sur cette évocation que l'humaniste et moraliste chrétien clôt son *De dulcedine musica.*

Florence MALHOMME

---

[1] « De dulcedine musica », I, 23, 18, *op. cit.*, p. 125.

LA SPIRITUALITÉ DE CALVIN

Ce n'est pas ici un traité exhaustif sur la spiritualité de Calvin[1]. Je présenterai simplement quelques jalons qui, à mon avis, donnent une certaine structure à sa pensée. L'exposé prendra la forme thèse – antithèse – synthèse.

Thèse

Dans les écrits de Calvin, il y a certains mots qui prennent presque systématiquement une coloration péjorative. Parmi ces mots il peut être surprenant de trouver « dévotion ». Après tout, la *devotio moderna* était tout à fait tenue en honneur ; la piété se repose sur la notion de « dévotion », dirait-on. Mais pas pour Calvin : presque toujours chez lui on trouve le substantif accompagné d'un adjectif péjoratif. Par exemple, au début du *Traité des reliques* il affirme :

> De pretendre que c'est une belle chose d'avoir quelque memorial, tant de [Jésus-Christ] que des sainctz, pour nous inciter à *devotion* : qu'est-ce sinon une faulse couverture pour farder nostre folle cupidité, qui n'est fondée en nulle raison[2] ?

---

[1] Pour une vue générale de la spiritualité de Calvin, voir Jean-Daniel Benoît, *Calvin directeur d'âmes. Contribution à l'histoire de la piété réformée* (Strasbourg, Oberlin, 1947). La présente communication n'a pas pu prendre en compte le livre récent de Carl-A. Keller, *Calvin mystique. Au cœur de la pensée du Réformateur* (Genève, Labor et Fides, 2001).

[2] *Advertissement tresutile du grand profit qui reviendroit à la Chrestienté s'il se faisoit inventoire de tous les corps sainctz, et reliques, qui sont tant en Italie qu'en France, Allemaigne, Hespaigne, et autres Royaumes et Pays* (1543), mieux connu sous le titre *Traité des reliques*, cité d'après l'édition critique dans *Three French Treatises*, éd. F. Higman (Londres Athlone Press, 1970), p. 50. Dorénavant cité en titre abrégé *Rel.*

Même quand il semble reconnaître une « bonne dévotion », on sent l'ironie qui va suivre (*couleur* signifie chez Calvin une mauvaise excuse) :

> Je sçay bien que cela a quelque espece et couleur de *bonne devotion et zele*, quand on allegue qu'on garde les reliques de Jesus Christ pour l'honneur qu'on luy porte[1].

Le corps du traité se charge de dénoncer cette « bonne dévotion ». Plus loin dans le texte il devient encore plus explicite dans sa critique d'Hélène, mère de Constantin, pour sa recherche de la « vraie croix » :

> Tant y a que ce fut une folle curiosité à elle, ou une *sotte devotion et inconsiderée*[2].

Il a une hostilité viscérale envers ce qu'il considère comme une religiosité informe et vague. Surtout – et c'est par excellence le cas du culte des reliques – quand le but de cette « dévotion » est un objet matériel, corps d'un saint ou fragment de son vêtement. Adorer une relique, c'est tout bonnement idolâtrer :

> On s'est prosterné et agenouillé devant les reliques, tout ainsi que devant Dieu ; on leur a allumé torches et chandelles en signe d'hommage ; on y a mis sa fiance, on a là eu son recours, comme si la vertu et la grace de Dieu y eust esté enclose. Si l'idolatrie n'est sinon transferer l'honneur de Dieu ailleurs, nyerons nous que cela ne soit idolatrie[3] ?

La vraie piété ne doit absolument pas passer par le corporel, le matériel :

> S. Paul proteste de ne congnoistre plus Jesus Christ selon la chair apres sa resurrection ; admonestant par ces motz, que tout ce qui est charnel en

---

[1] *Rel.* p. 49.
[2] *Rel.* p. 60.
[3] *Rel.* p. 51.

> Jesus Christ se doit oublier et mettre en arriere, afin d'emploier et mettre toute nostre affection à le cercher et posseder selon l'Esprit[1].

S'agenouiller devant une relique, c'est donc déjà un acte d'idolâtrie selon Calvin. C'est encore pire si l'objet en question est un faux. Ayant remarqué qu'aucune des reliques de Jésus-Christ n'est mentionnée par les anciens docteurs de l'Église, il ajoute :

> Que sauroit-on dire autre chose, sinon que tout cela a esté controuvé, pour abuser le simple peuple ? Et de faict, les Caffars, tant Prestres que Moynes, confessent bien que ainsi est, en les appellant, Pias fraudes, c'est à dire, des tromperies honnestes, pour esmouvoir le peuple à devotion[2].

En fait la majeure partie de son traité consiste à énumérer des reliques supposées uniques mais que l'on trouve en divers endroits : il trouve quatorze clous de la croix, sept suaires du tombeau de Jésus, trois prépuces de notre Seigneur ; S. Sébastien a quatre corps entiers, et en plus deux têtes, quatre bras – « sans les menuz loupins qui en sont en plusieurs eglises ». Le *Traité des reliques* est un remarquable exercice de désacralisation, qui donne un ton tout à fait « moderne ». La spiritualité n'est nulle part.

Rappelons d'ailleurs que ce n'est pas seulement les reliques qui sont condamnées, mais aussi toute sorte d'image religieuse (tableau, statue) – et pour la même raison. Toute « dévotion » qui se base sur un objet physique est entachée à ses yeux d'idolâtrie, et doit être condamnée. Ce n'est pas un hasard si Calvin a repris la numérotation des Dix Commandements selon les Juifs, en rétablissant comme second commandement à part entière l'interdiction de toute image gravée.

La doctrine eucharistique de Calvin par rapport à celle de l'Église catholique exemplifie encore la même attitude. La conversion du pain

---

[1] Rel. p. 50. Il développe plus largement ce qu'il considère comme la vraie adoration de Dieu dans l'*Excuse aux Nicodemites* (dans *Three French Treatises ;* dorénavant cité comme *Nic.*) : « toute la theologie des martyrs anciens estoit de savoir qu'il n'y avoit qu'un seul Dieu qu'on deust adorer, et qu'en luy seul on devoit mettre sa fiance entierement ; que le vray service qu'il requiert estoit de l'adorer et invoquer, et, en recongnoissant avec louanges et actions de graces que tous biens vienent de luy, le servir selon sa parolle, vivant en bonne conscience » (p. 143).

[2] *Rel.* p. 57.

et du vin en chair et sang au moment de la consécration des éléments dans la messe est encore de l'idolâtrie ; on fait passer le service spirituel de Dieu par des objets bassement matériels. A ses yeux, ce n'est que du pain et du vin ; croire à un changement physique quelconque relève de la magie, de la superstition[1].

Ce que j'essaie de faire ressortir, c'est le côté rationaliste de la pensée de Calvin, à l'opposé de la spiritualité /du mysticisme traditionnel. On dirait le Calvin des Lumières !

Antithèse

Et pourtant... abordons un tout autre problème : la question de l'autorité des Écritures, et la validation de cette autorité. La doctrine des réformateurs repose, chacun le sait, sur l'autorité de la *Sola scriptura*. Mais qu'est-ce qui constitue l'Écriture ? Qui décide du *canon* qui différencie les écrits vraiment inspirés de Dieu d'un côté, et les apocryphes de l'autre ? sinon l'Église. Il s'ensuit que l'Église a une autorité supérieure à celle de l'Écriture. Faux, dit Calvin : l'Église est construite sur le fondement de l'Écriture, c'est l'Écriture qui définit l'Église et ses doctrines, donc c'est l'Écriture qui a la priorité sur l'Église. Mais dans ce cas le problème reste entier : comment savoir quels sont les livres vraiment inspirés de Dieu ? Calvin donne sa réponse dans *l'Institution de la religion chrestienne* :

> Quant à ce que ces canailles demandent dont et comment nous serons persuadez que l'Escriture est procédée de Dieu si nous n'avons refuge au décret de l'Eglise, c'est autant comme si aucun s'enqueroit dont nous apprendrons à discerner la clarté des ténèbres, le blanc du noir, le doux de l'amer. Car l'Escriture a de quoy se faire cognoistre, voire d'un sentiment aussi notoire et infaillible comme ont les choses blanches et noires de

---

[1] Dans le *Petit traité de la sainte Cène* (dorénavant *Cène*), Calvin développe : « tant s'en fault qu'il y ait doctrine intelligible en la Messe, que au contraire on estime tout le mystere estre gasté, sinon que tout soit faict et dit en cachete, à ce qu'on n'y entende rien. Pourtant leur consecration n'est qu'une espece de sorcelerie, veu que à la maniere des Sorciers, en murmurant et faisant beaucoup de signes, ilz pensent contraindre Jesus Christ de descendre entre leurs mains » (*Three French Treatises*, p. 124).

> monstrer leur couleur, et les choses douces et amères de monstrer leur saveur[1]. (*Inst.* (1560), I.vii.2)

C'est une sorte d'autovalidation, basée, notons-le, sur un *sentiment*. Deux paragraphes plus loin il clarifie encore sa pensée :

> Or si nous voulons bien pourvoir aux consciences, à ce qu'elles ne soyent point tracassées sans cesse de doutes et legeretez, qu'elles ne chancellent point et n'hesitent point à tous scrupules, il est requis que la persuasion que nous avons dite soit prinse plus haut que de raisons humaines ou jugemens ou conjectures, assavoir du *tesmoignage secret du sainct Esprit*.[...] pource que les gens profanes pensent que la religion consiste en opinion seulement, afin de ne rien croire follement et à la legere ils veulent et demandent qu'on leur prouve par raison que Moyse et les Prophetes ont esté inspirez de Dieu à parler. A quoy je respon que le tesmoignage du sainct Esprit est plus excellent que toute raison, car combien que Dieu seul soit tesmoing suffisant de soy en sa parolle, toutesfois ceste parolle n'obtiendra point foy aux cœurs des hommes si elle n'y est séellée par le tesmoignage intérieur de l'Esprit[2].

« Le cœur a ses raisons que la raison ne connaît point », dira Pascal un siècle plus tard. Calvin écrit ici *contre* les rationalistes, en érigeant une autorité intérieure au-dessus de la raison. « Le tesmoignage secret du sainct Esprit », ou « le tesmoignage intérieur de l'Esprit » : nous sommes bel et bien en présence d'une forme de spiritualité, étroitement liée, on le notera, à l'Esprit Saint.

Élargissons le propos. Une constante de la polémique évangélique et réformée contre Rome, c'est le *Sursum corda*, « levez vos cœurs ». Il ne faut pas garder les yeux fixés en bas, à regarder une image ou une statue ou une relique ou un ostensoir ou le pain ou le vin ; il faut regarder en haut, « lever le cœur ». « *Dieu est esprit, et c'est pourquoi ceux qui l'adorent doivent adorer en esprit et en vérité* » (Jn 4.24). C'est un thème qui est repris par Rabelais, Érasme, Lefèvre, Farel, Viret... et Calvin. Il s'agit bien d'une certaine spiritualité ; mais c'est une spiritualité qui veut s'affranchir de tout ce qui est corporel, charnel ; elle aspire vers le ciel. La Cène calviniste refuse, naturelle-

---

[1] *Inst.* (1560), I. vii. 2.

[2] *Inst.* (1560), I. vii. 4.

ment, tout ce qui pourrait ressembler à une adoration des éléments. Comme le dit Calvin :

> Combien que pour entendre droictement ceste utilité [de la Cène], il ne fault pas estimer que nostre Seigneur seulement nous advertisse, incite et enflambe noz cœurs par le signe exterieur. Car le principal est qu'il *besongne en nous interieurement par son S. Esprit*, afin de donner efficace à son ordonnance, qu'il a destinée à cela comme instrument, par lequel il veult faire son œuvre en nous[1].

Prenons un autre exemple, qui montre bien à quel point Calvin n'est pas seulement un froid rationaliste. Quand le réformateur écrit la préface du *Psautier* genevois (version définitive en 1543), il utilise certaines expressions qui vont au-delà de la raison :

> Entre les autres choses qui sont propres pour recréer l'homme et luy donner volupté, la Musique est ou la premiere, ou l'une des principales : et nous faut estimer que c'est un don de Dieu, deputé à cest usage. [...] A grand'peine y a-il en ce monde chose qui puisse plus tourner ou flechir çà et là les mœurs des hommes, comme Plato l'a prudentement considéré. Et de faict, nous experimentons qu'elle a une vertu secrete et quasi incroyable à esmouvoir les cœurs en une sorte ou en l'autre. Parquoy nous devons estre d'autant plus diligens à la reigler en telle sorte qu'elle nous soit utile, et nullement pernicieuse[2].

Et il termine avec une réflexion sur le rapport entre la raison et le cœur :

> Il nous faut souvenir de ce que dit S. Paul, Que les chansons spirituelles ne se peuvent bien chanter que de cœur. Or le cœur requiert l'intelligence. Et en cela (dit S. Augustin) gist la difference entre le chant des hommes, et celuy des oiseaux. Car une linotte, un rossignol, un papegay chanteront bien, mais ce sera sans entendre. Or le propre don de l'homme est de chanter en sachant ce qu'il dit. Apres l'intelligence, doit suivre le cœur et

---

[1] *Cene*, p. 109.

[2] Cité d'après Clément Marot et Théodore de Bèze, *Les Psaumes en vers français*, éd. Pierre Pidoux (Genève, Droz, 1986), fol. * vii. r-v.

> affection : ce qui ne peut estre, que nous n'ayons le Cantique imprimé en nostre memoire, pour jamais ne cesser de chanter[1].

Ce qui nous amène directement à notre conclusion.

Synthèse

Je cherche à cerner une nouvelle sorte de spiritualité que Calvin apporte à la vie religieuse. Rejetant tout ce qui est physique, concret comme potentiellement idolâtre, il insiste sur une spiritualité bien abstraite, intellectuelle. Disons-le franchement, c'est une spiritualité d'un accès plutôt difficile pour le commun des mortels ; beaucoup plus simple est la dévotion qui peut s'accrocher à une relique ou une image qui permet de focaliser la prière ou la méditation. La religion de Calvin est bien exigeante. On le voit dans l'un de ses premiers ouvrages, la réponse qu'il composa au nom des Genevois à une lettre du cardinal Sadolet (1539). Sadolet propose qu'une attitude d'humilité chrétienne suggérerait que le fidèle devrait accepter les enseignements de l'Église, sans y opposer ses propres opinions. Calvin dénonce ce qu'il appelle cette théologie « stupide et otieuse » ; au contraire, dit-il :

> Présente-moi, je ne dis pas un homme du moyen peuple, mais le plus sot et rude porcher. S'il est du troupeau de Dieu, il faut qu'il soit préparé au combat qui est ordonné de Dieu à tous fidèles[2].

Notre « porcher » doit assumer lui-même la présentation de sa foi, avoir l'intelligence de ce qu'il croit. C'est évidemment un idéal que Calvin définit ici ; ni lui ni aucun de ses contemporains n'imagine des cours de formation théologique destinés à l'ensemble de la communauté des fidèles. Mais cet idéal, c'est que chacun embrasse personnellement et explicitement la foi qu'il professe. Et la seule arme que possède chaque fidèle pour formuler cette foi, ce n'est pas sa raison,

---

[1] *Ibid.*, fol. viii r.

[2] *Epistre de Jaques Sadolet cardinal, envoyée au Senat et Peuple de Geneve ... avec la Response de Jehan Calvin*, citée d'après *La Vraie piété*, éd. Irena Backus et Claire Chimelli (Genève, Labor et Fides, 1986), p. 105.

mais « la parole de Dieu », les Écritures – scellées en son cœur par le témoignage secret du saint Esprit. Une spiritualité... bien abstraite.

Francis HIGMAN

WITHIN THESE WALLS :
THE SECRET WORLD OF SIR THOMAS TRESHAM

In 1828, in the county of Northamptonshire : 'This [sic] along with a large quantity of books, letters and papers, were some years ago discovered at Rushton Hall in pulling down a very thick partition wall in the passage leading from the Great Hall. In taking down this wall, the workmen came to a very large recess, or closet, in the centre of it, in which was deposited an enormous bundle containing the above wrapped up in a large sheet. The books were many of them in the Latin tongue and similarly bound as this. There is little doubt but that with the discovery of the Gunpowder Plot or perhaps previous to it, this bundle was deposited in its place of concealment by the Tresham family who then possessed Rushton Hall and were so deeply implicated in this conspiracy.'[1] The papers now fill eleven volumes in the British Library. They have not all been transcribed, although in 1904 Mrs Lomas made an extensive calendar summary for the *Historical Manuscripts Commission.*[2]

Rushton Hall was the main house of Sir Thomas Tresham, whose grandfather, had proclaimed Queen Mary in Northampton on 18 July 1553, and been made a Grand Prior of the Order of St John of Jerusalem. The beautiful relief sculpture of the Crucifixion based on the letter Thau, with three crosses in the form of that letter, and a full role given to the two thieves, which was built in 1577, would seem to indicate that his faith was already active before Campion's arrival. The crucifixion is housed on the second floor in a small oratory, hidden away in the interior of the house. The « Oratory » is said to have been

---

[1] BL Add. MS 39828.

[2] HMCR, No. 55, Various Collections Vol. III (London : HMSO, 1904 : Manuscripts of T.B. Clarke-Thornhill).

added by him'.[1] The relief is an elaborate composition in which the thieves are portrayed as bound to their crosses with rope (a significant motif on Tresham's later buildings) and one is looking away from Christ, the other, the penitent, is looking towards him. The women, who form an important group, sustain a Blessed Virgin collapsing with grief, while Mary Magdalen, her head uncovered, embraces the foot of the cross. The power of the Roman state, portrayed both in the form of the mounted centurion, and in the banners of the *Senatus Populusque Romanus*, is dwarfed by the heroic and suffering figures. The Latin inscription, which includes coded words, forms a prominent part of the relief, and similarly proclaims the cross as life-giving. It emphasises in its first line the importance of the letter Thau which, following the Anglo-Saxon tradition of poetry on the rood, gives the 'noble wood' the same adjective that occurs in the first line of Edmund Campion's poem, 'Sancta *salutiferi* nascentia semina verbi' : ECCE SALUTIFERUM SIGNUM THAU NOBILE LIGNUM[2].

---

[1] J.Alfred Gotch, *A Complete Account Illustrated by Measured Drawings of the Buildings Erected in Northamptonshire by Sir Thomas Tresham Between the years 1575 and 1605 Together with many particulars concerning the Tresham Family and their home at Rushton* (Northampton : Taylor ; London : Batsford, 1883), p. 5.

[2] See Gotch, p. 12 for a full text :

ECCE SALUTIFERUM SIGNUM THAU NOBILE LIGNUM
VITAE SERPENS HIC AENEUS ALTER ERAT
VENDITUS HIS IOSEPH PRO VILI MUNERE IONAS
QUI TRIDUO CETI CORPORE CLAUSUS ERAT
HIS SALIENTIS AQUAE FONS NAMA PEIRA SACERDOS
AGNUS QUI OCCISUS THIPIRL PERLIS ERAT
AGNUS ET OCCISUS PRIMAEVA AB ORIGINE MUNDI
CRIMINA QUI LAVIT SANGUINE NOSTRA SUO.

O QUAM IUDAEI MEDITANTUR INANIA MULTA
ET GENTES MANIBUS QUAM FREMUERE SUIS
HI CAPUT ATTOLLUNT HI RIDENT HI MALEDICUNT
SUNT QUI PRO TUNICA LUDERE FORTE VOLUNT
EST QUI COR TENERUM CRUDELI PERCUTIT HASTA
EST QUI VULT MAGNAM TOLLERE FELLE SITIM
MATERATO MATER LACHRIMIS COMPUNCTA LABASCIT
SED MULIEBRE GENU DAT MULIERIS OPEM.

Both Campion's poem and Sir Thomas Tresham's hidden inscription contain powerful critique of Roman power.[1] Born in 1543 Sir Thomas inherited the two estates of Rushton and Lyveden on his father's death in 1559. He seems to have welcomed Edmund Campion on his journey north, an act of hospitality which was to transform his life. Questioned by the Privy Council, and asked to swear an oath that Campion had not been in his house, Tresham refused saying that 'Your lordship says he stayed little with me, came much disguised in apparel, and altering his name. All which made me refuse to swear, lest haply he might have been in my house and my company, I not knowing him.'[2] Along with Sir William Catesby and Lord Vaux, Tresham was summoned before the Privy Council, committed to the Fleet Prison, and appeared before the Star Chamber on 18th November. A long account of this trial, which focuses solely on Campion's presence and Tresham's refusal to swear, is contained in the first volume of the papers.[3] On his arrival in the Fleet Tresham immediately joined his cousin Catesby in a debate with Dr Lilly of Balliol College, and swiftly moved from complaining about how few protestant ministers now read Latin to a debate on the real presence : transsubstantiation. Tresham's own draft of this account is preserved as well as a neater, scribal, version.[4]

A further version of the same event has come to light recently in a Catholic encyclopaedia dating from 1600-1608, and sold in 1968 by the Brudenell family of Deane Park to the Bodleian Library.[5] This important source for recusant history is an autograph manuscript written under the pseudonym Thomas Jollet, and containing first hand accounts of several contemporary events. The account of the exorcism

---

[1] For an account of the poem see Gerard Kilroy, 'Campion's Virgilian Epic', *TLS*, 8 March 2002, pp. 12-14.

[2] Richard Simpson, *Edmund Campion*, p. 352, quoting Harleian MS. 859.

[3] BL Add. MS 39828, fols 62-71v.

[4] BL Add. MS 39828, fols. 46-48verso ; (draft) fols. 57-58v) ; Bodleian MS Eng. th. b. 2, pp. 822-836, signed by Tresham.

[5] Eng. th. b. 1-2. Summary Catalogue 46533. There are only two articles on this manuscript. J.G. O'Leary wrote a brief article about the manuscript when it was for sale, in *Essex Recusant* 10 (1968), pp. 17-21. John Morehen made a study of the Byrd motet in the second volume (p. 116) : 'Is « Byrd's » Haec a Faec ?', *Early Music Review*, 24 October 1996, pp. 8-9.

at Lord Vaux's house in Hackney is unique and, since it seems to concern Robert Debdale and William Weston, an important corrective to Harsnett's salacious account. More remarkable, however, is the extraordinary range of the writer's biblical and patristic knowledge. The two volumes together contain nearly two thousand closely written pages, divided into ninety-three 'Books' or chapters on topics ranging from 'Of Absolution' to 'Of Hallowed Things' in the first volume, and from 'Of Hope' to 'Of Zeal' in the second. Each Book begins with biblical authorities, moves through patristic sources, and ends with contemporary theologians like Robert Bellarmine. The author must not only have had a wide range of knowledge himself but access to an immense library. Both the provenance and the authorship must remain conjectural at this stage, but many things in the manuscript point to Sir Thomas Tresham as the principal author until his death on 11 September 1605. Someone else must have then completed the later accounts, perhaps his daughter Mary Brudenell, through whom it came into the Brudenell household.[1]

In its entirety the book raises important questions about the degree of theological knowledge among Catholic laymen of the period, and certainly undermines the received version of Catholicism in England at this period being a matter of priestly preaching and country house protection by sporting gentry. Since it contains first-hand accounts of several important incidents, the book serves as a composite memory of the recusant community. Indeed several sections of the book contain lists which serve to place the present troubles in the larger context of the Christian church. The book 'Of the End of Persecutors' (II. 415-422) lists the bad ends of persecutors from Nero to Richard Young : 'Richard Yong, an Apostat and a pursevaunt, pursying a Catholique at Lambeth, fell downe on the suddayne, er he coulde laye handes on him that he persecuted and foaming at the mouthe presently died.' (II. 422). This memorial history of the Catholic community gives us a vivid insight into the way Catholics attempted to keep alive their corporate memory during this period, and the way the Catholic laity were attempting to preserve the widest possible range of theological

[1] This hypothesis is supported by the fact that, pasted into the second volume, are documents relating to the recusancy of Mary Brudenell of Deane, 'temp. James I', Summary Catalogue Entry 46533.

knowledge. Until this moment, priest-holes – together with their accompanying furniture of foldable altars and vestments – have been taken to symbolise the recusant community of early modern England. These two massive volumes show the determination of theNorthamptonshire community to keep alive the whole of the biblical and patristic tradition, to ensure that the faith is one founded on a deep understanding of the tradition. For as each topic – Commandments, Confession, Confirmation, Contrition – is listed in alphabetical order – the same method is followed. Firstly, scriptural authorities are written out, then councils and doctors of the church, and then recent theologians. On some topics, a full medieval debate is conducted, as 'On Conversion', where *positiones* 1,2, and 3 are followed by *oppositiones* 1,2 and 3 discussed (I. 221-252).The modern reader might not be surprised to find books on 'Confession, Confimation, Heretickes', 'Hell', 'The holy Mass', 'Of Pilgrimage', 'Of Purgatorie'.

It is impressive to find that the section on 'Of the Holy Eucharist' is a profound theological investigation of the doctrine of the Eucharist, some 151 pages long (I. 313-464), which corresponds to what we know of Sir Thomas Tresham's interest in the topic. The marginal glosses are in a hand suspiciously close to Tresham's hand. The text includes items by recent theologians such as Thomas Wright 1600, John Radford 1604, Norresius . Theolog. Anglus 1606 (I.317) There are marginal notes in Greek, and transsubstantiation is glossed in the margin three times with Tresham's trefoil (I. 317-318).

Of the ninety-three books, perhaps the most interesting to us now are the unique first-hand account of the exorcism at Hackney, the list of those who have suffered under Elizabeth, the apparently first-hand account of the triple execution of Ann Line, Fathers Barkworth and Fieldcock, together with a unique transcription of the music sung by Mark Barkworth (II.113-117), an account of Sir Thomas Tresham's interrogation for harbouring Campion (II.822), and the full narrative of the conference on the Real Presence which Sir Thomas Tresham had in the Fleet Prison (II. 823-839). Since this last contains Tresham's armorial bookplate – one of the earliest printed English bookplates (II.823)[1], the narrative may be seen as the embodiment both of Sir

---

[1] J.G. O'Leary, 'A Recusant Manuscript of Great Importance', *Essex Recusant*, 10 (1968), 17-21.

Thomas's interest in the eucharist and his wonderfully eccentric disregard for the surroundings. There are minor variations from the accounts preserved in the Tresham papers.[1] That Sir Thomas Tresham had this conversation on the Eucharist copied out by a scribe from his own draft in the Tresham papers, and that another scribe has faithfully copied it out, presumably under his direction, indicates the importance he gave to this 'conversation'. It is a good place, therefore, to start, thereby giving the flavour of this manuscript.

The opening page (II.823) is dominated by the bookplate and a summary of Sir Thomas Tresham's life. On the following page (II.824), the account itself begins :

> 'At the ende of dinner, being at the table Mr Banks, the deputies wife, the Lord Vaux, Sir William Catesby, Mr Shelley, and Mr Roper, prisoners, and also the said Doctor Lilly, Mr of Balliol colledg in Oxford, and Mr Richard Catesbye, uncle to the said Sir William Catesby, who brought the said Mr Lilly hither, and dyvers of their servants, and of the servantes of Mr Wardors : yt fortuned that speeche was mooved by Sr Thomas Tresame of gods sundrie guiftes, that whereas there are many studies and liberall artes for the better inabling the gifts of nature, that yet in theis daies many proved to be of great opinion in the worlde that little were understanding therof : yea and some such, not understanding latin and specially this was commonly to be seene among the protestants at this daye.'

The conversation passes quickly to Sir Thomas More and Erasmus, and therefore gives us a glimpse of the current opinion of these two learned doctors among the Catholic community at the time :

> Indeede (quoth Sr Thomas Tresame) they both were great learned men, and good lovers, yet differred they muche, or Sr Thomas Moore was

---

[1] BL Add. MS. 39828, fol. 46-48verso (in small neat hand, followed by draft in Sir Thomas's own hand, fols. 57-58v). This discussion took place on 3 September 1581, shortly after the Conferences in the Tower between Edmund Campion and Nowell and Day. (HMCR, III, No. 55, p. 19).

> resolute one waye, and Erasmus was resolute no waye : which Sr Thomas Moore would oft forewarne him of, as the thing which one daye would overthrowe all his learned books, which nowe you see come to passe, in manye countries, for that his bookes be inhibited. (II. 824).

It soon becomes clear that one reason for Sir Thomas Tresham's dislike of Erasmus is the condemnation by Sir Thomas More of Erasmus's unorthodox opinions on the Eucharist :

> 'In his epistle ad Conradum pellicanum (quoth Sir Thomas Tresame) you shall not only finde that he was flatt of oppinion with the Reall Presence, but that he was much mower against his said freinde for giving forth the contrarie, affirming that he neverrmade doubt therof, especially when so many wytnesses in the scripture say affirmatively, It is his bodye, but none saith, yt not to be his body or a signe of his bodie.' (II. 824)

This is the spur to a full theological discussion, lasting two days, in the Fleet prison, between Dr Lilly of Balliol College and Sir Thomas Tresham on the doctrine of the Real Presence. In the scope of its theological knowledge and in its academic politeness it is a monument to both the learning and the commitment of the time. When nightfall comes, they break off to resume the following morning, beginning with praise from Sir Thomas for Dr. Lilly's learning. (II.829). That this conference is preserved in such loving detail in two separate sources indicates the importance the recusant community attached to preserving the memory of Sir Thomas Tresham's learning and courage.

The event which changed Sir Thomas's life, his interrogation for harbouring Campion, is again recorded here, in 'Lib 89 : Of Things Contingent' (II. 822). What is striking is the vigour with which Sir Thomas refutes the accusation that Campion has betrayed his hosts :

> Also aboute the same tyme one Mr Flower dwelling in Northamptonshire protested unto Sr Thomas Tresame that Campion had manefested not only the places wher and when he had beene since his first arryvall in England : but likewise, what reliefe, what letters, yea and what messengers had been sent him by any, amongst whom he specially named you Sr Thomas, yea and that which is most true, I speake yt unto you uppon my fidelitie, and credytt the caytife wretche did all this for feare of the racke and torment, which to affirme, hath left nothing unconfessed thoughe in

truthe he was never racked, and further he offered to justifie to the face of the worlde whatsoever he had confessed.

To which Sr Thomas Tresame answered, that he was persuaded that not any of Mr Campions profession if he be a preiste woulde affirme the like wordes of him, because yt became them not to be reporters of lyes, and much lesse to be inventors of lyes, specially the same tending to the touche of any : and if Mr Campion or his like shoulde saye yt, as by reason of the untruthe of the thinge I will never beleeve yt, yet am I to answere for the deedes of Sr Tho.Tresame and not for the wordes of Mr Campion : and therfore in his behalf I make no accounte what hee or any other shall saye of me, no not the least heare of my head : for he that pisseth cleare needeth not the phisicians helpe.[1]

This Brudenell Manuscript provides confirmation, if any were needed, of the belief of the Catholic community at the time, that Campion had not betrayed them, and that the attempt to argue that he had was a fabrication of the Privy Council.

This is confirmed by the information contained in the first volume of the Tresham Papers, in BL Add. MS. 39828. Since this is the only surviving Catholic eye-witness account of Edmund Campion's first Conference in the Tower, its importance cannot be overestimated.[2] It was unkown when Simpson was writing his biography of Campion, and Evelyn Waugh clearly did not know of it. They both had to rely on the official, Protestant account by Nowell and Day which does everything it can to discredit Campion.[3] Both Simpson, vigorously, and Waugh, with less certainty, try to answer the charge that Campion had made a 'confession', thereby betraying his hosts, from a passage

[1] This account of the interrogation of Sir Thomas Tresham with Sir William Catesby and Lord Vaux is also to be found in Proceedings in the Star Chamber against Lord Vaux, Sir Thomas Tresham and Sir William Catesby for failure to swear, in Harley MS 859, printed in Archaeologica XXX, p. 80, and in the Rambler, N.S. VII (Jan. 1857), fols. 62-71verso.

[2] BL Add. MS 39828, fols. 38r-41, printed in HMCR, No. 55, Vol. III (1904), pp. 8-16. The piece has recently been published by James V. Holleran, *A Jesuit Challenge : Edmund Campion's Debates in the Tower of London in 1581*(New York : Fordham University Press, 1999).

[3] Alexander Nowell and Willam Day, *A true report of the Disputation, or rather private Conference, had in the Tower of London with Ed. Campion, Jesuit, the last of August, 1581* (London : Barker, 1593[4]).

in *A true report* by Nowell and Day.[1] Waugh repeats, almost verbatim, Simpson's argument that when Campion is reported as saying, « he might not betray his Catholic brethren, which were, as he said, the temples of the Holy Ghost »... no one retorted that he *had* betrayed his brethren'.[2] Yet in the Tresham account Campion's words are much more explicit :

> Let any man said Mr Campion within this realme charge me with woorde or fact but concerning conscience and religion and I yelde toe determinacion wherunto was made no answere and then he shewed that his punishment was for that he would not bewraie the places and persons with whome he had conversed and dealt with and concerning the Catholike cause alleaging an example of primitive Christians who choose rather to abide merterdome than that they wold yelde up the books which Catholike pastures had given and distributed among them. Much more said he I ought to suffer any thinge rather than to betraie the bodies of those that mynistered necessaries to supplie my lacke.[3]

This seems to me quite decisive, and to confirm Simpson's defence of Campion : Campion did not betray anyone on the rack. Until now we have relied on the evidence of those who set out to discredit him : the Privy Council. With Tresham's account now easily accessible we can be certain that the idea of Campion betraying those in whose houses he had stayed was as false as most of such government information.

The third most unusual item in the Brudenell MS is the account of the executions of Fathers Mark Barkworth, Father Roger Fieldcock and Ann Line together with a unique text of a four-part anthem sung by Mark Barkworth and Roger Fieldcock on their way to execution and attributed, twice on the page, to William Byrd.[4]

---

[1] Richard Simpson, *Edmund Campion : Jesuit Protomartyr of England*, 2nd edn (London : John Hodges, 1896), pp. 350-351, and Evelyn Waugh, *Edmund Campion* (London : Longman, 1935), pp. 180-181.

[2] Evelyn Waugh, *Edmund Campion*, p. 181. See Richard Simpson, *Edmund Campion*, p. 351.

[3] BL Add. MS. 39828, fol. 38v, printed in James Holleran, *A Jesuit Challenge*.

[4] The complete text of the motet is transcribed in Vol. 2. 116. The attribution to William Byrd is discussed by John Morehen, *Early Music Review*, 24 (October 1996), pp.8-9, who considers the scribal attribution to be an error.

> 'On ffriday about vii of the clockke in the morning Father Nayler als Fieldcock one of the Societie of Jesus with Father Lambert als Barcoth were drawne on a hurdle towards Tiburne, at what tyme in the waye hitherwarde Father Barcoth sang this antiphon : *Haec est dies, haec est dies, haec est dies domini, gaudiamus et laetemur in ea*, alwayes Father Fieldcock answered. *Et laetemur in ea* (II. 114).

More remarkable than the possibly false attribution to Byrd is the complexity of the music sung by Barkworth and Fieldcock on their way to execution. This is no popular tune, but a specially composed four-part motet. They sing again on the scaffold :

> 'Then a sergeant came and called them for they had executed Mrs Lyne : the daye was extreeme foule and the snowe and wynde beate very greavously uppon them, insomuch that when Father Barcoth, his shyrt was very wett, so that with their long staye he beganne to quyver and shake in that thynne attire : yet remembering himself he put awaye all quyvering with virilitie of mynde. Then a mynister spake unto them as the sledd was drawen under the gallowes, to whom Father Barcoth replied saying : hold thye peace thou art but s symple fellkowe : and so being uppon the carte he saide. *Haec est dies : haec est dies, haec est dies domini, gaudiamus gaudiamus et laetemini in ea.* This is my byrth daie ; *gaudiamus gaudiamus et laetemur in ea*. Then he said : I am a preiste and a monke, after the holy order of St. Benedict that many hundred yeares hast preached and planted the faith in this landed : And so recommending their soules to god they both died most stoutely. (II. 115)

This is followed by an account of his fellow martyr, Ann Line, of unusual interest because of the recent argument of John Finnis and Patrick Martin that 'Let the bird of loudest lay' refers specifically to her execution.[1] Certainly, the motet sung again by Fathers Barkworth and Fieldcock on the scaffold, after Ann Line's execution, provided her with 'defunctive music' from the 'death-divining swan', Father Barkworth, singing music by William Byrd, 'the bird of loudest lay'.[2] Her death may also be the inspiration for Sonnet 74, so full not

---

[1] 'Another turn for the Turtle : Shakespeare's intercession for Love's Martyr', *TLS*, 18 April 2003, 12-15.

[2] See letters by Clare Asquith and Gerard Kilroy in *TLS* of 2 May 2003, p. 17.

only of the language of execution – 'fell arrest' and 'wretch's knife' – but echoing, in its opening line – 'shall carry me away' – the word which is used four times in this account that, because of her weakness, she was 'carried' to her execution. It is hardly surprising that Shakespeare should declare that 'my life hath in this line some interest'. Two other features of this unique account are worth transcribing :

> So she threwe her handkercheife to one and gave much monye among the common people, wherat dyvers of them gave regarde and stryved much for yt : but when all the mony was dystributed she pluckt out of her pockett half a biskett loafe, wich she distributed in like manner among the people, for which they stryved greatly to catch the peices : and when her bread was spent, she then called to the Executioner for a knyfe to cut of her petticote lace, she threwe yt among the people saying : take ye that for I have nowe no more to give.[1]

The distribution of bread at her execution, and the use of the 'wretch's knife' to cut off her petticoat, may explain Shakespeare's playing on 'that' and 'this' in Sonnet 74. The eucharistic echoes of giving her body and bread to the crowd are played on : the worth of 'that body' is that it contains 'THIS... BODY' (the words of consecration) which, of course, remains with 'thee' (God the Father). Secondly, the giving away of a handkerchief at such a time gives some support to the view offered by Professor Richard Wilson in his recent talk to the Shakespeare Symposium in Bath on 8th March 2003, and shortly to be published in *Secret Shakespeare*, that Desdemona's handkerchief carries strong echoes of the linen dipped in the blood of martyrs.

Other lists are equally consoling in setting the current persecutions in the longer perspective of the Church's long history, or in turning the list of the persecuted into a roll of honour. So, lists of recent sufferers are divided according to rank, beginning with Queene : Marie Stuart, Queene of Scotland, beheaded at the castle of Fotheringhay in the countie of Northampton.' and Earls such as Philip Howard, Charles Nevill, Henry Wriothsley, Earle of Southampton to more recently imprisoned Viscounts : Anthonie Browne, Viscounte Montacute,

---

[1] Bodleian MS Eng. th. b. 2. 116-117.

imprisoned in the Fleete' and Barons such as Lord Vaux and Lord Lumley.[1]

Perhaps the most unusual item in the closely written pages of these two volumes is the unique account of an exorcism at the house of Lord Vaux in Hackney. Dated 'On the first day of this newe yeare. Anno. 1585' [1586], the writer makes it clear that he has been present at this event and at a sermon preached by one of the priests involved : 'The writer hereof was present at the said sermon' (I. 489) As the writer gives his name elsewhere as 'Author. Huius Operis. Tho.' (I.544), it seems that we can assume that Thomas is his name. The Summary Catalogue entry deals with the identity of the author as follows :

> 'The compiler of this immense new source for recusant history was Thomas Jollet, who gives his name on the last leaf : '*Scriptor qualis erat si quis de nomine quaerat / Cunctis noscatur Thomas Jollet sic nominatur*'... In the « Epistle Dedicatorie » addressed to a patron whose name and station are left blank, Jollet describes himself as 'a temporall man'[2].

Thomas is not only coy about his own name, but leaves many blanks for names in the narrative of the exorcism. The account comes in 'Lib. 25. Fol. 227.Of Exorcismes' (I. 485-491). There are marginal glosses for the first line (here represented by square brackets and an asterisk) :

> First, as touching this mayden, [**Sara Cheney : servaunt to the Right honorable Ladye, t.he Ladye Vaux.*] albeyt there be very great matter worthie for relation, as of her former possessing and dispossessing, wher in many things were to be written and said, greatly to the honour of Almightie god and to the confirmation of such as are yet but weake in the catholique cause : yet I will saye nothing at this present but that which I my self have seene and heard, in the companye of many others, whose names and persons for historye I am forced to conceale : and for the rest I leave yt to the penning of those whoo have beene true witnesses of those strange and wonderfull matters as I my self have bene of theise.

---

[1] II, 395-412.

[2] Quoted in J.G. O'Leary, 'A Recusant Manuscript of Great Importance', p. 18. This must have been Allison and Rogers first account ; the later catalogue entry is more concise.

The time and the place are further identified :

> 'But thus much is certenly knowne that uppon The Circumcision of our Lord. a great assembly [* *At Hackney neere London at the Lorde Vaux his house*] being gathered for the solempnizing of so great a feast, and a sermon made by a learned and vertuous preist *[*Mr [blank] sithence executed at Tiborne*]...'

The blanks left here surely indicate the degree of fear for the priests. As the date is later confirmed as : 'On the first day of this newe yeare. Anno. 1585 [1586]' and '*The writer hereof was present at the said sermon*' (I.489), the priest 'executed at Tiborne was almost certainly Robert Debdale, the priest at the centre of the salacious account in Harsnett's *Declaration of Popish Impostures* (1603). The exorcism there described occurred at Denham. It is to this presumably, that the present account refers, when it argues that the girl was supposed to have been cleansed before, and therefore they :

> sent for other of his bretherne and namely that preist which was thought before to have dispossessed her [Father William Weston], who being come, they prepared themselves through the helpe of Almightie god, and authoritie of his churche, to caste out and expell his troublesome dyvell from this yong mayde and virgyn (I. 485).

Given that Shakespeare clearly used the names of the devils – here confirmed as Maho (I.489) – from this series of exorcisms and that he must have known one of the exorcists, Robert Debdale, it is, at the very least, fascinating to have an account that is unsullied by the salacious and polemical purpose of Bishop Harsnett. For while Michael Wood rightly talks of Harsnett's account as 'this nasty piece of anti-Catholicism' he nevertheless accepts it as fundamentally true.[1] The Brudenell manuscript gives a completely different impression. Gone is the sickeningly salacious emphasis of Harsnett, and concentration on the grotesque and lurid ; instead the priests behave wholly properly, and the details are so unusual as to suggest truthfulness rather than theatrical invention. The account is theatrical only in the sense that

---

[1] Michael Wood, In Search of Shakespeare (London : BBC, 2003), pp. 275-278

there is an endless dialogue, continued through nearly eight thousand words. Here is an example of the matter-of-fact style :

> Thou obstynate dyvell (quoth the preist) wilt thou not obaye thy Lorde and master and wilt thou not departe ? assure thy self, that *quanto tardius, tanto augebitur paena*. I care not (quoth the dyvell understanding, as yt must appeare, latin very well) I will not have my paynes encreased.[1]

Frequently the dialogue with the devil seems more like an academic disputation, with the subject matter being both theological and, in this case, etymological, as the devil explains why he calls the Blessed Virgin 'the saffron bag' :

> The saffron bag quoth the dyvell. The Exorcist then demanded of him howe long since this worde, saffron bag, came into England. I did bring yt in (qoth the divell) in *K. Henry the 8.* dayes. The Exorcist then demanded if he had not beene the cause of the crucifyinge of our Saviour Christe. Yes (quoth the divell) I must needes confesse, he was crucified by my meanes, but I did not knowe at that tyme that he was the second person in *Trynitie*, or the *Messias* that should save or redeeme the worlde, but I did very much suspect yt, by reason his life was without synne : but by my troathe I knewe yt not certenly until such time as he spake his last wordes uppon the crosse : then did I knowe verely that he was the sonne of god. And being demaunded what those wordes were, he said : When he commended his soule unto his ffather : before that tyme I knewe not, that the seede of a woman should breake downe my heade, but after I founde yt to be true. And therwith looking uppon the signe of the crosse which was holden before the partie, he said : Since that christ was crucified I coulde never abide the signe of the crosse.[2]

It is good that this priceless manuscript collection of Catholic memory should have been preserved intact for four hundred years, and provide confirmation, if any were needed, of the immense theological learning, courage, and cryptically coded defiance of the Catholic laity of this period. Our picture of Catholicism as being kept alive among sporting gentry and uncultivated aristocrats needs serious revision in the light of the extraordinary buildings and encyclopaedic knowledge

---

[1] Bodleian MS Eng. Th. b. I. 486.
[2] Bodleian MS Eng. Th. b. I. 489.

of Sir Thomas Tresham's circle. I might end my discussion of the Brudenell manuscript with its comments on Sir Thomas Tresham :

> Thomas Tresam Knight : a man of rare wisedome and learning, having paid for his Recusancy (as it is said) £9000, & suffred much : a man most remarkable, and stoute in defense of the Cath. cause : England lost her Jewell when he died at his Mannor of Rushton the xi of September. 1605. (I. 572)

Sir Thomas was to spend the next thirteen years in prison in the Fleet, in the Bishop's Palace at Ely, or under house arrest at Hoxton. The Tresham papers are full of letters appealing for help to various members of the Privy Council, or from his wife, worried about the damage the insalubrious conditions are having on his health. When he was finally allowed back to his beloved house in Rushton, Tresham, far from lying low, set about a vigorous programme of building monuments to his faith. Two of these buildings, the Triangular Lodge and Lyveden New Bield, are such remarkable monuments to his faith that I shall deal with those separately.

What I wish to focus on now are the detailed instructions Sir Thomas, 'the builder', gave for a number of modifications to the inside of Rushton Hall, between 26 July and 7 September 1595. Since 'builder' is one of the titles given by Sir John Harington to his Catholic jurors in the third part of an exactly contemporary text, Sir John Harington's *A New Discourse upon a Stale Subject Called the Metamorphosis of Ajax.'* This was published by Richard Field in 1596, but a marginal gloss tells us that the 'devise was first both thought of and discoursed of' after the Lopez trial and before Sir Henry Danvers fled into exile : in the spring or summer of 1594.[1] The 'devise', supposedly of a water-closet, is clearly intended to be emblematic, but may also have been a cover for Catholics to build 'closets' and 'privy walls'. The dates are important because we can understand what provoked Harington to write his satire, and Sir

---

[1] Sir John Harington, *The Metamorphosis of Ajax* (London : Richard Field, 1596), p. 112. The autograph marginal gloss on p. 113 in Lord Lumley's copy, now in the Folger Shakespeare Library (S.T.C. 12779) lists the persons present as : *'Erl of Southamp., Sr Mat. Arundel, Count Arundel, La Mary Arundel [Wriothesley], Sr Henry Danvers. Warder Castle'.*

Thomas to become a 'builder' if we look at the dreadful events of 1593-4. Robert Southwell had been captured in 1592, and was being tortured by Topcliffe ; Christopher Marlowe was murdered on 30 May 1593 ; Thomas Kyd was being interrogated and tortured (and was to die of his injuries the following year). Lord Ferdinando Strange died, almost certainly of poison on 16 April 1594. Then on the night of 15th March 1594. Justice Richard Young, J.P. for Middlesex used the Lopez trial of 1594 as pretext for a night of dreadful house-searches. Young carefully chose a time before Catholic gentlemen had left London for their country houses. Garnet describes in a letter to Robert Persons, 'such hurly-burly as never was seen in man's memory : no, not when Wyatt was at the gates.'[1] Suspect Catholics were dragged from their beds, and the churches converted into temporary prisons : 'the uproar was such that Hannibal might have been at the gates or the Spanish fleet in the river Thames.'[2] We know the impact Justice Young had from an autograph marginal gloss in the Lumley-Folger copy of Harington's *Metamorphosis of Ajax*, which makes clear that these emblematic water-closets are to clear up the metaphorical filth that is contaminating Elizabethan society. '*In memoria aeterna erit justus* [the just man will be remembered for ever – and then added in hand] not Justice young that accused and said Lopus had bid him say he was a daungerous man, with *Cave credas. Tamquam stercus, memoria impiorum* [Like shit is the memory of the unjust].[3] The *stercus* (*merde*) that needs clearing up in this society is the foul corruption of the monopoly-grabbing Catholic persecutors like the 'promooter' Justice Young. Meanwhile Catholics needed to build safe places for priests and documents, which is exactly what we have a record of Sir Thomas Tresham doing at this time.

The connection between Sir John Harington, the Queen's 'witty godson' and Sir Thomas Tresham, recusant spokesman, is more than one of parallel concerns and interest. They shared a common great-great grandfather : Sir James Harington of Hornby. Harington's *A New*

---

1 Stonyhurst, *Anglia* 1.81 : Henry Garnet to Robert Persons, quoted by Philip Caraman, *Henry Garnet 1555-1606 and the Gunpowder Plot* (London : Longmans, 1964) p. 185.

2 *Fondo Jesuitico* 651, f. 66, Garnet to Aquaviva, quoted by Caraman, *Henry Garnet*, p. 185.

3 Lumley-Folger copy, STC 12779, sig. O.6v.

Discourse on a Stale Subject is dedicated to Ralph Sheldon who was married, like Tresham to one of the Throckmorton sisters ; Harington's coat of arms appears five times on Tresham's Triangular Lodge. Finally, among the Tresham papers hidden behind the wall, was a sheet containing an anonymous transcript of three of Harington's most subversive epigrams, listed simply as 'Verses Temp. Eliz.' [1].

Perhaps the most important is the poem which is also found at the end of the manuscript given to Bishop Tobie Matthew in 1602, and printed in 1880 as *A Tract on the Succession.*[2] It is as follows :

How England maye be reformed

England of late, menne saie is bankerupte growne
The effectes doe manifest the cause unknowne
Rich Treasowers it hathe, and warie keepers
grave judges, councellors, in gayne no sleepers
Collectors, Auditors, Receavers' manie
Searchers and customers, and all for the pennye.
As for the churchmenne, they both praye and paie,
Solvat ecclesia, so the courtiers saie.
Might some new officer amend old disorder ?
Yes : One good Stewarte will sett all in order.[3]

---

[1] BL Add. MS 39829, fol. 93.

[2] York Minster Library MS XVI.L.6. printed by the Roxburghe Club as A Tract on the Succession to the Crown (London : Roxburghe Club, 1880).

[3] BL Add. MS 39829, fol.93. See also Folger MS. V.a.249, p. 186, for a slightly different text :

How England may be reformed

Men say that England late is bankrout grown
th'effect too manifest, the cause unknown,
Rich Treasorers 'tath had, and wary keepers, [confirmed again by Add. MS 12049]
Fat Judges, Councellors in gayn no sleepers,
Collectors, Auditors, Receavers meny,
Searchers, and Custamers all for the peny,
As for the Churchmen they both pray and pay,
Solvat Ecclesia so the Courtiers pray.
Might some new officer men[d] old disorder,
Yes, one good Stewart might set all in order. (186)

The second poem is simply entitled : 'Against flatteringe preachers', but the presentation copy given by Sir John Harington to Prince Henry, and now in the Folger Shakespeare Library, gives a fuller title, which explains its context :

Against an extreame flatterer that preached
at Bathe on ye Queens day the fortieth year
of her Raigne
Yowe that extoll the blisse of this our nation
and loade our eares with stale and lothesome praise
of fortie yeares sweete peace and restfull daies,
which yowe advance with fayned admiration,
Muche would yt suyte your highe vocation
to beate downe that your flatteringe tongues did rayse
And not to seeke suche meanes of commendacon
for tymes aboundinge with abominacon.
Tell us godes wrathe against us is provoked,
Tell us, it is to us the scripture seyes
fortie yeares have I dured this generation,
and sayd this people have not knowne my wayes.
Saye lawe with lust, and rule with rape is yoked
and zeale with scisme and symonie is choked.[1]

The third poem is so subversive that the dating here attached to it may be very significant :

Of a hangman

When doome of death by judgement fore appointed
strayninge the lawe beyonde all reache of reason
had unto death condemnde a Queene annoynted
and founde (oh straunge) without alleageance treason :
That axe that should have done that execution
Shunde to cutt of a head that had been crowned :
The hangmans loste his wonted resolution
to kill a queene so noble, so renowned.
Ah, was remorse in hangman and in steele
when peers, and judges no remorse could feele ?
Graunte Lord that in this noble Ile a quene
Without a head maye never more be seene (16 July 1603).[2]

---

[1] Folger MS. V.a.249, pp. 165-6 ; BL Add. MS 12049, p. 123)
[2] BL Add. MS. 39829, fol. 93

The HMCR transcript of the first poem by Mrs Lomas turned 'Treasurers' with a capital letter – referring to the frequent recusant charge of embezzlement made against Lord Burghley – into the innocuous-sounding lower-case 'treasurers'. [1] There is no knowing the original order of the papers, but this sheet of poems in the present manuscript immediately follows two letters of Sir Thomas to Bishop Tobie Matthew, the dedicatee of Harington's *A Tract on the Succession to the Crown of England*,[2] about his help in prosecuting some horse thieves. Sir Thomas, in the second letter, refers to their shared experience of Christ Church :

> Almightie god prosper you to his honor and glorye, and growth, that we which weer in oure yonge yeeres of Chirste Churche in Oxforde, may lyve and dye in the churche of chryste and die his servants... [and] may bee partakers of the hevenly Jerusalem.[3]

One is constantly reminded, when examining the manuscripts of this period, how small, under the official surface, is the world of Elizabethan England. The leading recusant and a leading Bishop of the new reformed church, appeal to their shared experience of the same Oxford college. Tobie Matthew had been at Christ Church when he he took part in the same philosophical dispute on 3 September 1566 as Edmund Campion, and argued in favour of an elective monarchy, and was Dean of Christ Church and Vice-Chancellor of the University when he answered Campion's Rationes Decem on 9th October 1581.[4]

Just after the three poems Sir Thomas gives his view on the Bye Plot of 1603, in which Sir John Harington's cousin, Sir Griffin Markham has been implicated. Tresham clearly thinks that this may be another government plot :

> Nevertheless I have so longe tyme beene experimented in the cursed Machiavellian projectes visored in former tyemes on us in ugliest wise, that I partlye (under correction of my superiors be itt sayed) doe suspect

---

[1] HMCR, No. 55, Vol. III, pp. 116-117.
[2] York Minster Library, MS L. XVI,
[3] BL Add. MS. 39829, fol 83.
[4] DNB, Matthew, Tobie or Tobias 1546-1626, p.1.

> *Latet anguis in herba* : An atheisticall Anthonie Babingtons complottment. Trewthe is the dawghter of tyme...In all well governed Christian common wealthes, better it is that manie guiltie should escape then to putt ane innocent to deathe...[1]

Tresham had been examined by Mr Richard Young in 1594, and spent from February to July in the Fleet prison.[2] It cannot be an accident that the documents of the following year chart a large amount of internal building at Rushston Hall. Tresham gave instructions on 26 July 1595 for 'the mantle-tree and jawmes for the chymney in your closett' ; on 9 August to the layers for 'fynishinge the particion wall in the gallerie', and on 3 January 1596 for slaters 'lathing and seeling the gallerie closett'. It seems clear that the need for privy places and secret closets was being felt by Sir Thomas Tresham, who certainly justified the epithet Harington gives to all his Catholic jurors : 'builder'. The Tresham papers include a vivid account of the moment of when they were immured. It is hard not to see this burying of all the Tresham papers as itself emblematic of the memory of the Catholics of this period : wrapped in a shroud, sealed behind a thick wall until, revealed, by chance, in the year of Catholic emancipation, 1828.

Sir Thomas Tresham died on 11 September 1605. On 14 October Francis, now in possession of his father's estate and money, was approached by his cousins, Catesby and the two Winters, revealing to him the plot and asking him for £2000. On 26 October he appears to be the author of an anonymous letter to his brother-in-law, Lord Monteagle, warning him not to go to the Lords. It looks as if he intended to forestall the plot, and under interrogation on 13 November he confessed that he had been told of the plot but had opposed it, and had taken no part in it. The day before further confessions :

> All these bondes weare delivered by me to Mris Tressame [Anne, wife of Francis Tresham] together with two letters from Sir Nicholas Saunders to Mr F. Tres : and two letters from Sir Frauncis Lovell to hym also, all

---

[1] BL Add. MS. 39829, fol. 105 ; HMCR, No. 55, Vol. III, p. 125.

[2] HMCR, No.55, Vol. III, p. xv.

bound up in a lynnen cloth sealed up with hard waxe the 28 November 1605.[1]

On 22 December Francis Tresham died. Though he had never been tried, he was treated as a traitor (and indeed has been harshly treated by history) his corpse was decapitated and his head set over the gate at Northampton. On 5 December 1605 Sir Edward Coke searched Sir Thomas Tresham's rooms in the Inner Temple and found a manuscript of Garnet's Henry Garnet, *A Treatise against Lying & fraudulent dissimulation, Newly overseen by ye author and published for the defence of Innocency and for the Instruction of Ignorants.* We know this because on the first page of the Bodleian manuscript there is the following inscription :

> *This boke conteninge 61 pages I founde in a chamber in the Inner Temple wherein Sr Thomas Tresham used to lye, and whiche he obteyned for his two yonger sones. This 5 of December*
> *1605*
> *Edward Coke*
> *os quod mentitur occidit animam*[2]

The presence of Garnet's treatise in Tresham's rooms, devised as an attempt to provide Jesuit priests with a defence against torture and betrayal of their fellows and hosts, is emblematic of the whole coded culture of Tresham. He was forced to resort to hiding his papers, and hiding his meaning in a series of elaborate codes. Just as Harington both publishes and conceals – publishes the written text and adds the handwritten glosses – so too Tresham builds hiding-places for priests and documents, and builds two monumental theological statements, the Triangular Lodge and Lyveden New Bield, which have outlasted time. That Tresham refused to swear that Campion had not been in his house was to drive him into a recusant world of fines and coded statement. A man's inner soul was being driven inwards, both physically, and

[1] BL MS. 39828, f. 190v and repeated f. 192.

[2] MS Laud misc. 655. S.C. 968.

symbolically in his relationship to language. The papers were not to reveal their secrets for a further four hundred years, for it is only now we are examining them for the light they throw on the buildings of Sir Thomas, that they are becoming widely appreciated and loved for the first time.

Of the Tresham papers found at Rushton Hall, volume 4, BL Add. MS. 39831, is occupied almost exclusively with Sir Thomas's drawings and directions for his buildings, and memoranda of the drawings he made on the gallery window of the Bishop's Palace at Ely on his third imprisonment there in 1597, and long notes on the significance of number drawn from Saint Augustine and St. John Chrysostom. They thus constitute unique evidence of the creation of a coded language in which an oppressed and imprisoned Catholic population learnt to proclaim its faith in language and symbols which could not be suppressed. Indeed Sir Thomas sets out very clearly why he has resorted to coded language :

> And wher some of my fellowes having the crucifyx paynted in their chambers the same in their chambre wasshed owte and purposely defaced, yett ther armes, inscriptions etc to remayne, I therefore have hearin putt nothing whereatt offence ys to bee taken.[1]

He goes on to offer what might be taken as a charter for all those using code during this period :

> 'most thinges in thes contened ar so perspecuus of themselfes that they neded no explanation, for in impresees ys [lo]ved to be so putt downe as differ from vulgarr apprehension and yett wiyll redely bee interpreted by men of skyll, especially yf skylled in that wherin the imprese or figurative sygne reacheth unto. Thes therfore tending to highest poynts in divinitye Trynitye etc. both fetch of scripture the fathers and some poyntes of history, musike geometyre and arithmatike, ferdermore using Latyn, greeake and hebrew. In all which to bee skylfull ytt sortheth not with the greatest nomber. And in as muche as thes not onely derived forth of many fountaynes and depending upon a multitude of particularyties (now perfectly in my memorye) wher ytt may happ that hereaffter my present

[1] BL. Add. MS. 39831, fol. 5.

intending them, may then be to secre : I have hearin breefly touched some of the hardest Scriptures and the fathers omitting those that depend upon geometricall and arithmeticall relations etc. to be contened by them [selfs] ellswhere.[1]

In fact, most of what is explained in the pages which follow, is a mixture of the scriptural and figures of number, which Sir Thomas seems endlessly fascinated by. What he particularly likes, it seems, is a figure or 'device' which works to say the same thing in several different ways. The Trinity is the central mystery Tresham is concerned to figure, both by the figure of the triangle, and by the numerical value of Hebrew words :

As the equilateral Triangle expressly figureth the Trinitye beyng three in one, all coequal, so doth ye nombre and inscription not obscurely allude thereto.

The wordes Tres unum sunt beyng -3- in nomber, and every worde consistyng of 4 letters (in total -12-) doth not allone in wordes manifest that unitye in Trinitye, but the nomber, dei duodecim literarum, wherein ys particularised pater, filius et spiritus sanctus. pater in hebrew wryting which has -2- letters, filius with another -2- et spiritus sanctus with -8- letters so in all -12- letters.[2]

Page upon page follows, written in a fast sloping hand, which is very difficult to read, showing the way different numbers stand for the three persons of the Trinity, and containing diagrams of triangles and pentagons surrounded with numbers and trefoils, detailed explanations of the symbolic significance of serpents, lambs, doves, and converting many biblical quotations into acrostics. I shall provide a few examples to give the flavour :

Jesus, Jesu, Jesum : the last letter..of the declination of Jesus, yeldeth SUM : being the most appropriate name to god implying *necessitas essendi* [necessity of beinng] and he himself gave to Moyses....

25 a quadrant number of Jesus as of Maria. These multiplied by the other maketh this product –25- martii – 1597 the day of the Passion and

[1] BL Add. MS. 39831, fol. 5v.

[2] BL Add. MS. 39831, fol. 6v.

incarnation both of that day, I mean Good Friday upon the annunciation day.

The square contening -I-H-S- esto mihi nedeth no interpreting [being the first three letters of the name Jesus in Greek, and also an acrostic of Iesus, Hosios, Soter].

Between each syde of the triangle and the circle is a number, viz -80- pater ; 400- filius ; 1 – spiritus sanctus.

The lamb is opposite to the circle and needeth no other exposition than of the letters there each representing of a worde for there was not conveniency of space to wright at large. These letters e.q.i.p.m. beyng. -5- viz. ecce qui tollit peccata mundi.[1]

Finally, Tresham recurs to two numbers, one of which is very important for the Triangular Lodge – 33 (the age of Christ at the end of his life), and 23, the crucial number for Lyveden New Bield, and a number, incidentally, which occurs at critical moments in both *Hamlet* and *The Winter's Tale.*[2]

Finally, there are many pages of commentary from Saint Augustine and St. John Chrysostom on numbers, accompanied throughout by numerical marginal glosses. I have touched on these complex commentaries on number and symbol to show that they provide incontrovertible evidence of the conversion into numerical and symbolic code of the language of faith in the early modern period in England. We can only understand Tresham's buildings by seeing them as coded and symbolic expressions of his faith : public declarations which are yet shielded from casual destruction by the 'vulgar sort'. That these buildings have survived to become icons of this part of Northamptonshire is a strange reversal of fortune for the man who spent nearly fifteen years of his life in prison, and paid some £9000 in fines, whose family was ruined by its innocent association with the Powder Treason. Now the Triangular Lodge adorns the cover of both Ordinance Survey maps for the area, the cover of Pevsner's Northamptonshire volumes ; Tresham Colleges and Tresham roads everywhere provide evidence of his growing popularity, and the visit, this July, of Prince Charles to

[1] BL Add. MS. 39831, fols. 5-10.

[2] *Hamlet,* V.i.160 : 'This skull hath lain in the earth 23 years' ; *Winter's Tale* : I.ii.155 : Methought I did recoil Twenty-three years.'

Lyveden New Bield marks Tresham's restoration to grace, four hundred years after his son's corpse was decapitated, and his papers buried behind a wall.

Tresham began work on the Triangular Lodge when he returned in 1593 to Rushton for the first time in thirteen years, and completed it in 1597, the year when he made his symbolical emblems on the windows in Ely Palace. It is a glorious and flamboyant tribute to the Trinity, which play in an infinite series of ways on his own name Tresame, his emblem the trefoil, and all the embems of the Trinity and the Mass. Three sides of thirty three feet each, three floors, three windows of three groups of three equilateral triangles on the first floor, and three windows of twelve circles on each of the three sides on the ground floor. The date 1593 is turned into two separate groups of -1-5 on the southeast front to emphasise the combinations of three with five – the number of both Jesus and Maria – and -9-3- on the north front to emphasise the endless multiplication of three, while the 'T–T' on the southwest side symbolises both the Thau-cross symbol and the initial letters of Thomas Tresham's name. Above the door is the inscription which expresses his motives :

TRES TESTIMONIUM DANT : There are three that bear witness, a quotation from the first letter of Saint John, which continues : 'the Father, Son and Holy Ghost, and these three are one.' As we already know, Tresham particularly liked the quotation – TRES UNUM SUNT – because its twelve letters symbolised the Trinity as well as expressed it. Of course, the TRES was also the shortened form of his name (rather endearingly Lady Tresham begins her letters to him, 'Good Tres') ; both this lodge and his life up to this point had been a continuous witness to his faith. The trefoil is both his own coat of arms and, of course, an emblem of the Trinity. All round the gables are further images of the Church, all elaborated in the Tresham papers : the hen with her chickens, the Pelican (a favourite emblem of Christ feeding the church with his own blood), the dove on top of the serpent around the world, symbolising the conquest of sin by the power of the Holy Ghost, God's hand on the world, two Hebrew images, the seven-branched candlestick and the seven eyes of God. On each side, running round the frieze, are thirty-three letters. On the southeast side, where the entrance is, are the words : APERIATUR TERRA ET GERMINET SALVATOREM. This phrase, from the second Isaiah, chapter 45. 8, completes what is one of the great antiphons : *Rorate caeli desuper et nubes pluant justum ; aperiatur terra et germinet Salvatorem, et justitia, oriatur simul ; ego Dominus creavi eum* : Drop down ye heavens from above, and let the skies pour down righteousness ; let the earth open, and let them bring forth salvation, and let righteousness spring up together : I the Lord have created it. The subversive sting in the tail is there by association – Let justice spring up. The same is true of the quotation on the North side : QUIS SEPARABIT NOS A CHARITATE CHRISTI ? This, of course, is the famous passage from St. Paul's letter to the Romans, Ch. 8.35 : and is followed by : '*an angustia ? an fames ? an nuditas ? an periculum ? an persecutio ? an gladius ? :* Shall tribulation, or distresse, or persecution, or famine, or nakedness, or peril, or sword ? Sir Thomas Tresham understood this list of sufferings as first-hand, and the inscription bears the same defiant tone as it carries in St. Paul, but no more subtle way could have been found of linking the Elizabethan government with the Roman persecution of St. Paul. Finally, on the southwest side, the inscription is : 'CONSIDERAVI OPERA TUA ET EXPAVI : I have considered your works and am sorely afraid.. This comes from a passage of Habbakuk used as the tract for Good Friday : *Domine auditionem tuam audivi et timui.* I have heard your voice and am afraid.

Perhaps the most mysterious aspect of the whole building is the three-sided chimney on which the central mystery of the Mass was signified. For this 'chimney' (more of a three-sided spire) has the date 1595 on each side together with three symbols of the Mass : On the southeast side is the monogram IHS (the first three letters of Jesus's name always on the host at Mass) the cross and the three nails, enclosed in an octagon, symbolising the Sabbath, which as Tresham's notes on Saint Augustine make clear, for Christians symbolises 'not just rest but resurrection'.[1] Beneath are the words : ESTO MIHI, taken from Psalm 30 : ESTO MIHI IN DEUM PROTECTOREM, ET IN LOCUM REFUGII, UT SALVUM ME FACIAS : Be to me as a protector God and for a place of refuge so that you make me safe. On the north side is the emblem of the Lamb of God within a square, with the word of four

[1] BL Add. MS. 39831, fol. 49.

letters, ECCE, being the first words uttered by the priest before the Communion : ECCE AGNUS DEI, ECCE QUI TOLLIS PECCATA MUNDI. They were uttered originally by St. John the Baptist as Jesus came to be baptised, and the Lamb of God became the symbol of St. John's College, Oxford, Campion's old college, where Francis Tresham also was, and where Sir Thomas was this very year endowing the new library with £100 and 184 volumes. Is it an accident that the word ECCE spells the initial letters of Edmund Campion in a palindrome ? On the southwest side of the chimney is the Thau cross (already used by Tresham in the Oratory at Rushton with the inscription ECCE SALUTIFERUM SIGNUM THAU NOBILE LIGNUM) enclosed in a pentagon. As the drawings in the Tresham papers make clear, the pentagon not only symbolises SALUS : salvation, but is used by Tresham to symbolise both MARIA and JESUS. On the two pentagons Tresham has written the letters of both Jesus and Maria round both pentagons. Below are the two equilateral triangles with God's name SUM QUI SUM on both.[1]

The most profound mystery is hidden. J. Alfred Gotch could not work out when he wrote about it in 1883 how the chimney was supported :

> The chimney rises mysteriously from the middle of the building, and as there is no wall immediately beneath it, it becomes an interesting speculation as to how the chimney is carried, for the plain flat white-washed ceiling of the Top Floor hides everything above it.[2]

From the Tresham Papers we know that a cross beam was specially constructed on 28 June 1595, to carry the chimney :

> June 28. The free mazons setting the skutchens on the windowes, bringing up the parpoinct wall at the stayre's hedd and setting splayes. The layers scaplinge white stone, and makeinge even the wall to the foot of the skutcheons...Watts and his manne hewinge timber for the lintells

[1] BL Add. MS.j 39831, fol. 18.

[2] J.Alfred Gotch, quoted by Sir Gyles Isham, Bt, FSA, *Rushton Triangular Lodge* (London : English Heritage, 1986) p. 10.

> and for the crosse beame under the chimney.[1] The chimney is, therefore, itself a Thau sign inverted, a 'nobile lignum'. Even more exciting is the realisation that Sir Thomas is again playing on his own name, since the old English word for a cross-beam is TREST from the Latin word *trastrum*. This may be a further pun on the other word TREST derived from TRAIST, meaning confidence, secure place.

The whole building, then, is an elaborate memorial of both the Mass and the central mystery on which that Mass was based, the cross of Christ. The Lodge is both a 'place of refuge' and a 'testimony' or witness. The mystery is hidden from the vulgar sort, but proclaimed to those who can learn to 'read what silent love hath writ.' The complex symbolism itself bears witness to the learning of the Catholic laymen of the time, and to the need both to express their faith, but to do so in cryptic ways. The hidden 'trest' on which the most intimate mysteries are standing symbolises the way the Christian symbols have been made personal, absorbed into the inner self.

Tresham was absorbed in building another 'stronghold' from June 1594 till his death on 11 September 1605. Lyveden New Bield is a beautiful unfinished building. The latest booklet by the distinguished historian, Mark Girouard, simply interprets the title 'New Bield' as New Building.[2] In fact, the word 'bield' is derived from a completely different stem : the Old English *beildo*. It is a word found frequently in the York and Towneley Mystery Plays, meaning the same as TRAIST : boldness, confidence, resource against hunger, refuge or shelter. In the contemporary translation of Tasso by the Scottish poet Edward Fairfax we find, 'This is our bield, the blustring winds to shun.'[3] Douglas had used it, in 1513, in his translation of the *Aeneid* : 'Hecuba thidder...for bield Ran all in vain.'[4] This is surely the sense here : a refuge, a stronghold against the contemporary winds of persecution which Sir Thomas had experienced for so long.

Lyveden New Bield is a much more ambitious project than the Triangular Lodge. Whereas the number three, the triangle and the

---

[1] HMCR, No. 55, Vol. III, p. xxxviii.

[2] *Lyveden New Bield* (London : National Trust, 2001)

[3] Tasso, Bk. II, 84, 36., quoted in Oxford English Dictionary (1939)

[4] Aeneid, II, x(ix), 16.

Trinity are the subject of the Triangular Lodge, the square, the number five and the Cross are the subject of Lyveden New Bield. The scale is much larger, even though it is now thought that the new floors which survive were intended to have a third floor and a lantern above them. The house was clearly meant to be part of a symbolic garden with moats, spiral mounds symbolising paradise, and an even more elaborate pattern of emblems on the frieze around the building.

The building is on a cruciform shape of exactly equal arms, so that the centre of the cross is the same dimension as the arms, thus forming five equal squares of 23 by 23 feet. Perhaps even more striking is the fact that the twenty-three feet of each side consists, as Gotch has argued, in a pattern of 5+4+5+4+5 : as if the square of the four elements of the earth is enclosed and redeemed by the grace of Jesus and Maria. On the end of each arm of the cross is a pentagonal bay of five feet each, making the perimeter of each wing 81 feet : 3 to the power of 4. Originally the building was to have been enclosed in a square of four sides of 243 feet each : 3 to the power of 5. The tight numerical scheme is again echoed by the words engraved around the frieze, with twenty-three letters to each length of 23 feet, five letters for each of the five-foot bays. Though some letters have been lost 226 survive of the original 324 :

> JESUS MUNDI SALUS GAUDE MATER VIRGO MARIA VERBUM AUTEM CRUCIS PEREUNTIBUS QUIDEM STULTITIA EST JESUS BEATUS VENTER QUI TE PORTAVIT MARIA VIRGO SPONSA INNUPTA.... T.EAM.ALT[ ] BENEDIXIT TE DEUS IN AETERNUM MARIA MIHI AUTEM ABSIT GLORIARI NISI IN CRUCE DOMINI NOSTRI XP : Jesus, salvation of the world. Rejoice Mother Virgin Maria. The word of the cross is folly to those who are perishing. Jesus : blessed is the womb which bore thee ! Maria, unmarried virgin spouse. The most high God has blessed thee for ever. Far be it from me to glory in anything other than the cross of Christ.[1]

Each word is emphasised by an inscribed trefoil, Tresham's blazon, and the words Jesus and Maria are made to appear either side of each bay window. The bield or refuge in which Tresham means to hide, is

[1] Girouard, p. 22 ; Gotch, p. 38.

the protection of the Word of God and the Blessed Virgin in a pattern which reflects Jesus, Mary and the Trinitarian nature of the Godhead.

It seems likely that the house was intended to have a third floor and to be topped with a lantern of which a beautiful drawing exists on the first page of the BL Add. MS. 39831. By a complicated pattern of beams, the lantern would have been enabled to throw its light down to the lower flower, making the whole building resemble the elaborate three-storey rotunda, the Basilique de Saint Benigne, built by Guillaume de Volpiano at Dijon at the first millennium. That these levels might have been symbolic is suggested by the fact that the only entrance into this building is below ground level : to enter into the life, and protection, of Christ, humbling is required. In the rotunda of Saint-Benigne, the number played on is eight : three circle of eight, sixteen and thirty-two pillars respectively. Here too the number eight plays its part, since the frieze on the ground floor contains seven emblems of the Passion repeated eight times, totalling 56. Since the first of these is the IHS emblem with the inscription 'ESTO MIHI – an eight letter inscription for an eight object emblem – we can take this as the heart of the 'bield' : the public, but encrypted, prayer for Sir Thomas to find protection within the Passion and Death, and Resurrection (always symbolised by eight) of Christ. Since the second contains the initial letters of the Greek inscription of the vision of the Cross which the Emperor Constantine saw : *En touto nika* [In this conquer].

These buildings are sometimes described as follies, a title which I used to reject with indignation. Now I rather think that Tresham would have rejoiced in it, as the inscription here repeats Paul's claim that 'the word of the Cross is foolishness to those who are perishing.' But they are not Tresham's last word.

From 1596 till the end of the century, Sir Thomas Tresham devoted himself to the renovation of the library of Edmund Campion's old college, St. John's. As N.P. Ker, in his study of 'Oxford College Libraries in the Sixteenth Century', has argued, 'the scale of its [St. John's] renovations in the last years of the century surpasses that of other Oxford colleges'.[1] Tresham seems to have been central to the

[1] 'Oxford College Libraries in the Sixteenth Century', by N.R. Ker, extracted from the Bodleian Library Record, Vol. 6, January 1959, Number 3, p. 511.

plan to build a new library and greatly enlarge its contents. The foundation stone of the new library was laid on 2 March 1595[1596], the buildings finished and the « library furnished in some convenient sorte with bookes by the liberal gifte of Sr Thomas Tresame Kt and other well disposed men before the xxxth of November 1598'.[1] Tresham was the principal benefactor in 1598 and 1599, and most of his donation of 108 titles in 190 volumes is still in the library.

Tresham not only paid £20 for the volumes to be beautifully bound and embossed with his coat of arms and motto, 'Credo', but went into an elaborate discussion with the librarian, Dr. Case over the books to be donated. It is clear that Sir Thomas not only intended to maintain the unusual concentration of Catholic books in the library, but that he succeeded in giving a huge boost to the theological orthodoxy of the College.

> 'As concerning my new-yeares gift promise of *Thomas* and *Tostatus* worckes, towards the furnishing of yor New Library in St. Thomas [sic] colledg, I rest reddy to make compleate performance therof. At Mr Nortons I have provided a *Thomas* and have bespoken a *Tostatus* at Mr Ascanio which is not yet to be had. If yow and the Residue interested in erecting that Library shall thincke it leefull and fitting, to have such schoolemen (usually vendible in Powles church-yearde as have commented upon the sum of *St Thomas* I will allso bestwoe them upon that Library Molina Suarez *Gregorius de Valentia*, and *Porecta* conteyning *Cajectane* will cost neere so much as all *St. Thomas* woorcks. My meaning in no wyse is to give any bookes that may prove offensive for me in geving or for yee in receaving.'[2]

Only when one sees what was already in the library of St. John's College can one understand the full significance of what Sir Thomas Tresham was doing. For St. John's, founded by Sir Thomas White under Queen Mary, had received its first donations of books from four men who were both former monks and critical figures in the theological disputes of the period. Thomas Paynell, Gabriel Dunne, Richard Eden, and Henry Cole. Henry Cole, as Dean of St. Paul's had disputed

[1] N.R. Ker, p. 511.
[2] N.R. Ker, p. 514.

with Ridley and Latimer, and taken the opposite side to Bishop Jewel in his long controversy with Dr Harding. Richard Eden had been a monk of Hales Abbey and of St. Bernard's College ; his ten volume Saint Augustine is still on the shelves of the library today.[1] The effect of these donations of around 250 works is that the Library of the College remained true to the ideals of its founder, Sir Thomas White to preserve the orthodox Catholic faith. It is not surprising that Sir Thomas Tresham, whose life had been changed by harbouring the man to whom Sir Thomas White had given his gown, Edmund Campion, should have gone to such trouble and expense to augment this patristic and scholastic tradition. Spurred on by Tresham's gifts, Henry Price contributed a further 256 volumes which contained many recent Catholic controversialists including Robert Bellarmine and Thomas Stapleton.[2] Whereas Protestant works had entered the library at Magdalen under the Presidency of Laurence Humphrey in the 1560s, the first Protestant text to enter the library at St. John's was in 1600, when the Merchant Taylor, Robert Lee, gave the college a seven-volume Martin Luther. In the same year, Leonard Hollyday, another Merchant Taylor, gave the college Melanchthon and Beza.[3]

Tresham's legacy to St. John's College, a college with which he had no other association except Campion's memory, shows us the real legacy of Edmund Campion. Campion remained, throughout his life, an Oxford academic, devoted to theological enquiry. Sir Thomas Tresham's gifts of the volumes of Tostado, St. Thomas, and polyglot Bibles, exactly corresponds with Campion's legacy. Campion's most notorious act, the distribution of the *Rationes Decem* in June 1581 at the Commencement ceremony, was less a radical act of subversion than a reactionary determination that matters of religion should be debated on the intellectual stage of Oxford and not on the theatre of state cruelties, the rack and the scaffold. Sir Thomas Tresham and Sir John Harington both honour this aspect of Campion, and Harington is

---

[1] For further information see J.F. Fuggles, 'A History of the Library of St. John's College, Oxford from the Foundation of the College to 1660' (Oxford University thesis, 1975)

[2] N.R. Ker, p. 512 ; Fuggles, pp. 100-101.

[3] St. John's College Benefactors' Register, Column XXXI ; see also Fuggles, p. 68.

linking Tobie Matthew with Edmund Campion as late as 1608. They had debated before the Queen some 42 years earlier, in 1566.

Sir Thomas Tresham's legacy is not just in the eleven volumes of papers, nor in the coded theological buildings, nor in the hidden oratory at Rushton Hall. His dedication to the memory of Campion is just as evident in the donation he made to St. John's College, Oxford of 190 volumes and in the other papers, wrapped in a sheet and hidden behind a thick wall. Now we know that more material was smuggled out by his daughter Mary, who married into the Brudenell family of Deane Park, and brought with her a massive Catholic encyclopaedia, in two volumes. Sir Thomas Tresham, bibliophile *extraordinaire*, would have been happy to end up in the Bodleian.

G. KILROY

Sir Thomas Tresham

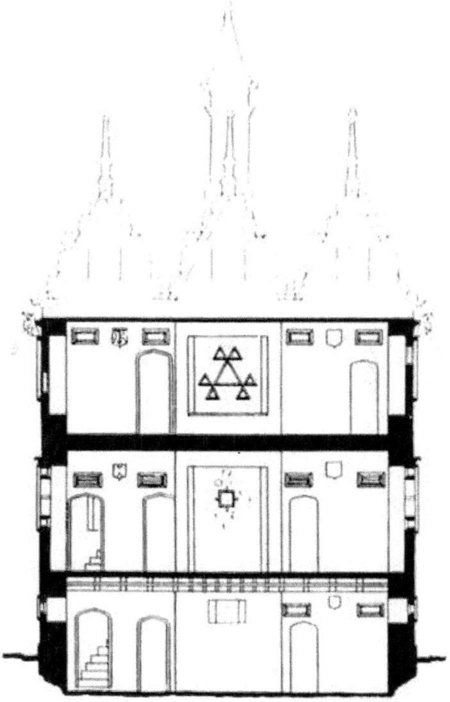

SECTION A–B

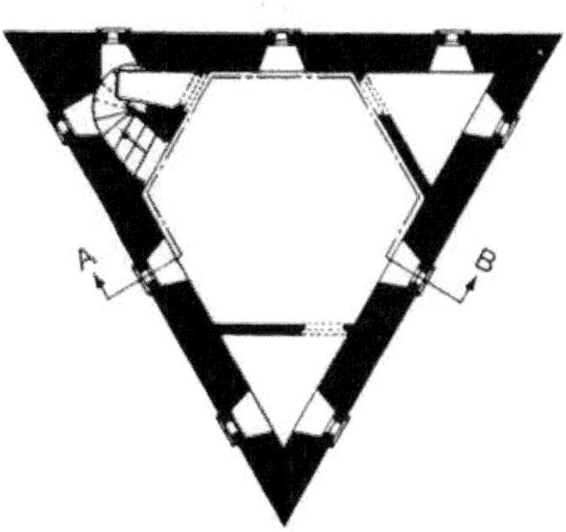

BASEMENT PLAN

Rushton Triangular Lodge

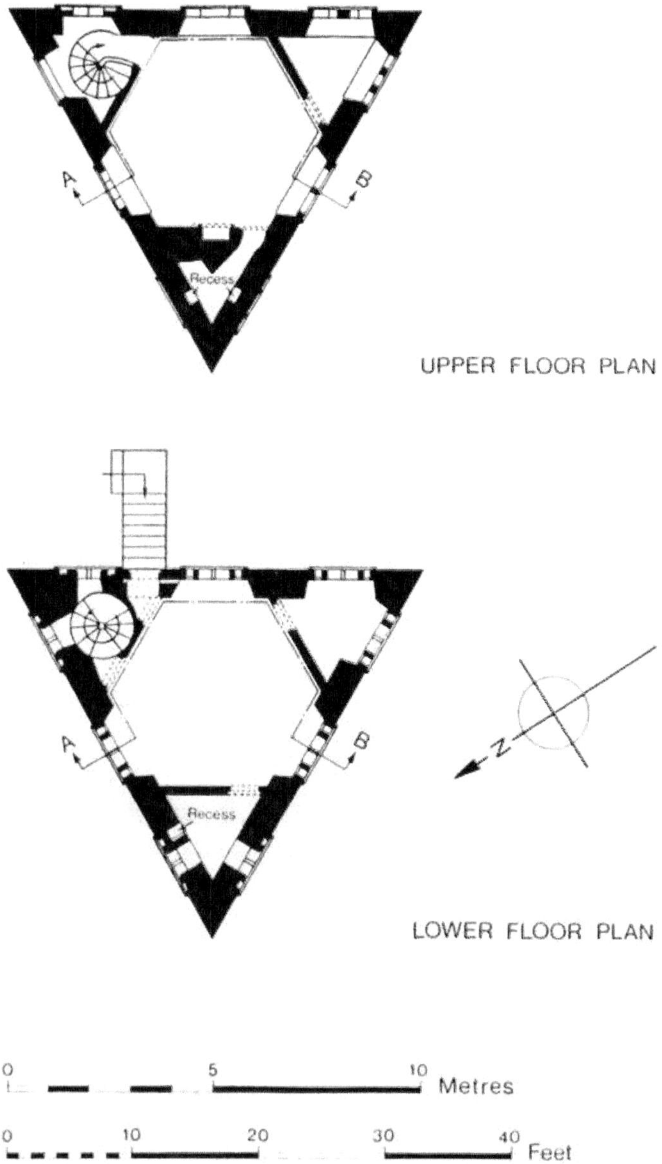

Rushton Triangular Lodge

Rushton Triangular Lodge

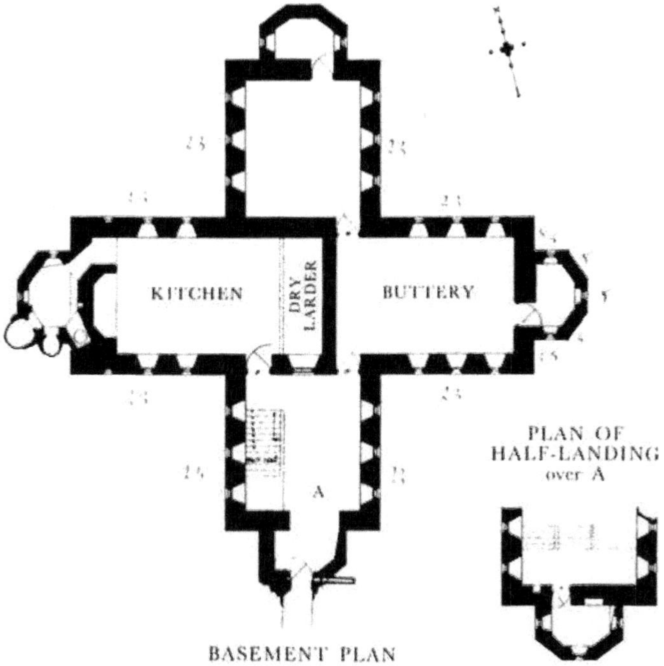

Plans of the house, from J.A. Gotch's

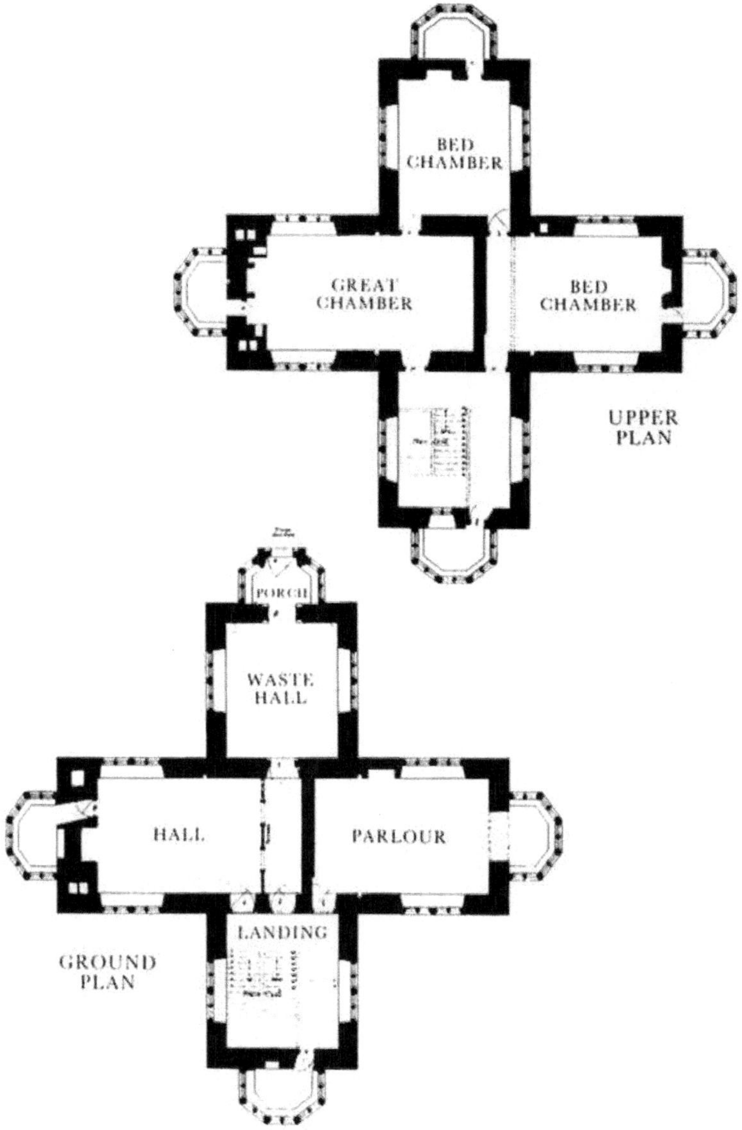

Plans of the house, from J.A. Gotch's

Oratory : Crucifixion, 1577

Lyveden New Bield, 1594-1605 (unfinished)

MONTAIGNE ET L'INTÉRIORITÉ

Si Montaigne n'use évidemment pas du mot d'intériorité, ce terme moderne paraît bien être le plus adéquat pour désigner ce qui semble constituer le cœur de sa quête. Cela étant, la quête de l'intériorité par l'examen de soi est bien loin d'être une nouveauté dans la tradition occidentale. Où est donc l'originalité de Montaigne ? En quoi son entreprise est-elle marquée du sceau de la nouveauté ?

On a souvent rapproché les *Essais* des genres de l'étude de soi[1]. Un livre récent[2] s'emploie même à y déceler la trace d'une fréquentation des *Confessions* de saint Augustin. Même si les preuves formelles de cette fréquentation font défaut et si les différences l'emportent sur les ressemblances, ce rapprochement est utile en ce qu'il montre en quoi Montaigne se tient à l'écart de tout un courant, d'inspiration chrétienne, qui invite l'homme à se connaître pour apercevoir au fond de lui la marque et la présence de son créateur. On connaît la formule célèbre de saint Augustin : « Tu autem eras interior intimo meo »[3]. Montaigne est d'autant mieux informé de cette tradition qu'il a traduit la *Théologie naturelle* du théologien catalan Raymond Sebon, dont toute la démarche prend pour point de départ la connaissance de soi, en ce qu'« il n'y a rien, dit-il, plus familier, plus interieur et plus propre à chacun, que soy-mesme à soy »[4]. La doctrine qu'expose le livre de Sebon, selon la Préface de celui-ci, est une « doctrine de l'homme, et à luy propre en tant qu'il est homme : doctrine convenable, naturelle et utile à tout homme : par laquelle, il est illuminé à se cognoistre soy-mesme, son createur et presque tout ce, à quoy il est tenu comme

---

[1] Voir l'ouvrage classique et fondamental de Hugo Friedrich, *Montaigne*, trad. fr. R. Rovini, Paris, Gallimard, 1968, chap. V.

[2] Gisèle Mathieu-Castellani, *Montaigne ou la vérité de mensonge*, Genève, Droz, 2000.

[3] S. Augustin, *Confessions*, III, 6, 11.

[4] R. Sebon, *Théologie naturelle*, chap. 1, trad. Montaigne.

homme ». Rien de tel dans les *Essais* : comme le dit fort bien Hugo Friedrich, du « *Deum et animam scire cupio*[1] de saint Augustin, il n'est resté chez Montaigne que *animam scire cupio* »[2]. Et encore faudra-t-il se demander si Montaigne prétend, par la connaissance intime de soi, parvenir à une connaissance de la nature humaine.

Au demeurant, l'expression même de *animam scire cupio* ne peut convenir à Montaigne que dans la mesure où l'âme qu'il cherche à connaître n'est pas abstraite du corps auquel elle est unie. Contre tous les spiritualismes, il ne cesse de redire que nous sommes indissociablement âme et corps. Il en vient même à supposer que « ceux qui nous ont voulu bâtir ces années passées, un exercice de religion, si contemplatif et immatériel » (III, 8, p. 1456)[3] – Il désigne ainsi les réformés – pourraient bien ne devoir leur succès qu'aux divisions qu'ils ont provoquées, tant il lui semble que la religion même ne saurait se maintenir sans s'adresser aussi aux sens, quelque superficiels qu'ils soient : « Les sens sont nos propres et premiers juges, qui n'aperçoivent les choses que par les accidents externes : et n'est merveille, si en toutes les pièces du service de notre société, il y a un si perpétuel, et universel mélange de cérémonies et apparences superficielles : si que la meilleure et plus effectuelle part des polices, consiste en cela. C'est toujours à l'homme que nous avons affaire, duquel la condition est merveilleusement corporelle. »

Cela étant, la liaison de l'âme et du corps s'opère secrètement dans l'intimité de notre être et nous demeure inaccessible. Pour le dire, et à nouveau contre les tentations spiritualistes, Montaigne s'ingénie à paraphraser l'Ecclésiaste, XI, 5, ainsi cité parmi les sentences inscrites sur les poutres de sa bibliothèque : « Sicut ignoras quomodo anima coniungatur corpori, sic nescis opera Dei. Eccl. 11 »[4] ; et il écrit pour

---

[1] S. Augustin, *Soliloquia*, I, 11, 17.

[2] Hugo Friedrich, *Montaigne*, ouvr. cité, p. 229.

[3] Les références aux *Essais* (éd. de 1595) données dans le texte entre parenthèses comportent l'indication du livre et du chapitre, suivie de la page ou des pages de l'éd. de la Librairie Générale Française, « Le Livre de poche », « La Pochothèque », 2001. L'édition de 1595 ayant déplacé, au premier livre, le chapitre 14, devenu 40, les renvois aux chapitres intermédiaires indiquent le numéro du chapitre dans l'éd. de 1595, suivi (entre crochets) de son numéro dans les éditions antérieures.

[4] Voir Alain Legros, *Essais sur poutres. Peintures et inscriptions chez Montaigne*, Paris, Klincksieck, 2000, p. 317-322.

sa part dans les *Essais* : « Mais comme une impression spirituelle fasse une telle faussée dans un sujet massif, et solide, et la nature de la liaison et couture de ces admirables ressorts, jamais homme ne l'a su » (II, 12, p. 839). L'intériorité qui retient Montaigne a pour cœur ce point aveugle de la liaison de l'âme et du corps. L'intériorité selon Montaigne, ce n'est pas seulement l'âme plongée dans le corps, ce sont, indissociables, l'âme et le corps, mystérieusement unis et cousus ensemble. Si l'on persiste à user de ce terme d'intériorité, il faut le débarrasser des connotations métaphoriques qui l'ont comme accaparé, et le rendre à son sens propre, extrêmement concret, d'un « dedans ». On aura noté, dans la paraphrase plus haut citée de l'Ecclésiaste, le terme de « ressorts ». Il faut observer que Montaigne l'emploie également pour parler de réalités corporelles et de réalités morales. Ainsi, à propos de la pierre qui tourmente les reins de Montaigne : « La dubitation et ignorance de ceux qui se mêlent d'expliquer les ressorts de nature, et ses internes progrès, et tant de faux pronostics de leur art, nous doit faire connaître, qu'elle a ses moyens infiniment inconnus » (III, 13, p. 1706) ; mais aussi, à propos de la peur : « Je ne suis pas bon naturaliste (qu'ils disent) et ne sais guère par quels ressorts la peur agit en nous, mais tant y a que c'est une étrange passion » (I, 18 [17], p.116).

Or ce dedans de notre être, le dehors ne le révèle jamais qu'incomplètement et confusément : nous avons pas facile accès aux ressorts qui nous font agir. A cette difficulté sont également affrontés les spécialistes de l'âme et ceux du corps. Si l'analyse morale est chose si malaisée et accessible à si peu d'hommes, c'est qu'elle n'aperçoit d'abord que les actions, qui sont comme le dehors de l'âme et ne la révèlent que très insuffisamment : « Ce n'est pas tour de rassis entendement, écrit Montaigne, de nous juger simplement par nos actions de dehors : il faut sonder jusqu'au-dedans, et voir par quels ressorts se donne le branle. Mais d'autant que c'est une hasardeuse et haute entreprise, je voudrais que moins de gens s'en mêlassent » (II, 1, p. 544). Les spécialistes du corps se heurtent à une égale pénombre ; rien d'étonnant que la tâche du médecin, tenu de prendre en compte quantité de facteurs internes et de circonstances qu'il ne maîtrise pas entièrement, soit aussi peu sûre que la divination : « À quoi s'il faut tant soit peu, si de tant de ressorts, il y en a un tout seul qui tire à gauche, en voilà assez pour nous perdre. Dieu sait de quelle difficulté est la connaissance de la plupart de ces parties : car pour exemple, comment trouvera-t-il le signe propre de la maladie, chacune étant capable d'un infini nombre de signes ? » (II, 37, p. 1208.) Qui peut dire encore où se cachent ces particularités héréditaires que seul le temps révèle ? « La ressemblance des enfants aux pères », expression qui sert de titre à un chapitre des *Essais* et qui est alors la manière habituelle de désigner ce que nous appellerions l'hérédité, est, pour Montaigne, un grand sujet d'interrogations : « Quel monstre est-ce, que cette goutte de semence, de quoi nous sommes produits, porte en soi les impressions, non de la forme corporelle seulement, mais des pensements et des inclinations de nos pères ? Cette goutte d'eau, où loge-t-elle ce nombre infini de formes ? et comme portent-elles ces ressemblances, d'un progrès si téméraire et si déréglé, que l'arrière-fils répondra à son bisaïeul, le neveu à l'oncle ? » (II, 37, p. 1288.) Montaigne médite sur sa gravelle qu'il a héritée de ses aïeux, alors qu'il a été conçu par son père à un âge où celui-ci n'en souffrait pas : « Où se couvait tant de temps la propension à ce défaut ? Et lorsqu'il était si loin du mal, cette légère pièce de sa substance, de quoi il me bâtit, comment en portait-elle pour sa part une si grande impression ? Et comment encore si couverte que quarante-cinq ans après, j'aie commencé à m'en ressentir ? seul jusques à cette heure, entre tant de frères, et de sœurs, et tous d'une mère. Qui m'éclaircira de ce progrès, je le croirai d'autant d'autres miracles qu'il voudra » (II, 37, p. 1189).

L'époque de Montaigne valorise l'anatomie, comme le plus sûr moyen de faire voir le dedans du corps, de le déployer sous le regard ; elle aura bientôt son pendant métaphorique avec cette anatomie de l'âme pour laquelle se passionnera le XVIIe siècle[1]. Le parallèle de l'une et l'autre anatomie deviendra même un lieu commun, comme dans ces lignes de Jean-Pierre Camus : « Tout de même que les médecins, avant que d'entreprendre la cure des corps humains, s'étudient fort à l'anatomie, et en examinent par le menu la composition ; si nous voulons réformer l'intérieur et remettre l'âme détraquée de son devoir en sa droite assiette, il est nécessaire que nous voyions bien clair dans tous ses ressorts, et que nous pénétrions dans tous ses

[1] Voir Mino Bergamo, *L'Anatomia dell'anima da François de Sales à Fénelon*, Bologne, Il Mulino, 1991.

replis, ses détours, et ses cachettes »[1]. Montaigne, quant à lui, se méfie de cet engouement pour l'anatomie. S'il accorde un instant quelque mérite à la chirurgie, qui peut remédier à des maladies « palpables », comme le mal de la pierre – « C'est par là, note-t-il, que la chirurgie me semble beaucoup plus certaine, parce qu'elle voit et manie ce qu'elle fait » (II, 37, p. 1209) –, c'est pour observer tout de suite que la médecine, qui prétend remédier à des maladies internes, va à l'aveuglette : « Les médecins n'ont point de *speculum matricis*, qui leur découvre notre cerveau, notre poumon, et notre foie. » S'il est très réservé à l'égard de l'anatomie des corps, c'est qu'elle ne lui semble atteindre que très superficiellement le dedans, en ce qu'elle ne peut mettre sous le regard que ce que laisse voir l'ouverture de corps morts. En d'autres termes, ce que les anatomistes donnent à voir, c'est, non pas le corps, mais un objet qui, dépouillé de la vie, n'a plus que l'apparence du corps et n'est guère qu'un dehors. Qu'attendre de leurs examens, dont les objets sont privés de ce qui les constitue essentiellement ? Pour décrire ces corps dont ils ne voient que les restes et imaginer leur fonctionnement, les anatomistes ne peuvent que recourir à des modèles mécaniques. Ce que cette science dépeint, ce ne sont pas des organismes, mais des machines.

Si donc il faut établir un parallèle entre l'anatomie du corps et celle de l'âme, c'est en posant que l'équivalent de ce que donnent à voir les anatomistes du corps, ce sont nos « effets », c'est-à-dire, non seulement nos actions, mais nos mouvements, tels que ceux que Montaigne observe en lui au sortir de l'évanouissement dont le chapitre « De l'exercitation » retrace l'aventure. Or, écrit-il, usant du parallèle, ces effets « témoignent leur rôle, non pas le mien, si ce n'est conjecturalement et incertainement : Echantillons d'une montre particulière. Je m'étale entier : C'est un *skeletos*, où d'une vue les veines, les muscles, les tendons paraissent, chaque pièce en son siège. L'effet de la toux en produisait une partie : l'effet de la pâleur ou battement de cœur une autre, et douteusement. Ce ne sont mes gestes que j'écris ; c'est moi, c'est mon essence » (II, 6, p. 603). Une toux, une pâleur, un battement de cœur sont des effets qui certes ne sont pas sans signification possible, mais dont la relation au moi reste conjecturale et incertaine,

[1] Jean-Pierre Camus, *Traité de la réformation intérieure*, IV, Paris, 1631, p. 28 (cité par Mino Bergamo, ouvr. cité, p. 32-33).

comme ces mouvements naturels, dit ailleurs Montaigne, qu'on remarquait en lui dans sa petite enfance, « je ne sais quel port de corps et des gestes témoignant quelque vaine et sotte fierté » (II, 17, p. 976), mais dont il ne peut assurer que tel était le sens, pas plus qu'il n'est possible de dire sûrement ce que signifiait l'habitude d'Alexandre de pencher la tête d'un côté ou celle de Cicéron de se frotter le nez.

On ne peut certes tout à fait négliger ces gestes, mais ils parlent douteusement et partiellement : ce ne sont qu'« échantillons d'une montre particulière ». Le dessein de Montaigne, c'est de s'étaler tout entier, de s'exposer tout entier, de se donner à voir tout entier, comme sur une table de dissection. Mais ce qu'il veut étaler, exposer, donner à voir, c'est, notons-le bien, « un *skeletos*, où d'une vue les veines, les muscles, les tendons paraissent, chaque pièce en son siège ». Objet anatomique inédit. En usant du terme grec, alors que *squelette* existe déjà en français, même s'il n'est pas encore tout à fait acclimaté, Montaigne veut qu'on l'entende en son sens propre : « La composition universelle ou contexture des os du corps humain, écrit Ambroise Paré, s'appelle des Grecs *Sceletos*, qui signifie Anatomie sèche »[1]. Mais, en même temps, Montaigne se propose de faire voir, « d'une vue », non seulement le squelette, mais aussi les veines, les muscles, les tendons. Et, qui plus est, il veut qu'on voie « chaque pièce en son siège », à sa place, comme si ce corps pouvait découvrir toutes ses pièces sans pourtant être désassemblé, avec toute la composition et la disposition d'un corps que la vie n'a pas quitté. C'est ce tout qu'il reconnaît comme proprement sien, et non tel geste, qui certes peut avoir un sens, mais qui, de ce tout, est une pièce superficielle et surtout détachée.

On voit avec quelle prudence et quelle audace à la fois Montaigne emploie la métaphore anatomique ; il imagine une improbable, une impossible anatomie, qui donnerait tout à voir sans rien désassembler, une anatomie sans nul découpage, une anatomie qui n'enlèverait pas au corps sa complétude et sa structure, mais lui garderait l'unité du vivant.

---

[1] A. Paré, *Le sixième livre de l'anatomie*, XLII (*Œuvres*, éd. 1585, f. CCXLV). Voir, de même, Charles Estienne, *De dissectione partium corporis humani libri tres*, Paris, Simon de Colines, 1545, p. 11 : « Humani corporis ossium inuicem cohærentium universa compactio, sceletos nominatur Græcis, quasi dicas cadauer assicatum : hoc est aridam et assicatam ossium compositionem. »

A quels résultats parvient cette curieuse anatomie de l'âme ? Toute une tradition interprétative, dont le représentant canonique est Pierre Villey, estime qu'en se peignant, Montaigne vise à peindre l'homme, la nature humaine[1]. Introduisant le chapitre « Du repentir », Villey écrit : « Tout homme, nous dit-il [Montaigne], porte en soi la forme entière de l'humaine condition ; ce qui signifie que la nature sur laquelle il bâtit sa philosophie a des ramifications originales en chaque individu ; qu'ainsi il y a en nous quelque chose de particulier qui fonde notre individualité, et quelque chose d'universel par quoi chacun de nous peut communiquer aux autres le fruit de son expérience. » Rien n'est moins sûr. Montaigne n'est à l'écoute que de sa propre intériorité, qui lui paraît infiniment difficile à saisir, de même que, des autres, c'est l'intériorité qu'il s'efforce d'approcher.

De là vient son intérêt pour l'historiographie, et, parmi les genres historiographiques, pour les Vies. On sait son goût pour Plutarque. Puisqu'il a lu cet auteur dans la traduction d'Amyot, il est utile de relire la Préface de celui-ci : il existe, écrit Amyot, deux sortes d'histoires, « l'une qui expose au long les faits et les aventures des hommes, et s'appelle du nom commun d'histoire ; l'autre qui déclare leur nature, leurs dits et leurs mœurs, qui proprement se nomme Vie. » Et il ajoute : « L'une regarde plus les choses, l'autre les personnes ; l'une est plus publique, l'autre plus domestique ; l'une concerne plus ce qui est au-dehors de l'homme, l'autre ce qui procède du dedans ; l'une les événements et l'autre les conseils, entre lesquels il y a bien souvent grande différence, suivant ce que Siramnès Persien répondit à ceux qui s'ébahissaient d'où venait que ses devis étaient si sages, et ses effets si peu heureux : C'est pour autant, dit-il, que les devis sont en ma pleine disposition, et les effets en celle de la fortune et du roi. » Au reste, ce mot d'« effets » que reprend Montaigne, il en infléchit le sens, en y comprenant, on l'a dit, non seulement ses actions, mais aussi les mouvements de son corps et de son âme, – toutes choses que la langue du temps de Montaigne appelle aussi, d'un seul mot utilement polysémique, des « gestes » (*gesta* et *gestus*).

Or, le reproche que Montaigne adresse aux biographes est d'imposer à leurs personnages une unité factice : « Les bons auteurs mêmes ont

---

[1] Sur ce sujet, voir l'intéressant petit livre intitulé *Montaigne et la question de l'homme*, études réunies par Marie-Luce Demonet, Paris, P.U.F., 1999.

tort de s'opiniâtrer à former de nous une constante et solide contexture. Ils choisissent un air universel, et suivant cette image, vont rangeant et interprétant toutes les actions d'un personnage, et s'ils ne les peuvent assez tordre, les renvoient à la dissimulation. Auguste leur est échappé : car il se trouve en cet homme une variété d'actions si apparente, soudaine, et continuelle, tout le cours de sa vie, qu'il s'est fait lâcher entier et indécis, aux plus hardis juges. Je crois des hommes plus malaisément la constance que toute autre chose, et rien plus aisément que l'inconstance. Qui en jugerait en détail et distinctement, pièce à pièce, rencontrerait plus souvent à dire vrai » (II, 1, p. 534-535). Ou encore : « Je laisse aux artistes, et ne sais s'ils en viennent à bout, en chose si mêlée, si menue et fortuite, de ranger en bandes, cette infinie diversité de visages : et arrêter notre inconstance et la mettre par ordre. Non seulement je trouve malaisé, d'attacher nos actions les unes aux autres : mais chacune à part soi, je trouve malaisé, de la désigner proprement, par quelque qualité principale : tant elles sont doubles et bigarrées à divers lustres » (III, 13, p. 1676).

C'est pourquoi Montaigne choisit de se décrire, selon son mot, par lopins, de se raconter, de se « réciter » en détail, sans prétendre réduire à la cohérence la diversité de ses « effets », de ses « gestes » : « Je donne à mon âme tantôt un visage, tantôt un autre, selon le côté où je la couche. Si je parle diversement de moi, c'est que je me regarde diversement. Toutes les contrariétés s'y trouvent, selon quelque tour, et en quelque façon : Honteux, insolent, chaste, luxurieux, bavard, taciturne, laborieux, délicat, ingénieux, hébété, chagrin, débonnaire, menteur, véritable, savant, ignorant, et libéral et avare et prodigue : tout cela je le vois en moi aucunement, selon que je me vire : et quiconque s'étudie bien attentivement, trouve en soi, voire et en son jugement même, cette volubilité et discordance. Je n'ai rien à dire de moi, entièrement, simplement, et solidement, sans confusion et sans mélange, ni en un mot » (II, 1, p. 539-540).

S'il peut encore dire « je » et « moi », ce n'est pas pour affirmer en lui la présence unifiante d'une nature humaine qu'il partagerait avec les autres hommes. C'est simplement un fait qu'il existe un individu nommé Michel de Montaigne. Et, très clairement, il se refuse à le subsumer sous la catégorie d'homme : « Nous empêchons nos pensées du général, et des causes et conduites universelles : qui se conduisent très bien sans nous : et laissons en arrière notre fait : et Michel, qui nous touche encore de plus près que l'homme » (III, 9, p. 1486-1487). S'il peut communiquer avec les autres hommes, il le dit non moins clairement, c'est dans la mesure où chacun d'entre eux peut faire par lui-même cette expérience de la volubilité et de la discordance intérieures.

Ce n'est pas à dire que Montaigne ne reconnaisse en lui quelque chose qui échappe au changement, et qu'il appelle la « forme maîtresse ». Il faut rappeler ce passage difficile puisque c'est lui qui a suggéré à Villey l'idée qu'« il y a en nous quelque chose de particulier qui fonde notre individualité ». « Regardez un peu, comment s'en porte notre expérience, écrit Montaigne. Il n'est personne, s'il s'écoute, qui ne découvre en soi, une forme sienne, une forme maîtresse, qui lutte contre l'institution : et contre la tempête des passions, qui lui sont contraires. De moi, je ne me sens guère agiter par secousse : je me trouve quasi toujours en ma place, comme font les corps lourds et pesants. Si je ne suis chez moi, j'en suis toujours bien près : mes débauches ne m'emportent pas fort loin : il n'y a rien d'extrême et d'étrange : et si ai des ravisements sains et vigoureux » (III, 2, p. 1266-1267). Cette « forme maîtresse », qui pourrait être bien être au cœur de notre « dedans », ce n'est pas, on le voit, une disposition positive qu'il serait possible de développer et d'épanouir ; c'est une sorte de pesanteur, une résistance sourde, rien de moins, mais aussi rien de plus. Elle colore, mais elle ne qualifie pas, mes « effets, « mes « gestes », dont il reste impossible de former « une constante et solide contexture ».

Soucieux de cerner le regard que Montaigne porte sur l'intériorité, sur son intériorité, sur son « dedans », on a négligé jusqu'ici son propos éthique. Pourtant Montaigne se livre à cet examen de soi avec un dessein arrêté, qu'il énonce volontiers et qui écarte toute complaisance à soi. Rappelons, par exemple, ces mots, qui ouvrent précisément le chapitre « Du repentir » : « Les autres forment l'homme, je le récite : et en représente un particulier, bien mal formé : et lequel si j'avais à façonner de nouveau, je ferais vraiment bien autre qu'il n'est » (III, 2, p. 1255) ; ou encore, au même chapitre : « Si mon âme pouvait prendre pied, je ne m'essaierais pas, je me résoudrais : elle est toujours en apprentissage, et en épreuve » (III, 2, p. 1256). On pourrait multiplier les citations qui suspendent la représentation de soi au façonnement de soi, comme une première étape nécessaire à qui veut aborder la seconde. Il reste que cette première étape est interminable et que son parcours est celui même du livre de Montaigne, auquel seule la mort a mis fin. Or, au lieu de dissiper l'obscurité intérieure, elle semble s'ingénier à l'épaissir, comme le constate Montaigne, en une phrase qui, citée un jour devant des psychanalystes, leur a paru un maître mot : « Je n'ai vu monstre et miracle au monde, plus exprès, que moi-même. On s'apprivoise à toute étrangeté par l'usage et le temps : mais plus je me hante et me connais, plus ma difformité m'étonne : moins je m'entends en moi » (III, 11, p. 1599). Peut-être sont-ce les modernes qui, ne croyant plus guère à l'idée d'une nature humaine douée d'une certaine constance et attentifs à suivre l'allure vagabonde de notre esprit et à tâcher, comme dit Montaigne, de « pénétrer les profondeurs opaques de ses replis internes » (II, 6, p. 601), sont désormais plus aptes à comprendre et à accepter sa quête de son « dedans ».

Jean CÉARD
Université de Paris X-Nanterre

« Regarde dans ton cœur, et écris. » : SIR PHILIP SIDNEY ET SA SÉQUENCE DE SONNETS *ASTROPHEL ET STELLA*

Astrophel et Stella, qui fut la première séquence de sonnets en littérature anglaise relate l'histoire des amours passionnées de Sir Philip Sidney, le poète, et de Pénélope Devereux, dont le père, le Comte d'Essex avait souhaité le mariage avec Philip. Pénélope était la sœur du favori d'Elisabeth, Robert d'Essex, exécuté en 1601 à la suite d'un complot contre la reine. Les critiques se sont longtemps demandés si ces poèmes représentaient le réel ou une fiction. Thomas Nashe, auteur contemporain de Sidney les voyait comme une histoire dramatique de ce qu'il appelait le « théâtre du plaisir ». Il résumait ainsi la trame de cette tragi-comédie de l'amour qui se jouait à la lumière des étoiles : « L'argument en est la chasteté cruelle, le Prologue l'Espoir et l'Epilogue, le désespoir ».

A partir de 1581 quand Sidney commence à composer la séquence, c'est une situation d'adultère qui menace Astrophel et Stella. Le père de Stella qui avait projeté le mariage de sa fille avec Sir Philip Sidney est mort. Le tuteur de Stella, Lord Huntingdon lui fait alors épouser « le riche Lord Rich », qui n'avait d'autre attrait que son argent. Alors comme le dit le sonnet 37, Stella n'a qu'une seule infortune : le malheur d'être Rich (jeu de mots sur le nom de « Rich »). Les regrets d'Astrophel sont soulignés. Dès le sonnet 33 il se rend compte qu'il aurait pu, mais ne voulut pas, ou ne sut pas voir à temps le bonheur qu'il laissa échapper. C'est donc en victime de la frustration qu'il réagit. Si vers la fin de la séquence, Astrophel est toujours obsédé par sa passion, il paraît pourtant s'orienter vers « la grande cause », qui doit l'absorber. Cette allusion n'est pas claire : serait ce le service public ? ou au contraire la traduction de Du Bartas à laquelle il songeait depuis longtemps, tâche à laquelle Stella semblait l'encourager ?

I – *Indices d'une recherche de l'intériorité*

Tout au long de ces poèmes, le poète avec son naturel pensif et quelque peu mélancolique s'efforce d'explorer ce qu'il est lui-même essentiellement, c'est-à-dire ce qu'implique le pronom sujet « je » qui occupe une place centrale dans chaque sonnet [la séquence en compte 108]. On s'aperçoit alors qu'un langage caractéristique de l'intériorité sous-tend cette méditation sur le « moi ». Les termes suggérant ce qui est « au-dedans », » inward », « inner » ou encore un néologisme comme « inbent » : « orienté vers l'intérieur » [cet exemple de Sidney de 1586, sonnet 94, est le premier cité dans le Dictionnaire d'Oxford] colorent la plupart des thèmes mentionnés dans les sonnets. Comme Hamlet, le « je » pourrait dire : « I have that within that passes show », « j'ai au-dedans de moi ce qui dépasse l'apparence ».

En proie aux affres de la création poétique, Philip Sidney a recours à sa Muse – c'est-à-dire à son inspiration personnelle – muse qui sera la médiatrice rendant possible la naissance de « l'enfant », malgré la stérilité passagère de son esprit. Notons en passant que Sidney n'est pas le seul à penser ainsi. Ben Jonson, entre autres, utilise l'image de la procréation pour la comparer au travail de l'imagination créatrice[1]. Dans *Timber*, il écrit que le langage provient des parties les plus reculées, les plus intimes de notre corps et c'est l'image du parent de ce langage – l'esprit – qui met en relief l'espace intérieur où s'active l'imagination créatrice : l'intelligence, tout en fonctionnant comme une mère a simplement le rôle de parent, père ou mère et la muse qui est ici l'inspiratrice particulière de ce sonnet est témoin de la lutte que le poète livre contre lui-même pour écrire («Je mordais ma plume rebelle »).

Dans le corps de l'homme, comme sur une carte peuvent se lire l'extérieur et l'intérieur – l'extérieur, c'est-à-dire ce qui n'est pas le « je » mais « l'autre », ou ce qui se rapporte à l'autre, les yeux par exemple : associés à la lumière et aux facultés de perception ; selon une opinion ancienne, l'œil ne constituait pas un organe réceptif – mais il en sortait des rayons pour lui permettre d'appréhender les

---

[1] Maus, K.C., *Inwardness and the Theatre of the English Renaissance*, University of Chicago Press, 1995. Chapitre VI, p.192

objets. Les yeux noirs et les cheveux dorés de Stella – le « tu », « toi », l'autre des sonnets sont donc l'extérieur. Quand au contraire la muse répond à l'appel du poète et lui conseille : « Regarde dans ton cœur », la remarque souligne l'importance de l'intérieur. Dans la Bible, le cœur est l'être intérieur. Ainsi dans le premier Livre de Samuel, « Dieu regarde dans le cœur », alors que l'homme regarde dans les yeux. Le cœur se substitue au moi humain dans son autonomie[1]. Dans le sonnet 6, où il exprime tout ce qu'il ressent, Astrophel évoque la carte de tout l'état de son âme, quand d'une voix tremblante il dit qu'il aime Stella. Dans le sonnet 54 il ajoute que l'insigne le plus certain de l'amour se porte dans le cœur. Le sonnet 15 met en garde Astrophel – le poète – contre l'aide des sources qui jaillissent du vieux Parnasse ou contre les chants de Pétrarque – ce sont là des aides peu franches qui trahissent l'absence d'élan intérieur. Le conseil final associe l'importance conjointe de l'amour et de l'art :

> Si par l'amour (Love) et par l'art (Skill) tu veux gonfler ton renom
> Du lait qui s'épanche aux mamelles de la gloire
> Alors regarde Stella et mets-toi à écrire.

L'amour et l'art représentent bien la double quête entreprise par Astrophel. L'art c'est d'abord la quête intellectuelle des mots et sources livresques qui l'aideront à écrire, ou bien les nombreux savoirs dans lesquels il excellait comme le tennis ou l'équitation, suivant en cela le conseil de B. Castiglione qui dans *Le Courtisan*, insiste sur le mérite du parfait courtisan « I will have our courtier a perfect horseman » (« Je veux que notre courtisan soit un parfait cavalier »). Au sonnet 49 on lit : « Si j'éperonne mon coursier, l'Amour, lui, m'éperonne le cœur ».

Vers la fin de ces divers sonnets, le poète revient à Stella comme par une pirouette. Cette remarque tendrait à bien prouver que la séquence n'est pas autobiographique mais bien plutôt un exercice littéraire. Et l'on pourrait interpréter de la même manière les sonnets dont la veine humoristique est évidente :

---

[1] *Encyclopédie des Symboles,* Le Livre de Poche, Edition Française, p. 152.

[S.59] – « Comment peux-tu faire plus de cas de ton chien que de moi ? »

[S.83] – « Bon frère Philippe, je t'ai supporté longtemps » : (allusion au moineau de Stella ; moineau : symbole de la luxure, et en particulier du désir d'Astrophel. Les sources peuvent être l'Elégie de Catulle sur le moineau de Lesbia ou la louange de Philip Sparrow, chez le poète Gascoigne).

Enfin [S.84] – « Le Pavé du Roi »

« ... Cent années puisse-tu les pieds de Stella baiser ».

Que dire de cette intrusion d'éléments qui suppose une cassure dans l'intemporalité de la séquence ? L'humour donne une valeur à la singularité du moment présent. On est au bord d'une expérience intime de soi ; l'humour exorcise l'inquiétude de cette intériorité récemment découverte. Le sonnet 44 rend compte de l'angoisse intérieure du poète quand il ne comprend pas pourquoi il ne rencontre pas la pitié de l'aimée. Se pourrait-il que la noblesse de la Dame la rende méchante ? Mais non, c'est en son propre cœur qu'il trouve une réponse juste : « quand mes soupirs touchent les portes délicates de la Cour des Délices [la demeure de Stella] la nature céleste de ce lieu est telle que les sanglots qui sont mes tourments se métamorphosent en joies, par la présence même de l'aimée ».

L'humour et l'angoisse sont les seuils entre l'extérieur et l'intérieur. Les « portes délicates » sont le lieu de cette métamorphose de la peine en joie. Avec le sonnet 42 apparaît le conflit entre la vertu et l'amour et en 71 :

Ta beauté entraîne le cœur à l'amour
Et la vertu incline cet amour au bien
Mais le Désir continue de s'écrier : « Donne moi de quoi vivre »[1].

Dès le sonnet 5 cette lutte est sensible, tant il est vrai que l'amant n'arrive pas à bannir son désir. Comme le dit K.Duncan-Jones c'est que la beauté mortelle, revêtue d'éléments physiques n'est qu'une

[1] On trouve parmi d'autres traductions possibles : « Donne moi mon pain ».

ombre de la vertu (Cf. Platon, *République X*)[1]. Notons ici que la vertu pour Stella est la chasteté, alors que pour Astrophel le mot « virtus » conserve la nuance de sens du terme latin *virtus* apparenté à « virilité ».

L'amour qui unit Astrophel à Stella complète par degrés sa conquête : c'est l'amour dont parle Platon, amour qui s'élève progressivement jusqu'à sa contrée céleste.

Sonnet 5 :

> True that on earth we are but pilgrims made
> And should in soule up to our country move... »

II – *Dans les épreuves de l'amour malheureux, Astrophel cherche les lieux d'intériorité où il pourra projeter les mots qui le soulagent.*

Dans le sonnet 40 Astrophel dit à Stella qui se trouve au haut du trône de la vertu :

> Condescens à accorder une pensée
> Au malheureux qui a longtemps recherché ta grâce :
> Mesure la portée de ma chute
> Oh ! Ne laisse pas détruire *ton temple.*

Le Temple est l'image d'un bâtiment extérieur, qui est la métaphore d'un organe intérieur, le cœur. Mais le Temple de Stella c'est le cœur d'Astrophel. Le Temple de notre cœur est déjà mentionné dans le sonnet 5, où le dard de Cupidon apparaît comme une image que « dans notre sottise » [c'est le texte qui le dit] nous adorons.

Dans le sonnet 65 – que l'on peut appeler « le sonnet du blason », Astrophel rappelle qu'il a tout donné à Cupidon « mes yeux, ma lumière, mon cœur, ma vie ... », « lorsque petit garçon tout nu, tu ne trouvais aucun abri dans notre monde vieilli, devenu trop sage, » « Je te logeai dans mon cœur ». Si au début Astrophel est tenté d'appeler l'amour « cruel », « ingrat » = « unkind », à la fin du sonnet au contraire Astrophel s'estime apparenté (kin) à Cupidon. En effet si

---

[1] K. Duncan-Jones ed., *Sir Philip Sidney, The Major Works*, OUP, (1989), 2002. p.358 (note 155).

Cupidon porte la flèche, « moi, Astrophel » je porte le fer de la flèche (qui est une allusion aux armoiries des Sidneys). Les termes « unkind » et » kin » sont phonétiquement et graphiquement proches l'un de l'autre. Donc Astrophel s'approprie l'amour, il devient Cupidon, qui déménage et s'installe dans le cœur du poète. On pourrait dire que dans ce sonnet l'intériorité est littérale et que les images connotent l'acte sexuel.

Un autre exemple : sonnet 106. Ici l'intériorisation consiste à donner une réalité spirituelle (intérieure, amoureuse) à un phénomène extérieur frustrant (l'absence de Stella) le vide, l'absence. Cette intériorisation s'exprime par l'oxymore « présence absente ». Grâce à l'intériorisation l'absente devient présente.

III – *Enfin sonnet 108 – Ici le poète aboutit à l'intériorisation du monde entier symbolisé par les contraires « la nuit » et » le soleil » tous deux qualifiés de « inward ».*

Le soleil intérieur du sonnet 71 s'oppose à la Nuit intérieure du sonnet 99 ; ces images d'intériorité deviennent des métaphores alchimiques : il y a le four alchimique : »my boiling heart ». Le désespoir, c'est le plomb (Saturne) qui passe dans le four de l'alchimiste, cependant que l'amour est l'or. Toute la forme structurale du sonnet devient ce four noir à l'extérieur (sorrow est le premier mot, et annoy, le dernier) : en allant vers l'intérieur, la peine devient joie (le mot joy apparaît trois fois à l'intérieur de la chambre (stanza), du temple du poème. Ce poème est l'aboutissement de toute la séquence. Dans la question, « à quoi sert l'or de Phébus au malheureux que des portes de fer privent du jour ? », ces portes de fer sont le sombre écho des « portes délicates » de la Cour des Délices (sonnet 44), seuil de la métamorphose de la peine en joie.

IV – *L'intériorité est la dissimulation dans la sprezzatura.*

Si le sonnet 108 insiste sur l'alchimie de l'amour, il montre aussi bien l'alchimie de la poésie et la fin de toute la séquence. Le mot « œuvre » est important pour suggérer le grand œuvre alchimique, mais aussi le travail de la poésie.

Page de titre de la première édition de
The Countesse of Pembroke's Arcadia
written by Sir Philip Sidney. 1590.
[By permission of the British Library 12403.f.19 / 12403.f.16]
Le fer de la flèche dans un des deux quartiers (dextre)
(voir commentaire du Sonnet 65).

Nous nous rappelons le sonnet 15 où Astrophel indique que l'amour et l'art sont pour lui l'objet de la même recherche. L'art c'est justement cette poésie qu'il écrit avec peine, pour laquelle il en vient à lutter contre lui-même (à mordre sa plume) et à nommer les multiples exemples littéraires auxquels il pourrait avoir recours (Pétrarque, la poésie pastorale, John Lyly, Sannazaro, Marot), mais auxquels il préfère l'inspiration que lui offre Stella, vraie source de ses vers, où il s'efforce de rester simple et lui-même, avec « cette pure et aimable simplicité » dont parle Castiglione. En effet, il ne faut pas oublier pour Sidney, l'influence du *Courtisan*, traduit en anglais par Sir Thomas Hoby.

Sidney retient le conseil de l'auteur italien selon lequel « l'art doit cacher l'art »[1]. Il convient que le poète évite toute affectation et arrive à pratiquer la *sprezzatura*, c'est-à-dire cette grâce nonchalante, qui est en fait le goût de la dissimulation pour éviter toute forme de complexité sophistiquée. Comme une lettre de Raphaël l'avait expliqué aux peintres : « que l'artiste, en l'absence d'un modèle parfait, se serve d'une certaine idée qu'il a en l'esprit afin que le réel soit transformé par l'idée ». Sir Philip Sidney, courtisan habitué aux artifices de la Cour d'Elisabeth, modèle de la civilisation anglaise en quête de raffinement, s'applique donc à découvrir Stella par une forme d'art qui « cache autant qu'elle révèle. » D'où souvent le caractère énigmatique imagé de l'émotion suggérée. Telle est justement cette dissimulation, forme d'esthétique souple pour évoquer ce que sont les âmes des acteurs du jeu de l'amour dans *Astrophel et Stella*.

On se rapproche de la « belle manière »[2], le maniérisme dans le portrait par exemple où l'intériorité peut prendre le statut paradoxal du secret. La belle manière veut, comme en peinture, que l'on reconnaisse à la fois dans l'œuvre la main de l'artiste (son style personnel) et une beauté idéale.

M.T. Jones-Davies

---

[1] A. Pons, ed., *B.Castiglione, Le Livre du Courtisan*, Flammarion, 1991. [livre I chapitre xxvi] p. 54.

[2] D. Arasse et A. Tönnesmann, *La Renaissance maniériste*, L'univers des formes, Gallimard, 1997, p.419 et suivantes.

THE LIFE WITHIN : ASPECTS OF INTERIORITY IN THE THEATRE OF THE ENGLISH RENAISSANCE

« I have that within which passes show », says Hamlet to his mother, very early in the drama, referring to his own dejected state ; « you would pluck out the heart of my mystery », he taunts his two false friends who, at the apex of the play, are trying to discover the reason of his strange behaviour.

From a drama which, for all its bustling movement, is the epitome of interiority, I cite these two quotations because they are the climax of longer passages which could be considered as a lecture on the essence of interiority – so much so that one might fancy Hamlet himself taking a seat among us to address the audience on the subject of interior life.

With his famous exclamation « I know not seems », which precedes my opening quotation, Hamlet sets the key note concerning the life within : he draws, that is, a sharp distinction between what appears to the outward view – in his case the black, mourning suit, the deep sighs, the copious tears, the dejected countenance – and what is deeply hidden within the self and therefore cannot be known or measured from outside. And not only from outside, because the life within is ultimately a mystery for the subject himself ; Hamlet explicitly defines his own interior life as « the heart of my mystery » which his two false friends would like to « pluck out », sounding him « from [his] lowest note to the top of [his] compass » (III, 2, 356-358). Although they have just admitted that they cannot play even on a simple pipe, they believe – Hamlet rebukes them – that the heart of man is easier to be played upon than a pipe.

Hamlet, of course, does not want to reveal himself, but in fact – as he knows even too well – he could not if he wanted to, because his interior life is a mystery to himself. The play resounds with Hamlet's heartrending questions not only about the mystery in others, but especially about the mystery in himself : for instance, why is he utterly dejected (« I have of late, but wherefore I know not, lost all my mirth, forgone all custom of exercises », II, 2, 295-297[1]) ; or, why cannot he accomplish the revenge that honour and the ghost have imposed on him (« I do not know/Why yet I live to say this thing's to do/Sith I have cause, and will, and strength, and means/To do't », IV, 4, 43-46) ; finally, the question of all unanswered questions is the existential one « To be, or not to be », « Whether 'tis nobler in the mind to suffer/The slings and arrows of outrageous fortune,/Or to take arms against a sea of troubles » (III, 1, 57-59).

If Hamlet is a mystery to himself, the play is ultimately a mystery to us.

Hamlet's concept of interiority is therefore a modern one and rather exceptional in the English Renaissance, although interiority emerged with a special focus at the time under the pressure of particular historical factors : the Protestant emphasis on self-examination and a personal relationship with God, the humanist culture which favoured individual consciousness, and even the flourishing mercantile spirit which, in spite of its materialistic values, encouraged individuality, so that the self became more and more something to be possessed exclusively and not merged with society[2].

Still, the concept of interiority varied in time, at least in the theatre, as can be seen if we consider two other well-known dramas, Marlowe's *Doctor Faustus* and Webster's *Duchess of Malfi,* which respectively precede and follow *Hamlet* by about a decade.

According to a more generalized form of interiority which prevailed on the Renaissance stage, Faustus' interior life is not a mystery which cannot be sounded : it is, on the contrary, an open book. Faustus' first monologue relates the whole parable of his intellectual (that is inner) biography, listing all the Renaissance sciences – philosophy, medicine, law, theology – in which he has attained great renown, but which he

---

[1] Quotations from *Hamlet* are from The Arden ed. (third series), ed. by H. Jenkins ; those from *Doctor Faustus* are from *English Drama, 1580-1642* ed. by Tucker Brooke and Burton Paradise ; finally, quotations from *The Duchess of Malfi* are from The Revels Plays, ed. by Russell Brown.

[2] For a wider survey see H. Wilcox, « 'The birth day of my selfe' : John Donne, Martha Moulsworth and the emergence of individual identity », in *Sixteenth-Century Identities*, ed. by A. J. Piesse, Manchester, Manchester U. P., 2001, pp. 155-178.

now abjures as not sufficient to satisfy his thirst for infinite knowledge, his *libido sciendi*. At this fatal juncture, as he inform us, he decides to turn to the forbidden art of necromancy, the art of the devil, as the only one suiting his « aspiring pride » and his overreaching mind : « A sound magician » – he openly declares – « is a mighty god » (sc. 1, 60).

Not only is Faustus' inner life no mystery to him, but it also embodies the Renaissance concept, derived from Machiavelli, of the « singular man » who is law to himself[1].

All this is very far from the conception of Hamlet who is hopelessly grappling with the problem of man's and his own identity.

Nevertheless Marlowe too shows modern aspects of the idea of interiority : when Mephistophilis appears as a consequence – as Faustus believes – of his conjuring practices, the same Mephistophilis explains that the conjuring was the cause of his appearance, « but yet *per accidens* », as he puts it, because devils appear as soon as man « usessuch means/Whereby he is in danger to be damn'd » (sc. 3, 51-52) ; in other words it is not man outward power which evokes the devil, but rather man's inward weakness and transgression.

This is very far from the old medieval belief in magic. More modern still is the idea that hell is not a place, but a state of mind : when Faustus asks Mephistophilis, « How comes it...that thou art out of hell ? », Mephistophilis answers, « Why this is hell, nor am I out of it » (*ibidem*, 77-78). Later on the same Mephistophilis enlarges on the subject, specifying that « Where we are is hell,/And where hell is there must we ever be » (sc. 5, 120-121).

Thus it is the life within which coincides with hell or heaven.

Marlowe's modern attitude to interiority is nevertheless couched in a medieval stage technique, that of the morality play. The moral struggle in Faustus' soul, both before and especially after he has signed the fatal pact with the devil, is visually represented – as it was in the morality play – by the bad and good angel and by the equally traditional figure of the Old Man.

These are obviously projections of the dichotomy in Faustus' soul who in fact wavers between his transient bouts of repentance and

---

[1] See also S. Rosati ed., Introduzione a Christopher Marlowe, *Due Drammi*, Napoli, edizioni scientifiche italiane, 1962.

invocations to God, and his persistent adherence to the allurement of what the devil can offer.

But Faustus' final damnation mirrors a flaw in Marlowe's belief in the Renaissance « singular man » and in the Titanism which he had exalted in his *Tamburlaine*, the drama of his younger and more optimistic years.

The medieval and almost didactic form of *Doctor Faustus* encapsulates the eternal drama of man who, from the dawn of the world and the Devil's promise, *Eritis sicut Dii*, still strives to overcome the boundary of human limitations and ends up in annihilation.

As far as the concept of interiority goes, *Hamlet* occupies a pivotal position in the twenty or so years which pass between Marlowe's *Doctor Faustus* and Webster's *Duchess of Malfi.*

In this later play we come across a character, Ferdinand, the Duchess' twin brother, whose interior life is much more impenetrable than the Prince of Denmark's.

Hamlet's rational and open, though unanswered and unanswerable questions, become in Ferdinand ominous silences prefiguring a deadly irrationality.

Doctor Faustus entertained a straightforward, clear commerce with the devil he evokes ; Hamlet does not know whether or not he is tempted by the devil : « The spirit that I have seen/ May be a devil,.../... and perhaps,/ Out of my weakness and my melancholy,/ As he is very potent with such spirits/ Abuses me to damn me » (II, 2, 594-599). But Ferdinand no longer asks questions about himself for the good and simple reason that he does not even know what Hamlet knows : that his interiority defies definition, being totally opaque and eclipsed even to himself.

The disquieting fascination Ferdinand has for us is precisely due to the unspoken, to what can be obscurely perceived but is never clearly manifested. And what can be latently perceived is that Ferdinand, in his diabolical persecution of the widowed Duchess for having secretly remarried, embodies the devil himself without his knowing it.

Ferdinand's interior drama is a drama of twinship – a morbid tie which unites him to his twin sister from whom he seems never to have been properly divided.

By nature Ferdinand is a creature of darkness who cannot tolerate light and sunlight, and is afraid of his own shadow which is projected by the sun. His deadly terror of light is one among several Biblical inferences which identify him with the arch-enemy of life[1].

Like Faustus, Ferdinand is entangled with witchcraft, but unlike Faustus, he no longer believes in it, as he explicitly states : « these are mere gulleries, horrid things/ Invented by some cheating mountbanks/ To abuse us » (III, 1, 70-72) ; all the same his mind is obsessed with the idea of witchcraft ; not only do his words to the persecuted Duchess and about her, persistently turn on the idea that women are « witches » (« The witchcraft lies in her rank blood », *ibidem*, 78), but his own presence and his sinister laughter suggest a witch-haunted atmosphere : « In such a deformed silence, witches whisper/ Their charms » (III, 3, 58-59), states a minor character observing Ferdinand in a public scene.

Ferdinand's interiority has lost Faustus' and Hamlet's rationality, however much the first has turned the wrong way and the second is groping in the dark.

As time went by, Faustus' Titanism, however defeated, and Hamlet's anguished search for truth, however unavailing, have turned into a diseased, obsessed interiority which issues into a final beastly derangement, the deadly lycanthropy Ferdinand is prey to.

Faustus' immoderate love of the world and his terror of hell, as his allotted time expires, and Hamlet's nausea with mundane affairs and his wavering belief in after life, have turned with Ferdinand into a beastly concept of the world (« I do account this world but a dog-kennel », V, 5, 67) and into a desperate, paradoxical triumph in hell : « I will vault credit, and affect high pleasures,/ Beyond death » (*ibidem*, 68-69).

As is well-known, the English Renaissance – which, properly speaking, covered the last decade of the sixteenth century – was not only short lived, but was almost born dead, as Faustus' defeat demonstrates. At the beginning of the new century Hamlet was already invested by the great existential crisis which took place when, as

---

[1] For a more comprehensive reading of *The Duchess of Malfi* see my essay « 'A Miserable Knowledge of the Small Compass of our Prison' : Shifting Perspectives in John Webster's *The Duchess of Malfi* », in *Counting and Recounting*, ed. by P. Bottalla and M. Calderaro, Trieste, La Mongolfiera, 1995, pp. 149-170.

Donne said, « new Philosophy called all in doubt »[1] ; just over a decade later the involution had rapidly reached its climax : man's interior life was left only with « a miserable knowledge of the small compass of our prison » (IV, 2,132-133), as Webster viewed it in his *Duchess of Malfi* – a statement which could be both the epitaph of the play and of the period as a whole.

Whether Faustus' defeated Titanism, Hamlet's unavailing search for truth, or even Ferdinand's diseased mind are more akin to the disquieted interiority of our own days, I leave it for the psychoanalysts to decide.

Eloisa PAGANELLI

---

[1] *An Anatomie of the World, The First Anniversary.*

SHAKESPEARE'S MIRRORS

At a memorable moment that is a key to one of Shakespeare's most popular history plays – when Parliament is called to Westminster to witness the deposition of Richard 11 – the newly usurped King makes an inquiry that may have puzzled, even troubled, some of the playgoers by the mid-1590s : « Good king, great king, » he asks of Bolingbroke,

> – and yet not greatly good –
> An if my word be sterling yet in England,
> Let it command a mirror hither straight,
> That it may show me what a face I leave,
> Since it is bankrupt of his [that is, its] majesty (4.1.253-57).[1]

What does Richard think he will see ? He has withheld the crown, struggled to keep it from the usurping Bolingbroke, because he is, after all, the legitimate king and Bolingbroke does not have equal claim to the English throne. He has, moreover, just told Northumberland that the usurpers are dammed and that, by implication, he will be saved by divine right :

> If thy offences were upon records
> Would it not shame thee in so fair a troop
> To read a lecture of them ? If thou wouldst,
> There shouldst thou find one heinous article
> Containing the deposing of a king
> And cracking the strong warrant of an oath,
> Marked with a blot, damned in the book of heaven (4.1.22,D-26).

---

[1] All references in this book to Shakespeare's works are to *The Norton Shakespeare* based on the Oxford edition, ed. Stephen Greenblatt, Walter Cohen, Jean E. Howard, and Katharine Eisaman Maus (New York : W. W. Norton and Company, 1997).

But he is « bankrupt » of his majesty. The mirror, then, will announce, measure, and confirm this change.

So we may know what he expects to see. But what *does* he see : king or subject in this early modern investigation of rule and subjectivity ?

> Give me that glass, and therein will I read,
> No deeper wrinkles yet ? Hath sorrow struck
> So many blows upon this face of mine
> And made no deeper wounds ? (4.1.266-69)

Like the newly retired Lear – « Who is it can tell me who I am ? » – he needs to determine the loss of his majesty. This time the mirror refuses to show him.

> Hath sorrow struck
> So many blows upon this face of mine
> And made no deeper wounds ? 0 flattering glass,
> Like to my followers in prosperity,
> Thou dost beguile me ! (4.1.267-71).

A looking-glass that was to mirror his fallen state cannot be trusted, does not reflect the reality, but rather a false if desired expectation of things : like Bolingbroke and his forces, the mirror betrays Richard because it does not show him what he should see, and he throws down the glass, shattering it.

> A brittle glory shineth in this face.
> As brittle as the glory is the face.
> For there it is, cracked in an hundred shivers,
> Mark, silent King, the moral of this sport :
> How soon my sorrow hath destroyed my face (4.1.277-81).

His sorrow, if not his irritation, is proleptic of Shakespeare's sonnet 62 where the narrator confesses that

> when my glass shows me myself indeed,
> Beated and chapped with tanned antiquity,
> Mine own self-love quite contrary I read ;
> Self so self-loving were iniquity (9-12).

But Bolingbroke who may embody the belief that Richard's deposition mirrors the earlier deposition of Edward II[1] will not even give him this much : the glass will reflect an image, but not Necessarily the substance of that image. « The shadow of your sorrow hath destroyed The shadow of your face » (4.1.282-83). Yet if this crystal glass cannot be trusted – like Sad Circumspection's « mirror encircled in this interlude, This life inconstant for to behold and see » in John Skelton's play *Magnyfycence* (1533) – or is, perhaps, limited to signifying temptation as Suggestion does in *The Conflict of Conscience* by Nathaniel Woodes (1581) or bringing the distant up close as Friar Bacon's perspective glass does in Robert Greene's *Friar Bacon and Friar Bungay* (1594) – what are we to make of Cassius' well-known offer to Brutus to use him as a glass to know himself (*Julius Caesar* 1.2.69-72) or Hamlet's confidence in a mirroring drama such as *The Murder of Gonzage* where the players visiting Elsinore will « hold as 'twere the mirror up to nature, to show virtue her own feature, scorn her own image ? » (*Hamlet* 3.2. 20-21). Leonardo has remarked that images in mirrors exist only for those looking at them, whether they see their own reflections there or not (in the Windsor MS, R 209). A mirror, Anthony Miller tells us, then as now « may be designed so as to distort, a series of mirrors may be arranged so as to *multiply* images, and even a mirror otherwise faithful must *reverse* an object as it reflects it. »[2] Just so : in Shakespeare's day mirrors were most frequently used as metaphoric means of displaying exemplary or infernal images rather than straightforward reflections. Spenser's Britomart, « Glauncing unawares in charming looking glas » (*Faerie Queene* III.iii.24)[3] fears the reflection of false unreal shadows although it could be « the mirror of truth, penetrating the false appearance of things. »[4] « It is the fact, » Herbert Grabes writes pointedly, « that the

---

[1] W. H. Dunham, Jr. and C. T. Wood, « The Right to Rule England : Depositions and the Kingdom's Authority, 1327-1485, » *American Historical Review* 81 (1976), p. 744.

[2] Anthony Miller, « *Hamlet*, II.ii-III.iv : Mirrors of Revenge, » *Sydney Studies in English* 11 (1985-1985), p. 5.

[3] Edmund Spenser, *The Faerie Queene*, ed. Thomas P. Roche, Jr. (London : Penguin, 1978).

[4] Kathleen Williams, *Spenser's Faerie Queene : The World of Glass* (London : Routledge and Kegan Paul, 1966), p. 94.

mirror has no image of its own which makes it a mirror. »[1] Rather, it informs or reforms.

Mirrors can be traced back to the Etruscans, Greeks, and Romans of antiquity. These earliest known mirrors were thin, discs of metal (usually bronze) which were slightly convex and polished on one side ; a manufactory of mirrors of glass at Sidon is mentioned by Pliny in his *Natural History* (xxxvi.66, 193). Glass mirrors were coated with tin. Usually they were hand mirrors, although Seneca has described a mirror that would take in the whole body. Small metalic mirrors with highly polished surfaces were also popular as pocket mirrors in the medieval period, often carried at the girdle or as steel or silver pocket mirrors carried in shallow, highly decorated boxes. In 1507 two inhabitants of Murano claimed to make perfect mirrors of glass, at first confining their production to one German manufacturer, but by 1564 makes of mirrors in Venice formed their own corporation, supplanting the earlier production in Murano. Venetian mirrors were made from blown cylinders of glass which were slit, flattened on a stone, and then polished, bevelled, and silvered. Often such mirrors would result in producing remarkably pure and uniform images. They were, Grabes tells us, « the technological marvel of the age » (p. 4).

In Tudor times, too, mirrors became commonplace in England, known alike to spectators in the galleries and in the yard at the Theatre. Glass mirrors still held the hint of luxury, even as pocket mirrors, but tin mirrors were cheap, everyday objects that could be bought at haberdashers' shops, open stalls, country fairs ; they were part of a pedlar's stock in trade. The more expensive mirrors of glass could be grand, if predictable, things : they could light up dark rooms, lighten a thick wall, simulate a window ; often, they were used to replace tapestries to bring the outdoors inside by being hung opposite windows. Epicure Mamon's bedchamber in Ben Jonson's *The Alchemist* is walled with mirrors

> Cut in more subtill angles, to disperse,
> And to multiply the figures, as I walke
> Naked betweene my succubae (2.2.45-47).

---

[1] Herbert Grabes, *The Mutable Glass : Mirror-imagery in titles and texts of the Middle Ages and English Renaissance*, trans. Gordon Collier (Cambridge : Cambridge UP, 1982), p. 111.

Cheaper than glass mirrors, which could provide reflection and also redirect light, tin mirrors began to be popular in England in the reign of Henry VIII and were widely used by Shakespeare's time. Glass mirrors, however, were less common : Philippa Kelly found only two wills in sixteenth-century Darlington leaving looking-glasses, one by Mary Throckmorton, valued at 6s, the other by Mary Lascelles, listed at 1s 56d. By the early seventeenth century Johannes Kepler was studying the fundamental principle of refraction as the normal mode of vision with mirrors as well as without, proposing an early sense of cognition to which we still hold. According to Kepler, the image passed through the retina onto the optic nerve which sent images from mirrors as well as from reality along the nervous system to the brain where all such images were cognitively sorted and identified. All this allowed both Tudors and Stuarts to rely on mirrors as fundamental (and trustworthy) means of self-knowledge, following the dictate, as old as Socrates, to know thyself. Indeed, according to Diogenes, Socrates urged youth to look at their reflections in mirrors so that, if they were beautiful they would become worthy of their beauty and, if they were ugly, they would know to seek means of improvement. But at another point, Plato saw it differently, linking the use of changing mirror images to verbal sophistry : an hundred shivers of possibility.

Shakespeare's age inherited further counsel in mirrors from Dante, whose biblical use of Rachel and Leah in the *Comedia*, both portrayed holding mirrors,[1] suggested their use together as contemplation followed by action. Sir Thomas Hoby's translation of Castiglione's *Il Libro del Cortegiano* in 1561 announced the Italian philosopher's purpose for writing *The Courtier* : to give « To Ladies and Gentlewomen, a mirrour to deck and trimme themselves with vertuous condition, comely behaviours and honest entertainment toward all men : And to the all in generall, a storehouse of most necessarie implements for the conversation, use, and trayning up of mans life with Courtly demeaners. » Hoby confounded Mirroring with fashioning long before Spenser would : « Cicero an excellent Oratour, in three bookes of an Oratour unto his brother, fashioneth such a one as never was, nor yet is like to be : Castilio an excellent Courtier, in three

[1] Sabine Melchior-Bonnet, *The Mirror : A History*, trans. Katharine H. Jewett (New York and London : Routledge, 2001), pp. 22, 71.

bookes of a Courtier unto his deare friend, fashioneth such a one as is hard to find, and perhaps inpossible. » Mirroring and fashioning, Hoby contends, « at length discovereth the privie faultes of every thing : and bicause it is father to truth and a judge without passion, it accustometh evermore to pronounce true sentence of the life or death of writynges. »[1]

Painters began using mirrors, too – in his portrait of Pope Lea Guilio de'Medici and Cardinal de'Rossi, Raphael extends perspective by burnishing the gold knob on the Pope's chair to reflect the source of the painting's light from unseen windows, the Pope's shoulder, and the walls around the room, Vasari tells us, while in his portrait of Plato, Diogenes, and Aristotle, Zoraster and the Evangelists, Raphael shows the reconciliation of Philosophy and Astrology with Theology, while adding himself by way of a mirror. It is possible that the mirror in the double Aldofini portrait reflects the painter Van Eyck, pulling the viewer into the painterly frame, making external objects also internal subjects. This power of mirrors to provide views normally unavailable added a sense of magic to the sense of science. Henry VII, for instance, had « a large circular mirror » in his library at Richmond Palace, where the Swiss historian and pastor Johann Jacob Grasser claimed « King Henry VII by means of magic saw what was passing everywhere both by sea and land » ; Justus Zinzerling, a traveler from Thuringia and Doctor of Laws at Basle, and Peter Eisenberg in a guidebook, mention the same mirror, embellishing the story ; for Eisenberg, « this mirror broke in pieces of itself when the King died. »[2] Such images could also be treacherous. In recordings of the Acts of the Privy Council for 1590-1591, we read that « Whereas there hathe ben of late a certaine matter dyscovered of greate suspicion of personages shewed in a glasse to a yonge maide by one that liveth very obscurly professinge soche badd and lewde meanes to give knowledge of divers thinges to those that be curyous, but yt shuld appeere some figure [which] representeth her Majesty was shewed, and

---

[1] « Hoby's Epistle » in *The Book of the Courtier*, trans . Thomas Hoby (New York : Everyman, 1928). P. 3.

[2] Jeanie Grant Moore, « Magic Mirrors : The Politics of Visual Power in Greene's. *Friar Bacon and Friar Bungay*. » an unpublished essay, p. 1.

the purpose or intent of this practize ys greatlie to be suspected. »[1] Richard's mirror might also be an instrument of treason and Richard II is right to be cautious, if not distrustful of what Bolingbroke has handed him : « Hath sorrow struck So many blows upon this face of mine And made no deeper wounds ? » (4.1.267-69).

Such multiple uses of the mirror, and the swiftly increasing availability of mirrors of glass and tin (or steel) meant that mirrors could also be put to educational use. In Shakespeare's day there was a rush of book-titles in England that make use of the mirror (or the looking-glass) as metaphor : « A worthy myrrour, wherin ye may marke, an excellent discourse of a breeding larkell (1589) ; « The mirrour of madnes, or a paradoxe maintayning madnes to be most excellent » (1591) ; « A myrrour for English souldiers » (159-5) ; « The mirrour of policies (1598) ; « A mirrour to confesse well » (1604), even Robert Greene's Penelopes Web, promoted as a romance, was also « a Christall Myrrour of faeminine perfection » (1587). Other works include George Whetstone's admiring biography of the Earl of Bedford, *A mirror of treue honnour* (1585) ; Martin Day's exemplary life of Anna Bill, the *Mirror of modestie*, John Weever's biography of the Reformation martyr Sir John Oldeastle in *The mirror of martyrs* (1601) ; and, with the same title, Clement Cotton's lives of other Reformation martyrs including Bishops Hooper, Ridley, and Latimer (1622). William Roper entitled the biography of his father-in-law Thomas More *The mirrour of vertue in worldly greatnes* (1626). Grabes has located 398 English books using *mirror* in the title published between 1500 and 1700.

Best known of all, with its many editions and additions, is William Baldwin's *Mirror for Magistrates*, a *speculum principis* derived from such works as the *Secretum Secretorum* on « the inadequacies of young counsellors and the danger [of] flatterers » ;[2] Chaucer's *Melibee* with its diffuse-pedagogical program ; Gower's *Confessio Amantis*, whose story of Rehoboam argues for the wisdom of young counsellors ; and Machiavelli's *Il Principe* with its pragmatic statecraft that nevertheless proposes that rulers are governed by other forces than

---

[1] Quoted by Moore, p. 5.

[2] Judith Ferster, *Fictions of Advice : The Literature and Politics of Counsel in Late Medieval England* (Philadelphia : U of Pennsylvania P, 1996).

themselves. Baldwin writes in the dedication to his *Mirror* that « you shall see (if any vice be in you) how the like hath bene punished in other heretofore, whereby admonished, I trust it will be a good occasion to move you to the soner amendment. This is the chiefest end, whye it is set furth, » and he later repeats in his preface to the reader that his work « might be as a myrrour for al men as well noble as others, to shewe the slyppery deceytes of the wauerYng lady, and the due rewarde of all kinde of vices. »[1] In her edition of Baldwin's *Mirror*, Lily B. Campbell notes that often Shakespeare's fellow writers « affirmed that history was a glass wherein the present might see and learn the patterns of conduct which had brought happiness or unhappiness to nations and men in the past, » and she cites, as an example, Peter Ashton's dedication to Sir Ralph Sadler's *A short treatise vpon the Turkes Chronicles*, Englished by Ashton in 1546 :

> So ... shal ye see in hystories, cuen from the first monarchie vnto this day, the forme & figure of all Empires & common welthes,.... But now to see the course of the world,... how kingdomes haue changed & altered, what fashion hath bene vsed emonge men, how & by whom kingdomes haue bene gouerned, how Vertue hath bene rewarded, & vices poniss-hed,.... To read and know al these thinges.... Is not that glasse worthy to be often tymes loked in... ?[2]

Baldwin's own portrait of Richard II, similar to eighteen other tragedies warning rulers against lawlessness, flattery, and other vices, subscribes to just this belief.

> For whan my trayterous Stuard thus was goen,
> My seruantes shranke away on euery side,
> That caught I was, and caryed to my foen :
> Who for theyr prince a prison dyd provide,
> And therin kept me, til duke Henryes pride
> Dyd cause me yeld him vp my crowne and throne.
> Whych shortly made my frendly foes to grone :
> *For Henry seing in me their falshode tryde*

---

[1] *The Mirror for Magistrates*, ed. Lily B. Campbell (New York : Barnes and Noble, 1960), pp, 65-66, 68.

[2] Quoted in Campbell, p. 49.

> Abhorde them all, and would be rulde by none,
> For whych they sought to stoppe him strayt a tyde.[1]

Shakespeare's Richard has precedent, then, to look for his own substantial, significant, instructive portrait in the looking glass which Bolingbroke's servants fetch for him ; and it may be that Shakespeare agrees with Richard, for this perspective is found elsewhere in the history plays with less ambiguity – in Talbot's view of Salisbury as the « mirror of all martial men : » (*1 Henry VI* 1.6. 52) and in the Chorus' view of Henry V as « the mirror of all Christian kings » whose image causes all the youth of England [to be] on fire » (2 pr. 6, 1). Oxford seems to have this in mind when he tells Warwick, concerned about the possible usurpation of Henry VI,

> Then Warwick disannuls great John of Gaunt,
> Which did subdue the greatest part of Spain ;
> And, after John of Gaunt, Henry the Fourth,
> Whose wisdom was a mirror to the wisest ;
> And, after that wise prince, Henry the Fifth,
> Who by his prowess conquered all France,
> From these our Henry lineally descends (*3 Henry VI* 3.3-81-87).

In such Shakespearean surroundings, then, Richard II uses the mirror not merely to see his reflection nor to judge a change in his appearance commensurate with his giving over of the crown to Bolingbroke, but he also uses the mirror as exemplary for others to chastize Bolingbroke, and to alert Parliament. It is a pregnant moment, potentially full of cross-purposes and potential reactions. Even in defeat, Richard may be using the mirror to establish a legacy, foreshadowing Lady Percy's sense of family legacy in her description of the deceased Hotspur in *2 Henry IV*. She means to establish more securely her husband's reputation while upbraiding her father-in-law Northumbrland :

> The time was, father, that you broke your word
> When you were more endeared to it than now–

---

[1] Ed. Campbell, p. 116 ; emphasis mine.

When your own Percy, when my heart's dear Harry,
Threw many a northward look to see his father
Bring up his powers ; but he did long in vain.
Who then persuaded you to stay at home ?
There were two honours lost, yours and your son's.
For yours, the God of heaven brightens it !
For his, it stuck upon him as the sun
In the grey vault of heaven, and by his light
Did all the chivalry of England move
To do brave acts. He was indeed the glass
Wherein the noble youth did dress themselves.
He had no legs that practised not his gait ;
And speaking thick, which nature made his blemish,
Became the accents of the valiant ;
For those that could speak low and tardily
Would turn their own perfection to abuse
To seem like him (2-3.10-28).

In thus projecting a double purpose such as that of Lady Percy, Richard makes the mirror synonymous with Lady Percy's glass as it was frequently used, in *The glasse of mans folly and means to amendment of life*, for instance, published in 1595, or Barnabe Riche's *My Ladies Looking Glasse Wherein May Be Discerned a Wise Man from a Foole* published in 1616 ; what it provides is a double vision, what Orsino in *Twelfth Night* refers to associatively when acknowledging « A natural perspective that is and is not (5.1.208). George Gascoigne's earlier play *A Glasse of Gouernment* (1.575), « A tragicall Comedie so entituled, bycause therein are handled aswell the rewardes for Vertues, as also the punishment of Vices » (title-page, sig. A2), made an allegory where spectators might « Beholde rashe youth, which dangerously doth fall On craggy rockes of sorrowes nothing safe, When sober wittes by Vertue clyme alofte (sig. A3v). But this glass is not, strictly speaking, a mirror because it is always bifocal, storing and projecting images of both virtue and vice ; it is therefore potentially multiple in the ways it can signify its meanings resting, in part at least, on the playgoers, relying on a kind of conspiracy between the playwright and the playgoer that depends on a predetermined sense of right and wrong that both share. In this way, the play illustrates, in true humanist fashion, but it does not necessarily persuade. It does not transform interpretations but merely reinforces those already held. Just so : Lady Percy uses glass as she reiterates her judgment of Hotspur and of Northumberland, but she does not change her father-in-law's mind – « Beshrew your heart, Fair daughter,... I must go and meet with danger there, Or it will seek me in another place, And find me worse provided » (*2 Henry IV* 2.3.45-50). So does Leontes when noting the « paddling palms and pinching fingers » of Polixenes and Hermione ; he projects his own jealousy, mapping it on them both « As in a looking-glass » (1.2.119) : they mirror each other in his mirroring image of them. On the heath, Lear undresses himself so as to mirror Edgar as Tom o'Bedlam (3.4. 100-01). In asking for a mirror, then, knowing in advance what he will see, Richard accomplishes nothing.

But Tudor humanists did not share such naivete. The mirror signified pride and vanity as Richard Day notes in his portrayal of Sight in *A Book of Christian Prayers* (1578). Erasmus also makes much of this in his often-reprinted *Encomium Moriae* where the mirror is associated with Folly herself, adumbrating « The portrait of a blinking idiot... a fool's head » that Aragon finds in Portia's silver casket (*The Merchant of Venice* 2.9.53,58). One of Erasmus' 1515 *Adagia*, « Aut fatuum aut regem nasci opportere, » « one must be born either a king or fool, » was applied so as to merge the two, also suggesting the slippage Shakespeare dramatizes in *Richard II*. Humanists also turned to more antique authorities. One was Seneca, who in his *Natural Questions* (I, 17) aligns mirrors and looking-glasses with brilliant stones and pools of spring water, adumbrating Narcissus. Mirrors invited men to see what they idealized, exercising but also contaminating their imaginations, like the « Glase... of Vanyties », in *The Conflict of Conscience*. Love of self-image led to self-love, so that young men might see in their own reflections strengths and virtues that had not been – nor could be – supported by experiences and accomplishments. Where Plato saw simulacra in mirrors, then, Seneca saw vanity. Scripture affirmed Seneca. Paul refers to man's knowledge of God as partial, given His brilliance, so that at best man could only hope to see « through a glass darkly » (*per speculum in aenigmate* : I Corinthians 13 :12), perhaps because God's face was so blinding, perhaps because it held such terrible truths. One cultural practice in Shakespeare's time was to frame mirrors with images of the Death's head and, often, to add such inscriptions as « To be together or to Die » or « To see you or die, » « emphasizing, » Jodi Cranston writes, « the coinciding of a person's life and the life of his/her reflection » ; Cranston traces this practice back to an episode in Ovid's *Metamorphoses 1* in which Helen, she says, « is described as lamenting before the mirror the seizure of her beauty by consuming Time, » a passage so telling for Leonardo da Vinci, for one, that he jotted into his notebook,

> O Time, consumer of all things ! O envious age ! Thou dost destroy all things and devour all things with the hard teeth of years, little by little in a slow death. Helen when she looked in her mirror, seeing the twice withered wrinkles made in her face by old age, wept and wondered why she had twice been carried away.[1]

From this perspective, then, Richard's mirror reminds the playgoers of the stark lesson it is teaching him : Bolingbroke's judgement has aligned itself with the biblical Last Judgment–and Richard is publicly forced to confront the verdict on his own life and afterlife.

The apostle James differs from Paul. He expresses his own doubts, seeing the unbeliever or the man who declines to practice God's word as one who « looks at himself in a mirror, sees himself as he is, and after having looked, goes away and forgets at once what he is like » (James 1 :23). Paul's mirror was at best blurred, the view obscured. James, on the other hand, uses the mirror to define the pride of the viewer, blissfully unaware of the consequent dangers of misunderstanding, inconstancy, foolishness, and forgetting so that in falsely attempting to realize the true self through resemblance, he strays from the desired end. James's viewer is the true Narcissus. Shakespeare also acknowledges this danger when Agememnon describes Achilles to Ajax : « He that is proud eats up himself. Pride is his own glass, his own trumpet, his own chronicle–and whatever praises itself but in the deed devours the deed in the praise » (*Troilus and Cressida*, 2.3.146-48) ; later Ajax voices the same judgment : « Pride hath no other glass To show itself but pride, for supple knees Feed arrogance and are the proud man's fees » (3.3.47-49). Rosalind faults Silvius for embodying

---

[1] Jodi Cranston, *The Poetics of Partraiture in the Italian Renaissance* (Cambridge : Cambridge UP, 2000), p. 153.

such a glass for Phoebe : « 'Tis such fools but you that flatters her » (*As You Like It* 3.553-55). Timon, the Poet tells us, should avoid « the glass-faced flatterer » (*Timon of Athens*, 1.1.59). Bacon, in fact, described the very intellect itself as « an uneven-mirror » that « mixes up its own nature with the nature of things. »[1] Richard's fatal error by this conjunction of examples, is his own prideful error ; in calling for a mirror to defend himself, he only insures his own defeat.

It is to sort out such slippages in the meanings of *mirror* and *glass* and to prevent just such miscalculations that Gascoigne published his satire called *The Steele Glas* (1576). « This Glasse of Steele, (if it be markt aright, » Nicholas Bowyer writes in a prefatory verse of commendation, « Discries the faults, as wel of high as lowe » (sig. A4v). Gascoigne is valorizing the tin mirrors of the common soldier and his own-military background at the siege of Antwerp and elsewhere, but he is also following Gilles Corrozet whose *Blasons domestiques contenant la decoration d'une maison honnête, Domestic Heraldry Borne by Respected Houses*, in 1539 distinguishes between the « very clear steel mirror » and « the rather darkened glass mirror, »[2] doubtless referring to the dark spots in crystal glass mirrors and rippling glass in what was still an imperfect technology. The remark also seems to be drawn directly from St. Paul and I Corinthians. Gascoigne in turn complains that

> That age is deade, and vanisht long ago,
> Which thought that steele, both trusty was & true,
> And needed not, a foyle of contraries,
> But shewde al things, euen as they were in deede.
> In steade whereof, our curious yeares can finde
> The christal glas, which glimseth braue & bright,
> And shewes the thing, much better than it is,
> Beguylde with foyles, of sundry subtil sights,
> So that they seeme, and couet not to be (sigs. Cl-Clv).

He cites as a telling instance the deeds of the Roman Lucilius.

---

1 Quoted in Bowsma, p. 81

2 Quoted in Melchior-Bonnet, p. 195.

Lucylius, this worthy man was namde,
Who at his death, begueathd the christal glasse,
To such as loue, to seme but not to be,
And vnto those, that loue to see themselues,
How foule or fayre, soeuer that they are,
He gan bequeath, a glasse of trustie Steele,
Wherin they may be bolde alwayes to looke,
Byeause it shewes, all things in their degree.
And since myselfe (now pride of youth is past)
Do loue to be, and let al seeming passe,
Since I desire, to see my selfe in deed,
Not what I would, but what I am or should,
Therfore I like this trustie glass of Steele (sigs. C2-G2v),

and concludes by making the distinction historical :

In olden dayes, good kings and worthy dukes,
(Who sawe themselues, in glasse of trusty Steele)
Contented were, with pompes of little pryce,
And set their thoughtes, on regal gouernement . . . .
Now he that likes, to loke in Christal glasse,
May see proud pomps, in high triumphant wise,
Where neuer blowe, was delt with enemia (sigs. C4v-DI).

Such a distinction is not lost on Shakespeare. In Richard III. near the chronological end of his history plays, he seems to make an analogous distinction between *mirror* and *glass* that Gascoigne makes between a steel glass and a crystal one when the Duchess of York consoles Queen Elizabeth, wife of the ill-fated King Edward :

Ah, so much interest have I in thy sorrow
As I had title in thy noble husband.
I have bewept a worthy husband's death,
And lived with looking on his images.
But now two mirrors of his princely semblance
Are cracked in pieces by malignant death,
And I for comfort have but one false glass,
That grieves me when I see the shame in him (2.2.47-54).

So in the slightly later *Richard II*, Richard decisively calls for a mirror – « Let it command a mirror hither straight » (4.1.255) – but Bolingbroke *switches* the command : « Go some of you and fetch a looking-glass » (4.1.258). The distinction may be all-important here too. Richard may want the truth – either to see it for himself at the moment of deposition or to describe it to Parliament ; or perhaps both – and it may be the treacherous transformation of his request that Richard mocks once a looking-glass, and not a mirror, is given to him. This « flattering glass, » then, is what he cracks « in an hundred shivers. » (4.1.269, 279). The symbolic transfer is meant to confirm Richard's defeat and to underscore the play's movement from the old age of chivalry to the new, manipulative age of Machiavellian *realpolitik.* It is, one could say, all done with mirrors, true and false.

What, then, do we make of Cassius' offer to Brutus to use him as a mirror to know himself :

Cassius Tell me, good Brutus, can you see your face ?
Brutus No, Cassius, for the eye sees not itself
But by reflection, by some other things.
Cassius 'Tis just and It is very much lamented, Brutus,
That you have no such mirrors as will turn
Your hidden worthiness into your eye,
That you might see your shadow. I have heard
Where many of the best respect in Rome–
Except immortal Caesar – speaking of Brutus,
And groaning underneath this age's yoke,
Have wished that noble Brutus had his eyes (1.2-53-64).

The lines resonate : Polixenes will find his justified anxieties mirrored in Camillo's face (*Winter's Tale* 1.2-380-85) ; Maecenas tells Agrippa that Octavius Caesar will measure himself in the « spacious mirror » of the newly dead Antony (*Antony and Cleopatra* 5.1-34-35). Achilles, in fact, echoes Cassius. « The beauty that is borne here in the face, » he tells Ulysses,

The bearer knows not,
but commends itself To others' eyes.
Nor doth the eye itself,
Not going from itself ; but eye to eye opposed

> Salutes each other with each other's form.
> For speculation turns not to itself
> Till it hath travelled and is mirrored there
> Where it may see itself,

repeating, « This is not strange at all » (*Troilus and Cressida* 3.3.98-106). Such a remark by Achilles is foolish largely because of his pride and especially because he addresses the much cannier and wiser Ulysses, but such an invitation may also be inherently dangerous – the dark mirror now aimed at man rather than at God. This is surely how Brutus takes Cassius' invitation in *Julius Caesar* –

> Into what dangers would you lead me, Cassius,
> That you would have me seek into myself
> For that which is not in me ? (1.2.65-67)–

while later surrendering himself – » What you would work me to I have some aim » (1.2.164). Brutus' willingness to put the worst possible construction on Caesar's appearance in the Roman forum, to the cheers and applause of the city, shows his inclination to join the conspiracy to assassinate Caesar before the conspirators visit him at night, and confirms Cicero's observation that « men may construe things after their fashion, Clean from the purpose of the things themselves » (1-3.34-35). Cicero is drawing on an antique and Renaissance commonplace. Jodi Cranston reminds us that « Titian's self-portraits exemplify an artist's manipulation and suppression of his own mirror reflection in order to portray himself as though he were another, » and cites alongside this practice the theory of Leon Battista Alberti's *De pictura* (1435), which makes the point through the tale of Narcissus :

> I used to tell my friends that the inventor of painting, according to the poets, was Narcissus, who was turned into a flower ; for, as painting is the flower of all the arts, so the tale of Narcissus fits our purpose perfectly. What is painting but the art of embracing by means of art the surface of the pool ? –

« he connects, » says Cranston, « the invention of painting to an episode of self-delusion » (pp. 127-28). Titian's paintings and Alberti's theorizing might not be well known to Shakespeare or to his playgoers, but many of them would have been familiar with Plato, who in *Republic 10* says the mirror, as a means of conveying multiple possibilities, is quite opposite to the truth : « You could do it most quickly if you should choose to take a mirror and carry it about everywhere. You will speedily produce the sun and all the things in the sky, and speedily the earth and yourself and the other animals and implements and plants and all the objects of which we just now spoke, » Socrates is told ; and he replies, « Yes, the appearance of them, but not the reality and the truth. »[1] Where Alberti uses the story of Narcissus to make a rhetorical point, Socrates uses the idea of self-reflection to define sophistry, the kind of sophistry Cassius employs and Cicero exposes.

What Cassius seems to offer Brutus as emulation, reflection, even exchange through mirroring sight is rendered by Cicero as anamorphosis, dismissing the true sense of mirrored friendship based on loyalty such as Socrates found in Alcibiades and Guiderius will find in Arviragus, Palamon in Arcite (*Cymbeline* ; *Two Noble Kinsmen*), for what he wants to find by re-formation, changing the visual angle from a frontal and generalized to a lateral and more specialized position. By breaking up the integrity and coherence of direct viewing, Brutus like Achilles allows himself to see only what he wants to see and, seeing it, redeems his own desiring perspective. « Spectacle of Crystall cut with diverse Angles diamond-wise, » Henry Van Etten writes in his *Mathematical Recreations* of 1633, « doth make a marvelous multiplication of appearances. » (99).[2]

We know anamorphosis, now from Hans Holbein's commissioned double portrait of *The Ambassadors* ; Shakespeare (who never saw that portrait) was reminded of it by the anamorphic portrait of Edward VI that hung in the playing area of Whitehall Palace where the Lord Chamberlain's Men staged their royal performances. But such anamorphic paintings are only one-way in which Shakespeare's culture deformed images. Mirror games splintered the field of vision to allow multiple viewings of a single space, fracturing it, perhaps prompting Richard to throw his crystal glass to the ground, denying any possible

---

[1] Cranston, pp. 127-30. The Alberti quotation is on page 127 ; Plato on p. 130.

[2] Diane Altegeer *Reckoning Words* (Madison, NJ : Fairleigh Dickinson UP, 2000), p. 11.

singularity of meaning left in a world made anarchic under Bolingbroke's charge. Incompatible images – such as the cultured, living ambassadors standing within the same painterly frame as the anamorpic skill (or death within the same frame as the anamorphic ambassadors) suggests a kind of playfulness as well as a kind of skepticism. It also serves to test the ability of the eye to see reliably and the mind to judge accurately. Mirrors not only deformed and fractured reflections ; they also distended them. The sixteenth century was also the age of the convex mirror, where the vertex of the mirror is nearer to the object then the edges, providing an image always smaller than the object and always erect. Such a mirror displaced the flat steel glass or the flat crystal glass with a spherical view that at once became a microcosmic representation of the larger, curved macrocosm of the universe in which we live while taking that very spherical image to distort what the rounded eyeball would flatten out. The best-known example is Francesco Mazzola's, or Parmiglianinos', *Self Portrait in a Convex Mirror*. Parmiglianino « one day set out to portray himself, looking at himself in a barbers' mirror... in which he saw bizzare things, he was struck by the desire to counterfeit, on a whim [*per capriccio*] every thing. »[1] The painting shadows a kind of grotesquerie, but it also interprets the portrait for us, showing us one whose hand is enlarged because it is most central to the painterly act, the creative and inventive act, that produced it in the first place. Cranston puts it differently – « The convex mirror practices a visual rhetoric of hyperbole and aposiopesis – of exaggeration and omission – a particularly precise example of the sophistry associated with all mirrors » (p. 144). The mirror, then, in Shakespeare's time, could *redefine* truth (here at a more abstract level). In the seventeenth century the Jesuit Anthanasius Kircher contrived an optical device with a mirror that would reflect the light from a high window onto an octagonal wheel on which he had painted the heads of various animals set on human shoulders. When a visitor to this darkened room looked up into the mirror and the wheel was spun, he would see his own image continually transformed and metamorphosed. His machine, Kircher said, « sends everyone into great raptures when they look into the mirror and instead

[1] Quoted in Cranston, p. 142.

of their normal countenance discern now the visage of a wolf, now that of a dog or some other aninial. »[1] Here too the mirror reflected imperfectly.

Shakespeare's characters are quite aware of anamorphosis, re-formation by planes of a painting, and fracturing. Richard II's own ally Bushy tells his Queen that

> Each substance of a grief hath twenty shadows
> Which shows like grief itself but is not so.
> For sorrow's eye, glazed with blinding tears,
> Divides one thing entire to many objects – [fracturing]
> Like perspectives which, righly gazed upon,
> Show nothing but confusion ; eyed awry,
> Distinguish form [re-forming]

and takes the opportunity to provide her with counsel.

> So your sweet majesty,
> Looking awry upon your lord's departure,
> Find shapes of grief more than himself to wail,
> Which looked on as it is, is naught but shadows
> Of what it is not. Then thrice-gracious Queen,
> More than your lord's departure weep not : more is not seen,
> Or if it be, it is with false sorrow's eye,
> Which for things true weeps things imaginary (2.2.14-27).

The « many objects » that complicate anamorphic possibilities are likewise experienced by Orsino in *Twelfth Night* (5.1.208), by the Gravedigger in *Hamlet* (5.1.142-43), in the parade of ghosts Richard III sees at Bosworth Field (5.5) and the « show of eight kings, last with a glass in his hand » and Banquo before Macbeth (4.1.127 s.d.). But Shakespeare and his playgoers are accustomed to fractured vision, oftentimes seeing simultaneous action on the locus and platea, back and front of the stage at the Curtain and at the Globe, as when the funeral procession of Ophelia winds its way through the door at the rear of the locus and on downstage as Horatio and Hamlet observe it

---

[1] Douwe Draais, *Metaphors of Memory : A History of Ideas about the Mind* (Cambridge : Cambridge UP, 2000).

from behind the stage pillar and the gravediggers prepare for it at the trap. At such complex and confusing moments, the vision widens and then, finding its own focus of interest, narrows, allowing the viewer to see what he or she wants to see – what cognitive scientists term « salience, » when « the brain pays particular attention only to specific images in its visual field. »[1] So in the confusion of the final moments of *The Comedy of Errors*, Dromio of Ephesus says joyfully to Dromio of Syracuse, « Methinks you are my glass and not my brother. I see by you I am a sweet-faced youth » (5.1.419-20). So in the presence of what he believes is a statue by the famed Julio Romano, Leontes sees Hermione : « Her natural posture, Chide me, dear stone, that I may say indeed Thou art Hermione... we are mocked with art » (*Winter's Tale* 5.3.23-25, 68). Cloten snuggles naturally, he thinks, into Posthumus' suit (*Cymbeline* 4.1). Because « [Timon's] large fortune, Upon his good and gracious nature hanging, Subdues and properties to his love and tendance All sorts of hearts, » we « see how all conditions, how all minds, As well of glib and slipp'ry creatures as Of grave and austere quality, tender down Their service to Lord Timon » (*Timon of Athens* 1.1.56-59, 53-56). Similarly, Richard II gathers together the eyes of all in Parliament as with him they fix their eyes on Richard looking into the crystal glass, seeing and not-seeing until he shatters it in « an hundred shivers, » each shiver reflecting a member of Lords or Commons, each Parliamentarian reflected in an hundred ways. Richard's broken looking-glass may therefore not so much register his disgust or his despair as his accusations of those who watch him. Willing his deposition, he wills their guilty association in their attack on the embodiment of divine right. If so, he wills the glass back into the function of a truth-telling mirror. In Cesar Ripa's popular *Iconologia*, after all, the mirror was fundamental to allegorical images of wisdom, prudence, and truth, looking all ways, knowing all things.

Given such coordinates by which a mirror can tell the truth or deceive, a glass can be steel or crystal, Shakespeare makes use of a popular part of his culture. But what are we to make of Ophelia's observation that Hamlet is « The glass of fashion and the mould of

[1] John J. Ratney, *A User's Guide to the Brain : Perception Attention and the Four Theaters of the Brain* (New York : Vintage Books, 2002), p. 101.

form, Th'observed of all observers, quite, quite down ! » (3-1.152-53) ? Is this sudden recognition of Hamlet's present state of mind an endeavor to bring back his past stature, or a warning to Claudius and Polonius who, even now, are emerging from behind the stage pillars to join her ? Is she already, if ever so dimly, sensing her own early fate, her doom ? Or is this not a reflection of herself or others, but purely a *cri de cœur* of despair ? She may be defining herself by the person she looks upon as Cassius would have Brutus do, or she may be resolving any possible duplicity as Viola will within a year or two when she disguises herself as Cesario, likening herself to Sebastian her brother before undisguising herself at the end of *Twelfth Night* (1.2 ; cf. 3.4.344-45). Shakespeare uses such pairings to allow the joyful endings of his comedies and romances – witness Florizel and Perdita ; the twin Antipholi – as well as his tragedies. Hamlet introduces such a notion when he mirrors himself in Pyrhhus – who killed Priam in revenge for the death of Achilles – and compares Hecuba's great grief for her slain husband as the inverse mirroring of Gertrude (2.2.536-43). He introduces such a notion to Gertrude in the closet scene by holding up two glassy mirrorings in the pictures of King Hamlet and Claudius – « The counterfeit presentment of two brothers » (3.4.53) – the first fractured into Hyperion, Mars, Mercury ; the other one past naming. Such a disciple of the devil has « cozened you at hood-man blind » (3.4.71), usurping any resemblance by dispersing it to a superficial imitation, making plagiarism of her « truth. » The pagan model of divinity, beauty, and heroism has been corrupted by Gertrude's lust and tainted will into an idol of her own making, a mere effigy of her former husband. It is a negation of the earlier self-projection that recalls Gertrude to her senses, that, anamorphically, resituates Hamlet and realigns him with his dead father, her sometime husband and king. The closet scene may have suggested itself because by the time of Shakespeare's play, it was becoming customary for women to have their own private chambers lined with mirrors (such as the *cabinet de miroirs* Catherine de'Medici installed after the death of Henri II, Parodied in the « subtle angles » of mirrors in Sir Epicure Mammon's bedchamber in Ben Jonson's *Alchemist* (2.2.451). Such fracturing, metaphorically at least, would splinter this mirror into an hundred shivers of King Hamlet and King Claudius, and we know the profound effect such a suggestion has, at least momentarily, on Queen Gertrude :

> O Hamlet, speak no more !
> Thou turn'st mine eyes into my very soul,
> And there I see such black and grained spots
> As will not Leave their tinct (3.4-78-81).

She refers here to the concept of the mirror as man's soul, *synderesis*, that part of his being always reflecting God that Philip Melanchthon calls the inward « mirror of God. » A commonplace with the Church Fathers, this understanding of the mirror is found in John Skelton's *Speke Parot* and, at the end of the sixteenth century, at the time of *Hamlet*, in Sir John Davies' « Nosce teipsum » :

> That *Powre* which gave my eyes, the world to view ;
> To view my selfe enfus'd an *inward light* ;
> Whereby my *Soule*, as by a Mirror true,
> Of her own forme may take a perfect sight. ...
> As now me thinks, I do distinguish plaine,
> Each subtill line of her immortall face.
> *The Soule a substance*, and a *spirit* is,
> Which God him selfe doth in the Bodie make (193-96 ; 263-66).

Perhaps this is also part of Richard II's point. « Even while discrediting specular illusion, » Sabine Melchior-Bonnet tells us, « which Plato ranked as the lowest degree of knowledge, beneath even painting since it lacks the tangible reality of the image, he admitted that the reflection, by its very immateriality and its resemblance, lent itself well to another analogical and spiritual sort of consciousness. »[1] Forced to confront the twin paintings as possible self-reflected partners, Gertrude finds a way to confront and judge her own soul through the choices she has made and to begin to feel guilt and remorse. As Barnabe Riche notes in *My Ladies Looking Glass*, « we may perceiue that a *looking Glasse* may be imployed to a godly purpose ; and what one doth imploy to the supporting of vice, another may conuert to the exercise

---

[1] Melchior-Bonnet, p. 271.

of vertue. » In the First Quarto, Gertrude confesses her error and offers to help Hamlet, going to seek Claudius ; in the First Folio, despite Hamlet's relentless attacks, she does not go so far. Three times she cries out to him, « No more ! » (3.4.84, 86, 92), ceasing only when the Ghost of King Hamlet intervenes, the scene ending only when Claudius bursts in upon her. But looking at the two portraits may nevertheless be sufficient.

In one of his earliest plays, Shakespeare has the powerful but evil effects of Margaret, as such a potential mirroring, affect Suffolk ; here too there is self-recognition through a projected illusion of Margaret alongside the less desirable person herself :

> I have no power to let her pass.
> My hand would free her, but my heart says no.
> As plays the sun upon the glassy stream,
> Twinkling another counterfeited beam,
> So seems this gorgeous beauty to mine eyes.
> Fain would I woo her, yet I dare not speak.
> I'll call for pen and ink, and write my mind.
> Fie, de la Pole, disable not thyself !
> Hast not a tongue ? Is she not here to hear ?
> Wilt thou be daunted at a woman's sight ?
> Ay, beauty's princely majesty is such
> Confounds the tongue, and makes the senses rough (*I Henry VI*,
> 5-5.16-27).

Desire finding its source in such a reflective image is replaced by death in a very late plays *The Two Noble Kinsmen*, when the third of the bereaved and widowed queens pleads more succinctly for aid in burying her royal husband who died in battle.

> O woe,
> You cannot read it there ; there, through my tears,
> Like wrinkled pebbles in a glassy stream,
> You may behold 'em (1-1-110-13).

What joins such disparate passages at both ends of the canon is the employment of a glassy stream like a steel glass in which to establish an imagistic version of the projected self so powerful that it can*not* be confronted as directly as Hamlet forces his mother to see in tandem the pictures of her two husbands – the one that was and now cannot be, the one that is. Strikingly, though, the remaining use of mirroring one's own thoughts in such a way is what Gertrude employs when, once begun on the road to self-confession, she finds another appropriate subject to mirror her condition and so instruct her. This moment of truth comes in her most famous speech, that reporting the death of Ophelia not to Claudius but to Laertes :

> Your sister's drowned, Laertes. ...
> There is a willow grove aslant a brook
> That shows his hoar leaves in the glassy stream.
> Therewith fantastic garlands did she make
> Of crew-flowers, nettles, daisies, and long purples,
> That liberal shepherds give a grosser name,
> But our cold maids do dead men's fingers call them.
> There on the pendent boughs her crownet weeds
> Clamblring to hang, an envious sliver broke,
> When down the weedy trophies and herself
> Fell in the weeping brook. Her clothes spread wide,
> And mermaid-like a while they bore her up ;
> Which time she chanted snatches of old tunes.
> As one incapable of her own distress,
> Or like a creature native and endued
> Unto that element. But long it could not be
> Till that her garments, heavy with their drink,
> Pulled the poor wretch from her melodious lay
> To muddy death. ...
> Drowned, drowned (4-7-135-56).

This is an extraordinary passage. From a rhetoric of urgent realism – « Drowned ? O, where ? » (4-7.136) – comes a response that seems strangely out of keeping with the occasion : by turns lyric and languid, a narrative *report* that cuts into the drama and brings it almost to a still-point *imaging* Ophelia. The narrative, moreover, has further unreality in its details – much as one might wonder how Hamlet's Ghost, sleeping, knew how he died – when Gertrude seems to observe Ophelia's fall while doing nothing about it. This is not the point, of course, as it is not the point whether or not she was herself an eyewitness, for the report of Ophelia's image in the glassy stream is also Gertrude's glassy image in Ophelia. The mirroring self, like

Gertrude, is deeply distracted by her choice of her beloved ; she too links desire with death ; she too is distraught by an unavoidable death for which she might be an accomplice : while Ophelia mourns the loss of Hamlet and the death of Polonius, Gertrude is imaging, but not yet quite saying, her similar sense of guilt and remorse for the loss of King Hamlet and the subsequent death of her son, sent to England to be murdered by Rosenkrantz and Guildenstern.

That Hamlet might well have expected Gertrude to reclaim her conscience by looking upon the portraits of virtue and vice follows naturally from his own desire to explain his father's sudden death and his mother's response – « The funeral baked meats Did coldly furnish forth the marriage tables » (1.2.179-80) – in the subsequent story which the Ghost will tell him. The Ghost is Hamlet's glassy image, mirroring in its report what Hamlet most wants said. It also voices what Hamlet has neglected to do – revenge his father by killing his uncle. That Claudius represents to Hamlet unrestrained passion is evident when Hamlet links Claudius to his mirroring servants, Rosenkrantz and Guildenstern : when Horatio says « So Rosenkrantz and Guildenstern go to it, » Hamlet thinks not of their capacity for revenge but of their capacity for fornication : « Why man, they did make love to this employment » (5.2.58). It follows, then, that this « glass of fashion » for Ophelia (3-1.152) will write lines into a play of incest that, in holding the mirror up to his conception of nature, will have the power to expose and condemn. He knows the actors have the ability to allow him to write additional dialogue to incorporate « Lucianus, nephew to the King » (3.2.223). But Hamlet is also well aware that playing is an act of art, not nature, and so he urges the troupe to be most natural, most exacting in their performance.

Suit the action to the word, the word to the action, with this special observance : that you o'erstep not the modesty of nature. For anything so overdone is from the purpose of playing, whose end, both at the first and now, was and is to hold as t'were the mirror up to nature, to show virtue her own feature, scorn her own image (3.2.16-21).

As Ben Jonson will note shortly in *Discoveries*, « no glasse renders a mans forme,... or likeness, so true as his speech. »[1] The glassy images

[1] Jonson, p. 17.

of the players' performances, then, must come as close as humanly possible to steel mirrors ; it is a measure of Hamlet's past encounter with the Ghost that he entertains such thoughts and purpose ; it is his success with the play – Claudius goes instantly to prayer (3.3) – that prompts him to enact a second drama in Gertrude's closet. Such art – such mirrors of nature – are still not, however, the end, but the means to an end : they are the agents that call forth *self*-confrontation in *others*. So, finally, Hamlet must confront *himself* in the image of Laertes defending himself in a necessary duel and, finally, beyond that, aware of his, own guilt, choosing to rest his dying voice on his final glassy image, Fortinbras, whose courage at battle, honor for his father, and determination to act reflect Hamlet's most mature act of mirroring. Hamlet's fundamental *modus operandi* – to hold the mirror up to nature as exemplary rather than holding nature up to the mirror – returns us again to Richard II's command for « a mirror hither straight » (4.1.255). Turning inward with the hand-held image, rather than outward to the members of Parliament, Richard can only contemplate himself as the refracted, single spectacle. « He is at once both subject and object, judge and plaintiff, victim and executioner, torn between what he is and what he knows, » as Melchior-Bonnet would have it.[1] The mere appearance of royalty – « No deeper wrinkles yet ? Hath sorrow struck So many blows upon this face of mine And made no deeper wounds ? », (4.1.267-69) – so counters exigent circumstances that imaging floats free of them, gives back no counterimage, no steel glass, no exemplary mirroring. Unable to reconcile the divinity of the king with the deposition of the King forces Richard to lose himself into the unworldly privacy of endless subjectivity in which no image or reflection can match him to the world about him. The overinvestment of the mirroring image distorts and devalues that image, demanding a continual readjustment to avoid total dissolution. The projected self-image demands a new coherence, a new identity altogether ; the endless stalemate of the old image has rendered it perpetually useless. As both Leon Battista Alberti and Leonardo da Vinci were proposing elsewhere, the mirror can verify

---

[1] Melchior-Bonnet, pp. 128-29.

resemblance, educate the eye, but also provide illusions.[1] « Mirrors, » Jodi Cranston adds, « because they seem to inform us about the most intimate parts of ourselves, and because they reflect change, become signs for the potential mutability of the self .... Each time that we come before a mirror, we rarely see and experience ourselves in the same way ; our self-interpretation varies more according to what we are thinking about ourselves than to what we are seeing » (pp. 150-51). Recognizing incoherence in the image he seeks and does not find, Richard II calls it « brittle » and shatters it, « cracked in an hundred shivers » (4.1.277-29). Rather than merely a moment of theater, or even a moment of despair, it may be at last a more reflective act which sees, in the destruction of the crystal glass, the misdirected ideal envisioned, as Gascoigne has it, as a step toward freeing the vision to reinvest in glassy images more potentially instructive. This renewed understanding of the mirror and mirroring is what Ben Jonson remarks in his « Epistle to Katherine Lady Aubigny » (1611-12) : « My mirror is more subtle, clear, refined, And takes and gives the beauties of the mind » and is Richard II's turning point his moment of triumph in tragedy voiced in the final soliloquy of 5.5. :

> Thoughts tending to content flatter themselves
> That they are not the first of fortune's slaves,
> Nor shall be the last – like seely beggars,
> Who, sitting in the stocks, refuse their shame
> That many have, and others must, set there ;
> And in this thought they find a kind of ease,
> Bearing their own misfortunes on the back
> Of such as have before endured the like.
> Thus play I in one person many people,
> And none contented. Sometimes am I king ;
> Then treason makes me wish myself a beggar,
> And so I am. Then crushing penury
> Persuades me I was better when a king
> Then I am kinged again, and by and by
> Think that I am unkinged by Bolingbroke,
> And straight am nothing. But whate'er I be,
> Nor I, nor any man that but man is,

---

[1] Melchior-Bonnet, pp. 128-29.

With nothing shall be pleased till he be eased
With being nothing (5-5.23-41).

Fulke Greville catches this mood in *Caelica 42* (1633) :

Thus our Delights, like faire shapes in a glasse,
Though pleasing to our senses, cannot last,
The metall breaks, or else the Visions passe,
Onely our griefes in constant moulds are cast.

Projecting his restless self-image as mirroring his own fluctuating, mutable state of mind, Richard reviews his life at the end much as Michael Drayton does in « Amour 14 » of *Ideas Mirror* (1.594) :

Looking into the glasse of my youths miseries,
  I see the ugly face of my deformed cares,
  With withered browes, all wrinckled with dispaires,
  That for my mis-spent youth the tears fel from my eyes.
Then in these teares, the mirrors of these eyes,
  Thy fayrest youth and Beautie doe I see,
  Imprinted in my teares by looking still on thee-.
  Thus midst a thousand woes, ten thousand joyes arise.
Yet in these joyes, the shadowes of my good,
  In this fayre limned ground as white as snow,
  Paynted the blackest Image of my woe,
  With murthering hands inbrud in mine own blood.
And in thys Image his darke clowdy eyes,
My life, my youth, my love, I heere Anatomize.

Richard anatomizes himself, too, locked in his prison cell, but then he hears music which at the last harmonizes such disjunctive and such self-destructive thoughts and restores a more complex image that takes back the shards of crystal to project a more complete and so a more trustworthy image because more comprehensive in its mirroring, a fully accommodated steel glass of the mind. Richard's triumph for Shakespeare, then, if he has one, is (like Dromio's, like Viola's, like Hamlet's) found, at the end, in a mirror.

Arthur F. KINNEY

LE JEU DE L'INTÉRIEUR ET DE L'EXTÉRIEUR DANS L'*UTOPIE* DE THOMAS MORE

Mon sujet appelle, de toute évidence, quelques explications. Alors que, dans ce colloque, chacun essaie de mettre en évidence les aspects que peut prendre l'intériorité à la Renaissance, voilà que je choisis une œuvre où, semble-t-il, cette question ne se pose pas. Il est difficile, en effet, de prendre les Utopiens en flagrant délit d'intériorité. On ne les voit pas penchés sur leur moi. S'ils demandent pardon pour leurs fautes[1], leur examen de conscience semble vite expédié. Ils ont mieux à faire : édifier de toutes pièces ou presque une société nouvelle, qui puisse servir d'exemple. Et l'on sait bien que, dans l'histoire, les partisans de l'intériorité ont dû rendre des comptes à ceux qui n'avaient de regards que pour les horizons radieux et les lendemains qui chantent. Le genre même de l'Utopie, fondé par Thomas More, ne s'attache guère aux délices plus ou moins coupables de l'intériorité. Si cependant l'on regarde les choses de plus près, on s'aperçoit que, dans l'œuvre de Thomas More, l'intériorité ne brille pas par son absence. Elle est plutôt victime d'une censure, ce qui est tout autre chose. L'urbanisme, la législation, la religion utopienne sont autant de dispositifs mis en place pour la contrôler. C'est d'abord aux signes de ce contrôle que je voudrais m'intéresser. Si j'en restais là, je n'aurais procédé, cependant, qu'à une analyse thématique du livre II, qui, d'une manière vraiment surprenante, résume pour beaucoup de critiques l'ensemble du texte. Je m'intéresserai donc aussi au livre I, c'est-à-dire à la naissance du discours de Raphaël Hythlodée, trop souvent négligée. Et j'essaierai de montrer que, là aussi, l'intériorité semble exclue du dialogue imaginé par l'auteur, ce qui semble surprenant tant,

---

[1] *L'Utopie*, édition S. Goyard-Fabre, Paris, Garnier-Flammarion, 1987, p. 225. Toutes les références au texte seront données dans cette édition, ainsi que les traductions. Nous les avons vérifiées en utilisant le texte latin de la grande édition de Yale, 1963-1986, t. IV.

à la Renaissance, il existe un lien entre dialogue et intériorité. Ce paradoxe, je l'expliquerai en rappelant que l'*Utopie* est avant tout une description, c'est-à-dire un genre qui prend les choses comme elles apparaissent, ce qui ne facilite pas les démarches de l'interprétation où l'on cherche toujours à aller de l'extérieur vers l'intérieur. Et par ailleurs, Raphaël Hythlodée ne nous expliquera jamais ce qu'il a voulu dire. Pourtant, l'*Utopie* s'installe au-dedans de nous, comme le montre bien l'histoire de sa réception critique, une histoire qui commence dans le texte lui-même.

Comme chacun le sait, je ne suis pas un spécialiste de Thomas More, ce qui est un inconvénient et un avantage. L'inconvénient saute aux yeux : si, depuis quarante ans, je lis et relis le texte, je suis loin de connaître l'immense bibliographie secondaire de l'*Utopie*[1]. Mais j'ai un avantage : celui de la naïveté. Elle peut être ici d'un grand secours, car, pour ne rien vous cacher, je suis parfois un peu étonné de la manière dévote dont on parle de l'*Utopie*[2]. Comme si le destin tragique de son auteur la rendait sacrée ; comme s'il était interdit de l'étudier librement. Le meilleur service que l'on puisse rendre à Thomas More, c'est de retrouver la liberté de son discours.

Commençons par quelques constatations. D'abord, celle-ci : le pays d'Utopie est un espace où l'on ne peut se cacher. Si j'évoque d'abord cette question, c'est parce que, me semble-t-il, l'intériorité est associée à des lieux où l'on peut se retirer, se retrouver : une partie de la maison (par exemple une « librairie », comme chez Montaigne), un *studiolo*, un jardin[3]. Sans cet espace où l'on s'éloigne du tumulte du monde, le moi est mis en danger. Or, ce genre de lieu est tout à fait absent de l'*Utopie*. Mais son exclusion est insidieuse et il faut avoir

---

[1] Voir le bilan dressé par G. Marc'hadour, *Thomas More Utopia*, Paris, Didier-érudition-CNED, 1998.

[2] Notamment dans l'introduction d'André Prévost à son édition, par ailleurs admirable (Paris, Mame, 1978). Apparemment, je ne suis pas le seul à être un peu déconcerté par le ton de ce spécialiste : Claude Billot, rendant compte du livre de G. Marc'hadour signalé dans la note précédente, parle du « prechi-précha » d'André Prévost (*Moreana*, vol. 36, déc. 1999, p. 146).

[3] Le souci de la tranquillité domestique est visible dans la construction des demeures de la Renaissance. Sur le *studiolo*, voir A. Chastel, *Le Mythe de la Renaissance*, Genève, Skira, 1969, p. 167.

l'esprit mal tourné (comme moi) pour la dénicher. Je la trouve par exemple dans cette phrase : « pas de cabarets, pas de tavernes, pas de mauvais lieux, aucune occasion de débauche, aucun repaire, aucun endroit de rendez-vous »[1]. Telles sont les exigences de la vertu. Dans le monde hautement moral de l'*Utopie*, les cabarets n'ont pas de raison d'être, mais la condamnation de l'ivresse n'explique pas tout. Le texte latin montre bien que le législateur n'a pas voulu de lieux où l'individu puisse se dérober aux regards de la collectivité : « *Nullae latebrae, conciliabulum nullum* »[2]. Tant pis pour les amoureux ou les conspirateurs ! On est loin, en apparence, de l'univers du livre I et de cette conversation dans le jardin par laquelle tout a commencé. Nous y reviendrons. En fait, la phrase que je cite n'est pas isolée. L'urbanisme utopique ne laisse aucune chance au goût de la clôture et du secret. Les Utopiens « s'abritent contre le vent par des fenêtres vitrées [...], parfois aussi par une toile fine qu'ils rendent transparente en l'enduisant d'huile ou de résine : ce qui offre cet avantage de laisser passer la lumière et d'arrêter le vent »[3]. J'ajoute : ce qui offre aussi l'avantage de voir l'intérieur des maisons. Chacun est exposé aux regards des passants, car il n'est pas question, bien entendu, de rideaux. Culte de la transparence. Ma lecture trouve une confirmation dans une phrase qui figure un peu avant celle que je viens de citer : « Chaque maison a deux portes, celle de devant donnant sur la rue, celle de derrière sur le jardin. Elles s'ouvrent d'une poussée de main et se referment de même, laissant entrer le premier venu »[4]. « *Quemvis intromittunt* », dit le texte latin[5]. Pas de heurtoir, pas de verrou, pas de loquet. Les Utopiens n'ont pas plus le droit de s'enfermer chez eux que les moines dans leurs cellules. On entre chez eux comme dans un moulin, et à tout moment, vous pouvez trouver un « tranibore » ou un simple voisin dans votre salle à manger. Pourquoi pas ? Quand on s'enferme chez soi, c'est que l'on a quelque chose à cacher. Cela ne viendrait pas

---

[1] *L'Utopie*, édition citée, p. 162.

[2] Edition de Yale, p. 146.

[3] *L'Utopie*, p. 145. La plupart des éditeurs se contentent de noter, à ce propos, que l'*Utopie* est en avance par rapport aux usages de l'Angleterre, où, à cette époque, on se contentait de tissus huilés pour boucher les fenêtres.

[4] *Ibid.*, p. 144.

[5] Yale, p. 120.

à l'esprit des Utopiens qui n'ont rien à se reprocher. Le magistrat ne s'est apparemment pas demandé si l'on pouvait vivre constamment sous le regard d'autrui.

On a tellement pris l'habitude d'aplanir la lecture de l'*Utopie* que l'on ne s'étonne plus. Pour que le texte devienne bien lisse, on explique ses bizarreries apparentes par l'influence des modèles antiques, notamment celle de Platon. Les portes battantes de l'*Utopie* seraient donc un souvenir d'un passage de la *République* (III, 416d) où l'auteur explique que les « Gardiens » ont une habitation ouverte à tout le monde[1]. Mais les « Gardiens », comme chacun le sait, ce sont les dirigeants de la cité idéale, et l'on peut comprendre que Platon leur demande une transparence totale. Dans l'*Utopie*, en revanche, le régime des portes ouvertes s'applique à tout le monde. On a tort également d'expliquer cette mesure par le système de la communauté des biens. L'absence de propriété privée et le fait de changer d'habitation tous les dix ans n'entraîne pas, *ipso facto*, cette ouverture des maisons à ce qui vient du dehors. En fait, le texte est surdéterminé. Le système utopien a engagé la guerre avec tout ce qui, dans l'aménagement des maisons, constitue un espace du dedans. Que cela ne soit pas l'idéal de Thomas More, il n'est que de lire l'épître-dédicace à Pierre Gilles pour s'en convaincre. Elle nous montre un homme accablé par les devoirs de sa charge et ne trouvant même pas chez lui la tranquillité nécessaire au travail intellectuel : il lui faut parler à sa femme et à ses enfants et régler une foule d'affaires domestiques[2]. Au lieu d'admirer, un peu béatement, ce père de famille des temps modernes, c'est ce décalage qu'il convient de remarquer. De là à penser que Thomas More ne voudrait pas habiter le monde que décrit l'énigmatique voyageur, il n'y a qu'un pas. On peut ou non le franchir.

Le refus de l'intimité prend un tour encore plus surprenant avec les usages pré-nuptiaux de l'*Utopie*. Mais les choses vont plus loin, car il s'agit ici de l'intimité des corps. Avant le mariage, on le sait, « la femme, qu'elle soit vierge ou veuve, est montrée nue au prétendant par une femme honnête ; un homme également digne de confiance montre

---

[1] Rapprochement suggéré notamment par l'édition de Yale, p. 120.

[2] « Rentré chez moi [...], j'ai à causer avec ma femme, à bavarder avec les enfants, à m'entendre avec les domestiques [...]. Tout cela mange le jour, le mois, l'année. Quand arriver à écrire ? » (p. 75).

à la jeune fille le prétendant nu »[1]. Raphaël a tellement conscience de l'étrangeté de la coutume qu'il la qualifie d'« absurde » à première vue. Il la justifie pourtant d'une manière toute rationnelle : un défaut du corps, resté caché, peut compromettre le meilleur mariage. Mais là encore le texte est surdéterminé : Hythlodée ne peut dire la raison profonde de cette « ostension présuptiale » : encore et toujours l'horreur de ce qui est caché. Et cela vaut pour ce que cachent les vêtements aussi bien que pour ce que cache la terre, privée elle aussi de son intimité. « La nature, lit-on, comme la plus généreuse des mères, a mis à notre portée immédiate ce qu'elle nous a donné de meilleur, comme l'air, l'eau, la terre elle-même, tandis qu'elle écarte de nous les choses vaines et inutiles »[2]. L'or fait partie de celles-ci car il faut le chercher dans les entrailles de la terre. L'idéal utopien rejoint ici celui de l'âge d'or, où l'on est nu ou presque et où il suffit de tendre la main pour trouver, suspendus aux branches, les objets du désir.

Tout lecteur de l'*Utopie* se demande bien sûr comment les habitants de ce pays pourront exclure de leur moi les rêves et les désirs. Or, tout se passe plutôt bien, et avec un minimum de répression[3]. Thomas More (ou plutôt Raphaël Hythlodée, l'archange divagant) a imaginé un système fort subtil de contrôle des désirs. On a vu tout à l'heure que les Utopiens ne possédaient pas de « chez eux » : à tout moment on peut s'introduire dans leur maison. Mais ce n'est pas tout, et les visiteurs sont parfois invisibles comme nous l'explique le passage consacré au culte des morts. Ceux-ci, nous dit-on, « sont présents lorsqu'on parle d'eux, invisibles seulement aux regards trop peu voyants des mortels [...]. Ils circulent parmi les vivants, témoins de leurs actes et de leurs paroles. Cette foi en la présence tutélaire des

---

[1] *L'Utopie*, p. 192. Les éditeurs opèrent à propos de ce passage une série de rapprochements, notamment avec Platon, *République*, V, 425d et *Lois*, VI, 771-772 a, ainsi que XI, 925 a. Voici, sur ce passage, le commentaire d'André Prévost : « Les Utopiens, placés devant les mêmes problèmes [que les Grecs et les Latins], les résolvent tout en sauvegardant la pudeur, préservatrice du mystère du sexe, symbole du caractère inviolable de chaque personne » (édition citée, p. 550).

[2] *Ibid.*, p. 165.

[3] *L'Utopie*, ce n'est pas le Goulag, contrairement à ce qu'en a dit A. Soljénitsine, par la faute d'une mauvaise traduction : voir Claude Billot, article cité, *Moreana*, p. 138.

morts leur inspire plus de confiance dans leurs entreprises et les détourne de rien faire de mal en secret »[1]. Il existe en somme une surveillance métaphysique des vivants par les morts et l'obsession est toujours la même : le secret. Les défunts possèdent les prérogatives du Dieu chrétien : ils sondent les reins et les cœurs. Ce qui échappe aux autorités politiques dont la vue est toujours un peu basse, eux, ils le voient. Il faut croire que les Utopiens ne possèdent pas la perfection qui sera celle des Thélémites, toujours poussés à la vertu par l'aiguillon de l'honneur[2]. Ce qui le remplace, c'est une constante surveillance extérieure.

L'*Utopie* possède cependant des lieux ou des moments où les sentiments de l'homme intérieur peuvent s'exprimer, mais sous une forme très contrôlée. C'est l'un des rôles du culte public. De la religion privée, en effet, nous ne savons que très peu de choses. Mais la description du culte public est d'une grande richesse pour le sujet qui nous occupe. Il existe, nous dit-on, une merveilleuse harmonie entre les prières récitées par le prêtre et les émotions de l'individu. Elles sont composées de telle sorte, en effet, que « chacun rapporte mentalement à soi-même ce que tous prononcent à l'unisson »[3]. Cela pourrait s'écrire d'un office chrétien, où la lecture collective d'un psaume, par exemple, éveille des échos différents en la personne de chaque croyant. La phrase en question mérite quand même réflexion car tout se passe comme si chacun se trouvait totalement satisfait par le contenu et les termes des prières officielles. Il n'y a pas de « reste » intérieur[4].

---

[1] *L'Utopie*, p. 219 ; Yale, p. 224.

[2] *Gargantua*, ch. LVII, éd. M. Huchon, Paris, Gallimard, « La Pléiade », 1994, p. 149.

[3] *L'Utopie*, p. 229.

[4] C'est bien pourquoi les Utopiens ignorent tout du mysticisme, c'est-à-dire de la relation personnelle et affective à Dieu. Le fait qu'une petite partie des habitants ait reçu le baptême n'explique pas, à lui seul, l'absence d'une piété plus affective. Notons quand même que c'est à l'occasion de certaines conversions que l'intériorité utopienne, si peu attestée, apparaît dans le texte : « Vous ne sauriez croire avec quel élan ils se portèrent vers elle [la doctrine chrétienne], *soit que Dieu leur parlât en secret*, soit qu'elle leur parût la plus proche de la croyance qu'eux-mêmes jugent supérieure à toutes les autres » (p. 214). De là à penser que le christianisme est un facteur d'intériorité, il n'y a qu'un pas que nous franchirions volontiers.

La poétique du livre II est en parfait accord avec la thématique. Quand il s'agit de résumer la pensée des Utopiens, les énoncés sont presque toujours à la troisième personne du pluriel : « ils disent », « ils pensent ». Jamais, comme cela se passe dans un récit de voyage, Raphaël n'entre en contact avec l'un d'entre eux, qui pourrait dire « je ». Ce qui tue l'intériorité, c'est aussi l'unanimité. Il y a pourtant comme une exception dans ce concert des voix unanimes. Elle se trouve dans le passage où Thomas More raconte l'effet produit sur les habitants de l'île par les ambassadeurs des Anémoliens, qui, on le sait, et pour faire bonne impression, se rendent chez leurs voisins couverts d'or et de pierreries. Exceptionnellement, nous entendons alors la réaction d'un individu. C'est un enfant, qui se trouve sur le passage du cortège et donne un coup de coude à sa mère : « Regarde, maman, ce grand idiot qui porte encore des perles et des pierreries comme s'il était un bébé »[1]. La mère, qui le fait taire, a cependant de quoi être fière de son fils, puisque celui-ci a compris que les Utopiens n'attachaient aucune importance à l'or et aux pierres précieuses. Voilà, en somme, un parfait petit Utopien, qui a si bien intégré les valeurs collectives qu'il n'a plus aucune réaction personnelle. On a pourtant le sentiment que Thomas More va un peu loin : faut-il vraiment prendre cette scène au sérieux ? Ici, me semble-t-il, l'humour reprend ses droits, l'humour qui rend si difficile l'interprétation de l'*Utopie*. Il se pourrait qu'en nous montrant un enfant si bien éduqué, Thomas More nous dise qu'il ne faut pas prendre au sérieux tous les énoncés du livre II. Mais qui fera le tri ? Une question analogue se pose pour la religion des Utopiens.

On sait que les temples de ce pays ne possèdent aucune image sculptée ou peinte. Cette exclusion des images a été souvent rapportée aux courants iconophobes de l'humanisme contemporain[2]. Cela, pourtant, n'explique pas tout, car la question posée n'est pas celle de l'idolâtrie. Il s'agit d'éviter un conflit toujours possible entre une représentation figée, extérieure, et une représentation intérieure : « les temples ne contiennent aucune image des dieux : chacun est libre de se figurer la divinité d'après son sentiment le plus élevé »[3]. Enfin, un

---

[1] *L'Utopie*, p. 168.
[2] Voir la note de l'édition de Yale, p. 550.
[3] *L'Utopie*, p. 225.

moment de liberté intérieure dans la vie si contrôlée des Utopiens ! L'individu retrouve le droit de se forger des représentations personnelles. L'absence de signes extérieurs correspond à la volonté de respecter cette liberté. Prenons garde cependant au fait que la liberté ainsi octroyée est invitée à dépasser les apparences. La meilleure religion n'est sans doute pas celle qui donne aux dieux des formes humaines, trop humaines[1]. En fait, c'est la musique qui permettra aux citoyens de l'*Utopie* de retrouver leur espace intérieur. De nombreux travaux ont noté son importance dans la religion utopienne[2]. On a souligné notamment la petite révolution opérée par Thomas More qui étend à la musique instrumentale les privilèges de la musique vocale. L'une comme l'autre sont maintenant en mesure d'exprimer le monde des sentiments. Le concert des instruments est à même d'exprimer tous les émotions de l'âme : « la prière, la supplication, la joie, la peur, le trouble, le deuil, la colère ». « Le mouvement de la mélodie correspond si bien aux pensées qu'elle saisit les âmes des auditeurs, les pénètre et les exalte avec une force incomparable »[3]. Voilà les passions admises dans le monde si rationnel de l'*Utopie*. Il s'agit pourtant, si l'on y fait attention, d'une émotion collective. Les Utopiens éprouvent au même moment des émotions comparables, un peu comme la foule à laquelle s'adresse un orateur éloquent. Ce que chacun éprouve *in petto*, le texte ne le dit pas.

L'importance du culte dans l'univers utopien s'explique donc par l'exutoire qu'il propose aux passions et aux sentiments. Il n'implique en rien une reconnaissance des émotions et des représentations intérieures, toujours suspectes, toujours contrôlées. Le paradoxe est que cet univers dépersonnalisé est le fruit d'une conversation entre amis, marquée, en apparence, du sceau de l'intimité.

J'ose à peine évoquer l'ouverture si tranquille et si humaniste de l'œuvre. Deux amis se retrouvent (Thomas More et Pierre Gilles) et

---

[1] La pensée utopienne est ainsi l'exact opposé de celle de Montaigne, homme de la Réforme tridentine, qui fait au contraire l'éloge des images et des formes dont a besoin la psychologie religieuse : *Essais*, II, 12, édition Villey-Saulnier, p. 513.

[2] Voir en particulier E. Lovinsky, *Musical Quarterly*, 39, 1953 et *Le Concert des voix et des instruments à la Renaissance*, Paris, CNRS, 1995.

[3] *L'Utopie*, p. 22 ; Yale, p. 234.

font la connaissance d'un personnage étrange, Raphaël Hythlodée[1], dont ils souhaitent entendre les récits. Ils s'installent commodément, après le repas, sur un « banc de gazon », représenté dans une gravure[2]. Que n'a-t-on pas écrit sur les circonstances de ce dialogue, sur le plaisir de la conversation entre amis, et sur les joies de l'intimité ! D'une manière un peu étourdie, on a rapproché le cadre de ceux que nous trouvons dans les *Colloques* d'Erasme, plus divers au reste que ne le pensent les critiques. C'est ainsi qu'André Prévost croit pouvoir écrire : « L'*Utopie* s'inscrit dans la tradition et la forme des dialogues de Platon où l'on partage, dans l'amitié, la nourriture de l'esprit et celle du corps »[3]. Cette notion de partage mérite un examen attentif. Remarquons d'abord, que, chez Thomas More, le dialogue et le repas ne coïncident pas : on mange d'abord, on parle ensuite. « Nous prîmes notre repas, puis nous revînmes nous asseoir au même endroit, sur le même banc, en disant aux domestiques que nous ne voulions pas être interrompus »[4]. Le schéma n'est pas platonicien, et encore moins érasmien. Je pense en disant cela à la mise en scène de certains *Colloques*, notamment à celle du *Banquet religieux*, où l'exégèse de quelques passages de la Bible a lieu pendant le repas : le fait est bien connu depuis les analyses que Michel Jeanneret a consacrées aux banquets de la Renaissance dans les *Mets et les Mots*[5]. Erasme a voulu montrer en particulier que l'on pouvait incorporer les mots comme on incorporait les mets, ce qui rapproche bien sûr sa fiction de la dernière Cène. Ici, dans le récit-cadre, rien de tel. J'ajoute qu'il en va de même dans l'une des scènes racontées dans le livre I : celle qui se passe à la table de John Morton. Car dans celui-ci, il n'est jamais question de nourriture : on avale des paroles, qui parfois ne sont que du vent comme c'est le cas pour les propos du parasite[6]. La question du repas est importante dans la mesure où il est toujours un

---

[1] « Un étranger, un homme sur le retour de l'âge, au visage hâlé, à la barbe longue, au caban bégligemment jeté sur l'épaule » (p. 85).

[2] Edition A. Prévost, p. 26/359.

[3] *Ibid.*, p. 446.

[4] *L'Utopie*, p. 133.

[5] Paris, Corti, 1987.

[6] *L'Utopie*, p. 112-115. Ce passage et d'autres, sans oublier le nom même de Raphaël Hythlodée, indique, semble-t-il, une influence d'Erasme, dont l'*Eloge de la Folie* est élaboré à peu près au même moment que l'*Utopie*.

mouvement d'incorporation, où l'extérieur passe à l'intérieur. Importante aussi dans la mesure où il est synonyme de convivialité.

Second point. Il faut quand même remarquer l'étrange conduite du dialogue dans le livre I, car elle nous éloigne aussi de l'idée de partage chère à André Prévost. On attendait le jeu classique des questions et des réponses, coupé par des moments de récit, car il faut bien que le voyageur raconte ses aventures. Il n'en va pas du tout ainsi. Plus d'une vingtaine de pages (le nombre dépend bien sûr de l'édition choisie) rapportent la conversation qui eut lieu chez l'archevêque de Cantorbéry et dont Raphaël Hythlodée fut à la fois l'acteur et le témoin. Cette conversation rapportée empêche l'installation de l'intimité, même si l'auteur-narrateur connaît très bien John Morton[1]. Il y a d'emblée comme un mouvement centrifuge du discours qui entraîne les auditeurs bien loin de leur banc de gazon. Si même on en doutait encore, la suite pourrait nous en convaincre car voici que Raphaël se lance dans un un autre récit qui prend la forme d'une hypothèse : ce qu'aurait pu être sa conduite s'il avait été le conseiller du roi de France au moment où celui-ci réfléchit aux moyens de préserver sa domination sur l'Italie : *excursus* d'une bonne dizaine de pages[2]. Le dialogue ne reprend une partie de ses droits qu'au moment où Raphaël aborde la question de la propriété privée : à ce moment-là, le jeu des questions et des réponses rapproche le livre I du dialogue « classique ».

Troisième remarque, qui concerne cette fois-ci le livre II : pendant tout la durée de son récit, aucune question n'est posée à Raphaël. Jamais il n'est interrompu par ses auditeurs qui auraient pu, selon la vraisemblance, lui demander des précisions sur tel ou tel aspect du monde incroyable dont il parle. A défaut de l'interrompre, ils pouvaient garder leurs questions en réserve pour les poser au moment où il aurait fini de parler. Vous savez que ce n'est pas le cas. Une phrase du texte fournit une sorte d'explication : « Comme [...] je le voyais fatigué par son long récit et que je ne savais pas s'il admettait la

---

[1] Rappelons que le jeune Thomas More fut page dans la maison de John Morton et qu'il semble avoir gardé un bon souvenir des années où il fut chez lui.

[2] Ce roi, d'après les indications fournies par le texte, est sans doute Louis XII. Cet épisode est soumis lui-même à la loi du décentrement. Loin de rapporter un dialogue fictif, Raphaël propose comme sujet de réflexion l'exemple d'un peuple lui aussi utopique, celui des Achoriens. Ici non plus, le dialogue ne s'installe pas.

contradiction [...], je me bornais à louer les lois des Utopiens et l'exposé qu'il nous en avait fait »[1]. Phrase curieuse, à vrai dire. On ne posera pas de questions parce que le voyageur est peut-être susceptible. La réserve de More et de Pierre Gilles fait honneur à leur courtoisie. Soit. Il se pourrait pourtant que la psychologie n'explique rien du tout. Le silence des auditeurs après le discours du voyageur rappelle forcément un autre silence : celui qui accueille les paroles de Dame Folie à la fin de l'œuvre d'Erasme. A ceci près que le discours de la dame aux grelots se termine plus brutalement que celui de Raphaël. L'*Utopie* serait-elle une déclamation qui ne dit pas son nom ? On sait en effet que ce genre, illustré notamment par *l'Eloge de la Folie* et le *Discours de la Servitude volontaire*, n'accueille pas volontiers la parole d'autrui. La pensée de l'orateur doit aller jusqu'au bout d'elle-même, sans être interrompue ou commentée[2]. La déclamation est aux antipodes du dialogue philosophique. L'hypothèse est séduisante, mais on ne peut la retenir. L'*Utopie* aurait été proche de la déclamation si elle s'était réduite au livre II. Thomas More, sans doute dans un deuxième temps, en a décidé autrement[3]. D'où ce livre I, au moins aussi étrange que le livre II, ce dialogue qui n'en est pas un, cette longue préparation au discours de Raphaël Hythlodée. Nous ne pénétrons pas plus dans l'intimité du narrateur, et de ses amis que dans celle des Utopiens. Le texte se referme sur lui-même. Mais, par un beau paradoxe, il suscite chez le lecteur et même chez l'auteur le désir de l'Utopie.

On ne prête pas assez d'attention, me semble-t-il, à la première page du livre. Voici l'auteur envoyé en Flandre, comme « porte-parole » de l'« invincible roi d'Angleterre », Henri VIII, avec mission de régler un « différend commercial » entre son pays et l'Espagne. Il rencontre à

---

[1] *L'Utopie*, p. 234.

[2] Voir J. Lafond, « Le *Discours de la servitude volontaire* de La Boétie et la rhétorique de la déclamation », *Mélanges V.-L. Saulnier*, Genève, Droz, 1984, p. 735-748.

[3] Sur la genèse de l'œuvre, voir l'introduction d'André Prévost dans son édition, ainsi que J. Hexter, *Utopia : The Biography of an idea*, Princeton University Press, 1952, nouvelle édition, 1965 (surtout les pages 15-30) et, du même auteur, les pages XV-XXIII de l'introduction à l'*Utopia* dans l'édition de Yale.

Bruges les « mandataires » du futur Charles Quint, puis les deux délégations se séparent sans être parvenues à un accord complet. Un « porte-parole » ou un ambassadeur, c'est quelqu'un qui ne parle pas en son nom propre, mais en celui du prince qui l'a envoyé[1]. Le texte lui-même le précise bien à propos des envoyés de Charles : au moment où la négociation se bloque, ils s'en vont à « Bruxelles consulter l'oracle »[2], c'est-à-dire prendre l'avis du prince. Un ambassadeur, quand il est dans une situation difficile, consulte toujours son mandant, car les Instructions dont il est porteur ne peuvent prévoir tous les cas de figure d'une négociation difficile. La fonction diplomatique crée un type d'homme qui n'a guère le temps de s'occuper de son moi et de son for-intérieur : un ambassadeur est toujours suspendu aux paroles de son prince. Au départ, donc, le personnage de Thomas More se consacre tout entier aux affaires de son roi.

Toutefois, alors que ses homologues partent, on l'a dit, à Bruxelles, « consulter l'oracle », Thomas More se rend à Anvers où il a « affaire ». De quoi s'agit-il ? Nous ne le savons pas. Il semble bien qu'il ne s'agisse pas des affaires du prince. On entrevoit une parenthèse privée dans la vie bien remplie de ce personnage officiel. Elle lui permet de revoir un ami très cher : Pierre Gilles. Le schéma est donc le suivant : négociations suspendues, voyage à Anvers, retrouvailles avec Pierre Gilles.

La rencontre avec Raphaël Hythlodée est une variation sur les thèmes que je viens d'esquisser. Elle se situe sur les marges d'un lieu public : l'église Notre-Dame. C'est sur le parvis de celle-ci, à la fin de la messe, que notre auteur-personnage rencontre son ami en grande conversation avec un inconnu. Regardons bien les termes de la première conversation entre les trois personnages. Avec courtoisie, Thomas More déclare à Pierre Gilles que Raphaël Hythlodée serait le bienvenu chez lui « *pergratus mihi tua causa* », ce que S. Goyard-Fabre traduit « recommandé par toi ». A quoi celui-ci répond que l'étranger est d'abord « recommandé par lui-même » ([*gratia*] *sua*). Ce vocabulaire de la recommandation, c'est celui que nous trouvons dans les lettres de créance d'un ambassadeur de la Renaissance, jamais

---

[1] Voir Daniel Ménager, *Diplomatie et théologie à la Renaissance*, Paris, PUF, 2001.
[2] *L'Utopie*, p. 84.

avares de louanges pour celui qui les porte et dont on dit qu'il est la voix même du prince[1]. La présentation de Raphaël prend donc le contre-pied de ce discours : l'étranger n'a personne pour le recommander sauf lui-même. Il échappe au système du mandant et du mandataire, c'est un homme seul. Il sera bien accueilli parce que Thomas More se trouve dans un état de « vacance » intérieure qui le rend disponible. La mission politique est entre parenthèses, la curiosité reprend ses droits et avec elle l'appel du large.

Ce scénario met donc en évidence les conditions favorables à l'accueil de l'altérité. La suite nous montre deux choses. La première est que Raphaël n'entend pas sacrifier sa différence sur l'autel de l'utilité publique. On sait en quels termes il décline l'idée de se mettre au service d'un prince. En cela, il est l'anti-Thomas More, serviteur fidèle autant que surmené de son roi. Il est peut-être même la tentation de l'écrivain qui rêve, à travers lui, de retrouver son moi et le goût de la spéculation. En deuxième lieu, nous voyons bien que c'est l'altérité radicale de Raphaël et de son discours qui le laissent songeur. La fin du livre II nous le montre prenant amicalement l'étranger par le bras pour le conduire dans la salle à manger et roulant dans son esprit le discours qu'il vient d'entendre et dont il espère bien avoir l'occasion de reparler : « une autre occasion de réfléchir plus mûrement à ces problèmes » (*tempus iisdem de rebus altius cogitandi atque uberius cum eo conferendi posse*)[2]. A coup sûr, les propos de l'étranger ne vont pas cesser de cheminer en lui. De l'ambassade à Bruges et des intérêts commerciaux de l'Angleterre, il n'est plus question. Thomas More redevient une personne privée. La relation si étrange de Raphaël va d'autant mieux solliciter son esprit que, dans la mise en scène du texte, elle était faite sur le seuil qui sépare l'extérieur de l'intérieur. Le fameux banc de gazon où se retrouvent les trois personnages est à la fois un dedans et un dehors. Première présentation : « Nous entrâmes chez moi (*domum meam digredimur*) où, dans le jardin, assis sur un banc de gazon, nous nous mîmes à causer »[3]. Ce « chez moi » englobe un espace double : la maison proprement dite et le jardin. Comme nous l'avons vu, le moment du repas est dissocié de celui de

[1] Voir Daniel Ménager, *op. cit.*, ch. II.

[2] *L'Utopie*, p. 234.

[3] *Ibid.*, p. 87.

la conversation, si bien que celle-ci ne commence qu'une fois que les trois amis se sont installés dehors, dans le jardin. De l'intérieur, ils vont vers une sorte de dehors. A la fin du livre II, mouvement inverse : Thomas More ramène son nouvel ami *intro* : « *manu apprehendens intro cenatum duco* » L'appropriation du discours peut commencer.

Deux textes nous permettent de l'imaginer. Il faut les manier avec précaution car ils ne sont pas dépourvus d'humour. Le premier est un passage de l'épître-dédicace à Pierre Gilles, où Thomas More se moque gentiment d'un chanoine de Saint-Paul (Rowland Phillip) qui brûle d'envie d'aller en Utopie pour évangéliser ses habitants. L'ennui, c'est qu'il ne connaît pas le chemin ! Et pour cause ! Ce que veut prouver cette erreur de lecture, c'est que l'*Utopie* engendre des rêves et des projets. Mais comme le bon chanoine de Saint-Paul est respectueux des usages et des formes, il ne veut pas aller là-bas de son propre chef, mais envoyé par le Souverain Pontife[1]. Précision anodine, à première vue. Pas tant que cela, car dans cette mission donnée par le pape, nous retrouvons le vocabulaire de l'ambassade, décidément omniprésent. De même qu'il y a des envoyés du roi, il y a des envoyés du pape. Les apôtres n'étaient d'ailleurs, étymologiquement, que des envoyés du Christ. Le chanoine de Saint-Paul a donc rêvé à l'*Utopie*, devenue composante de son monde intérieur, mais son rêve reste prudent : il ne deviendra réalité qu'avec la caution de l'autorité religieuse.

Thomas More, dans une lettre à Erasme[2], donne à son œuvre une suite plus libre et pleine d'humour. Dans un rêve, il s'est vu magistrat suprême de l'*Utopie*. Couronné d'épis de blé, vêtu de l'habit « franciscain »[3] de ses habitants et entouré d'une escorte d'Amaurotes, il s'avance au-devant des ambassadeurs des autres peuples, sottement parés comme dans la fameuse scène du livre II. Voilà une belle invention, on en conviendra, et qui ne pouvait que plaire à Erasme, grand amateur de rêves fabriqués de toutes pièces. Invention qui se

---

[1] *Ibid.*, p. 77.

[2] *Opus epistolarum Desiderii Erasmi*, n° 499 ; tr. fr., éd. Gerlo, Bruxelles University Press, 1967-1984, t. II, p. 537-539.

[3] C'est ainsi que, dans la lettre, il désigne le vêtement très sobre des Utopiens, décrit p. 153.

situe, d'autre part, dans la droite ligne du texte. Nous voici de nouveau dans la compagnie des ambassadeurs, mais la scène n'est pas la même que dans le livre I. De mandataire, Thomas More est devenu mandant. Il ne dépend plus que de lui-même. Il n'a plus de comptes à rendre. L'Utopie est devenue son pays intérieur. Si l'humour est évident, il possède aussi une signification, comme on peut le voir dans la conclusion de ce récit de rêve. « J'aurais poussé plus loin ce songe si doux, mais l'aurore en se levant [...] a dissipé mon songe, m'a précipité de mon principat et me rappelle à mon moulin, c'est-à-dire au prétoire »[1]. Le prince de l'*Utopie* redevient le vice-shériff de Londres. Déception. Il n'en continuera pas moins à habiter en pensée le pays qu'il a inventé, en compagnie d'Erasme, qui n'est pas étranger à sa naissance. Le « chez moi » de Thomas More ne se trouve plus ni à Londres, ni à Bruges ni à Anvers, mais « en Utopie ».

Je voulais, au départ, montrer que l'*Utopie* ne faisait aucune place à l'intériorité, ce qui me paraissait dans la logique du genre inventé par Thomas More. Il en va de même dans la plupart des *Utopies* qui suivront. Les choses sont, en fait, beaucoup plus complexes. D'abord parce que le législateur de l'Utopie a dû, bon gré mal gré, faire quelques concessions. Dans les belles liturgies collectives de son île, le moi du croyant communie avec les autres. D'autre part, le livre I, apparemment étranger aux règles non-écrites des Colloques de la Renaissance, et qui refuse de mêler les mets et les mots, fait apparaître le caractère radical de certains discours, si radical qu'on ne peut se les approprier du premier coup. Je serais tenté de dire que ce livre I où nous sommes toujours sur le seuil préserve les droits de l'altérité. Il met également en place, tout doucement, le processus qui va permettre aux lecteurs d'habiter l'étrange pays dont il a été parlé. Non pas sur le mode de l'adhésion pure et simple : ce serait confondre l'œuvre de Thomas More avec un programme politique, mais sur celui du « pourquoi pas ? ». L'humour de l'auteur n'est pas pour rien dans ce jeu savant avec l'approbation et la distance.

Daniel MÉNAGER

---

[1] *Ibid.*, p. 539.

« LA REPRÉSENTATION DE LA CRISE DE L'INTÉRIORITÉ, LA PERPLEXITÉ ».

Si la perplexité est un état d'âme dont le caractère intime est tout à fait évident, celui-ci cherche cependant toujours – comme l'ont montré différents travaux contemporains de phénoménologie – à s'exprimer de façon extérieure. Autant l'on peut être amoureux sans rien en laisser paraître, sans jamais en dire un mot, autant la perplexité demande, elle, à s'extérioriser immédiatement, à prendre forme et à être mise en scène. Pour le dire un peu différemment, la perplexité réclame de joindre le geste à la parole. D'ailleurs, comme le remarque le philosophe américain Peter Schwankl, être perplexe, c'est nécessairement prendre la posture du perplexe :

> On sait très bien à quoi ressemble quelqu'un de perplexe : il se gratte la tête, il enlève de la table des miettes de pain imaginaires, il sourit d'une façon bien particulière, embarrassée ; il s'arrête tout à coup de parler, etc. [...]. Quelqu'un peut par exemple être profondément amoureux sans dire son amour ou s'en en rien manifester du tout aux autres. A l'inverse la perplexité s'exprime toujours même si c'est de façon « dis-loquée » (« verschoben »)[1].

Il n'est que de penser à l'attitude de Panurge dans le *Tiers Livre* pour voir combien la description est adéquate. Si la perplexité qui taraude

---

[1] Peter Schwankl, « On the phenomenon of perplexity » : « We know precisely how it looks if somebody is perplexed : he scratches his head ; he wipes imaginary crumbs from the table ; he smiles in a particular, puzzled manner ; he suddenly stops talking, etc. [...] A person, for instance, can be deeply moved by love without expressing love and without any signs of love at all to the outside world. On the contrary, perplexity always expresses itself, although in a « dis-located » (« verschoben ») manner », *Philosophy and Phenomenological research*, volume 27, September 1966 – June 1967, published for the International Phenomenological society by the University of Buffalo Foundation.

celui qui craint plus que tout d'être cocu est bien avant tout une affaire intime, elle ne semble cependant pouvoir se dire que par la médiation d'une extériorisation, en l'occurrence aussi tonitruante qu'incongrue – comme ne se prive pas d'ailleurs de le lui faire remarquer son ami Pantagruel :

> N'entendent le bon Pantagruel ce mystère, le interrogea demandant que pretendoit ceste nouvelle prosopopée. « J'ay (respondit Panurge) la pusse en l'aureille. Je me veulx marier.
> – En bonne heure soit, dist Pantagruel, vous m'en avez bien resjouy. Vrayement je n'en vouldrois pas tenir un fer chauld. Mais ce n'est la guise des amoureux, ainsi avoir bragues avalades, et laisser pendre sa chemise sur les genoilx sans hault de chausses : avecques robbe longue de bureau, qui est couleur inusitée en robbes talares entre gens de bien et de vertus[1].

Ce qui frappe immédiatement Pantagruel, c'est autant le caractère inédit qu'inadapté du geste de Panurge. Se marier, soit mais pourquoi alors produire un réseau de signes aussi peu en rapport avec ce désir ? Cette interrogation est tout à fait légitime mais elle ne voit pas que le geste de Panurge ne correspond pas tant à sa situation d'amoureux (ce n'est en effet pas leur « guise » de s'habiller ainsi) qu'à celle de perplexe[2] et encore qu'il ne vaut pas tant par ce qu'il pourrait éventuellement signifier (comme une charade[3]) que par le paradoxe qu'il incarne et par la rupture dans l'ordre normal des choses qu'il veut

---

[1] Rabelais, *Œ. C.*, *Tiers Livre*, édition par Mireille Huchon, Paris, Gallimard, 1994, « Pléiade », p. 372.

[2] C'est d'ailleurs ce que C. de Bovelles suggère dans *Proverbes et dicts sententieux avec l'interpretation d'iceux* : « Puce en l'oreille, L'homme reveille. / *Pulex in aure, Inhibet dormire*. L'allusion de ce propos est pour les grans negociateurs, lesquelz pour plusieurs affaires n'ont loisir de bien dormir, & sont tousjours quasi veillans, et disent qu'ilz ont la puce en l'oreille qui les reveille jour & nuict », Paris, Sebastien Nyvelle, 1557, p. 26 v°. L'interprétation de cette « puce » – traditionnellement donnée à partir des *Devises héroïques* de Paradin –symbole du désir amoureux doit donc être complétée par celle de Ch. de Bovelles : désir et perplexité, comme toujours dans le *Tiers Livre*...

[3] D. Russell « Panurge and his new clothes » : « If Pantagruel did use the word « prosopopée » with this meaning, he would be assuming that the costume contains some message allegorically or ideogrammaticaly expressed » in *Etudes rabelaisiennes*, tome XIV, 1977, p. 94.

à tout prix indiquer. Par la modification manifeste de son comportement et de son allure, la perplexité se désigne alors comme un désir de rupture. Elle fait irruption sur la scène publique en prenant immédiatement l'allure d'une crise. En déclarant son tourment, le perplexe réclame dans le même temps de ses interlocuteurs une solution à la question qu'il se pose. Il veut que son interrogation soit dite et qu'elle soit réglée dans le même instant. Il veut y voir clair, à tout prix et tout de suite. Aussi, s'il lance sa demande à la cantonade, c'est comme d'autres lancent une bouteille à la mer. Son geste est alors là comme une interrogation muette, persistante et visible, adressée à l'assistance, sur les motivations du désir et sur les peurs qui accompagnent tout passage à l'acte.

Cela étant dit, la perplexité n'est pas un sentiment ou une émotion qui existerait en dehors de l'histoire des mentalités et des représentations. Il y a, pour le dire vite, au XVIe siècle – et c'est une des choses que nous aimerions montrer – une « invention » de ce sentiment qui participe à l'invention, plus vaste, d'une intériorité en crise. Il s'agit donc pour nous d'examiner comment au XVIe siècle la perplexité acquiert une dignité littéraire, comment elle devient un sentiment « représentable » – ce qu'elle n'est pas au début du siècle – et quelles en sont les formes historiques. Le projet tout simple, qui est le nôtre, est d'essayer de voir comment durant le siècle se met en place, peu à peu et avec des évolutions parfois paradoxales, le monologue du dilemme si caractéristique du théâtre classique du XVIIe siècle (le terme de « perplexité », rare dans la littérature du XVIe siècle, apparaît d'ailleurs à près d'une quarantaine de reprises dans le théâtre de Corneille[1]). Il s'agit donc d'analyser les métamorphoses du « *Quid faciam ?* » en adoptant la seule perspective capable de rendre palpables et significatifs les évolutions du concept et les flottements terminologiques, la perspective historique.

Les raisons de l'intérêt neuf du XVIe siècle pour la perplexité ne nous retiendront pas mais il est tout à fait clair que le contexte historique – auquel Daniel Ménager a fait allusion hier à propos de l'invention « protestante » de l'intériorité – explique pour une bonne part l'évolution que nous allons essayer de décrire. À partir du moment

---

[1] C. Muller, *Étude de statistique lexicale, le vocabulaire du théâtre de Pierre Corneille*, Paris, Larousse, 1967, p. 322.

où il convient de se décider en conscience pour l'un ou l'autre parti et d'engager sa vie à partir d'une intime conviction, l'hésitation perplexe prend une importance qu'elle n'avait probablement pas eu jusqu'alors.

À l'orée du XVIe siècle, la perplexité n'a qu'une existence littéraire bien limitée et aucun auteur ne semble s'intéresser vraiment au sujet. Si l'on peut bien trouver le terme employé par Eustache Deschamps, Jehan Marot ou Jean de l'Espine du Pont-Allais et chez quelques autres, il ne s'agit pourtant chez eux que d'une mention fugitive qui ne dépasse pas la ligne de texte. C'est donc peu de dire que l'on ne s'attarde pas sur la question. La perplexité se dit (« je suis perplexe » ou « fort perplexe ») mais elle ne se montre et ne se démontre pas. Elle se vit et se reconnaît comme telle mais elle ne s'analyse et ne se joue pas. Ainsi si le premier déclare sans détour l'hésitation de son personnage :

> Si suy en grant proplexité [*sic*],
> Car il m'est de necessité
> Qu'a marier me doye entendre,
> Se je doy jamais femme prandre,
> Dedenz brief temps pour avoir ligne[1].

si le second entend bien la population française s'interroger avec inquiétude sur la stratégie que doit adopter le roi de France à l'égard du Milanais :

> L'ung le regrette, l'autre plaint et souspire,
> L'autre mauldit qui le conseil luy donne,
> Disant ainsi : « L'on ne doit la personne
> De nostre Prince ainsi mettre en hasart. »
> L'autre respond : « Ta raison n'est pas bonne,
> Car des brebis que pastour abandonne,
> Souvent le loup en devore à l'escart. »

---

[1] E. Deschamps, *Le miroir de mariage*, *Œuvres complètes d'Eustache Deschamps*, IX, Paris, F. Didot, 1894, « Société des anciens textes français », v. 717-72.

> Bourgeoys, marchans et peuples mecaniques
> Sont tous perplex en leurs bancs et boutiques[1].

et si le troisième se demande plus simplement encore, avec perplexité, ce qu'il doit faire de sa vie, aucun des trois auteurs ne donne pourtant à la perplexité une existence textuelle réelle. Il s'agit apparemment d'un état qu'il suffit de dire et qu'il n'est pas vraiment besoin d'exprimer et encore moins de manifester.

L'étonnement devant ce constat est grand. Une des raisons les plus évidentes de cet état de fait est sans doute la répugnance manifeste que l'antiquité latine éprouve à baptiser de ce terme les hésitations intérieures de ses personnages. Ainsi, de façon très significative, saint Augustin n'emploie-t-il pas une seule fois le mot dans ses *Confessions* pour désigner les affres du futur évêque d'Hippone – mot qu'il connaît pourtant bien et qu'il utilise à plusieurs reprises dans la *Cité de Dieu* mais dans un tout autre sens que celui d'une hésitation prolongée et pénible. Ce ne sera qu'à partir du XVIIe siècle que le dictionnaire de César de Rochefort donnera ce nom aux tergiversations du grand homme :

> Saint Augustin avoüe dans ses Confessions qu'il a vécu long-temps dans une grande perplexité sur le sujet de sa conversion. *Ego enim deliberabam ut servirem Domino, ego eram qui volebam, ego qui nolebam, ego nec plane volebam, nec plane nolebam ; Contendebam & dissipabar a me ipso. Confess. lib. 8. cap. 10*[2].

À cette curieuse absence, il existe une autre raison, directement liée à la première, c'est que le terme désigne au XVIe siècle – et bien davantage encore durant le Moyen Âge – tout autre chose que le sentiment d'inquiétude et d'impuissance que nous connaissons aujourd'hui sous ce nom. En effet, bien avant d'être un concept psychologique, la « perplexité » est au XVIe siècle une notion

---

[1] J. Marot, *Le voyage de Venise*, Genève, Droz, 1977, « Textes littéraires français », p. 51, v. 718-726.

[2] C. de Rochefort, *Dictionnaire général et curieux contenant les principaux mots et les plus usitez en la langue française*, Lyon, Pierre Guillimin, 1685, article « Perplexité ».

technique précise désignant, pour les juristes, ce que nous nommerions volontiers de nos jours une antinomie de lois (« Il y a perplexité de droit », dit Albericus de Rosate, « quand à propos de quelque chose que quelqu'un à l'intention de faire il trouve différentes autorités d'avis absolument incompatibles entre eux[1] ») et, pour les théologiens, principalement l'état d'une conscience qui fait erreur et dont le *dictamen* se trouve en désaccord avec les préceptes de l'Église. Est ainsi dit perplexe pour un théologien de la Renaissance, tout individu qui hésite sur la conduite à tenir et qui, quoi qu'il décide, se trouve conduit malgré lui à pécher (« necessitas peccandi »), « situation dramatique », comme le note encore au début du XXe siècle le *Dictionnaire de théologie catholique*, « d'une conscience cernée, si l'on peut dire, par le péché. Quelque décision qu'elle prenne, il semble qu'engagée comme elle est, qu'elle ne puisse éviter la faute[2] ». En effet, comme l'explique longuement Thomas d'Aquin, si le perplexe désobéit aux commandements de l'Église, il commet un péché mortel mais il n'est pas moins coupable s'il décide de renoncer à suivre la voix de sa conscience qui lui vient de Dieu.

Témoin important de cet héritage théologique, le beau monologue délibératif que Jean Bouchet fait tenir à Entendement dans ses *Triumphes de la noble et amoureuse dame* (dont J. Britnell situe la rédaction dans les années 1527-1530). L'allégorie y est particulièrement claire – comme d'ailleurs tout le reste de la psychomachie – pour la raison tout à fait simple qu'elle est le décalque sans distance de vérités théologiques bien connues tirées de Gerson :

> La folle ambition ne dormoit de l'autre part, mais estoit avec Entendement chancellier de l'ame en une autre chambre ou ils parloient & devisoient non seulement des biens de ce monde, mais des sciences humaines & autres choses curieuses, par lesquelles on peut avoir honneur mondain. Toutefois Entendement ne feit aucune promesse a Ambition qui lui sembloit tant belle, mais bien fut surprins de son amour, car apres ce qu'elle fut de lui separée, envelopé de la convoitise d'amour, se jetta sur

[1] A. de Rosate, *Dictionnarium juris tam civilis, quam canonici* : « juris est, cum circa illud quod quis habet facere, invenit diversos authores sibi invicem repugnantes », Venetiis, apud Guerreos fratres & socios, 1573, p. 594.

[2] *Dictionnaire de théologie catholique*, volume 13, colonne 427.

> son lit de camp disant ainsi. O quel dangereus alarme ! quel contagieus attrait ! & qu'elle tentation m'ont esté livrés par les doulces parolles d'une femme ! O pauvre Entendement que doibs tu faire ? tu connois a l'œil le reproche que tu auras : Si toi qui es le chancellier de l'Ame t'abandonnes a la folle amour d'une femme, que dira lon de moi qui suis un peu diminué de la perfection des anges, si je suis surmonté d'une feminine doulceur, & d'autre part comme pourrai je estraindre l'ardante flamme de desir charnel ou je suis ? [...] Lui estant en ceste perplexité Ambition retourna qui le vint embrasser & baiser, & par ces amoureux attractifs fut par elle gaigné sans pouvoir donner resistence de lui mesme sans l'aide de Dieu duquel il ne demandoit le secours[1].

Le passage est intéressant à bien des égards mais il l'est notamment parce que le constat de la perplexité est formulé par le narrateur (« lui estant en ceste perplexité ») et non par le personnage. Cet aspect des choses peut passer inaperçu mais ce choix n'est sans doute pas un hasard chez un auteur aussi théologien que J. Bouchet. En effet, théologiquement parlant, le perplexe ne peut donner à son état le nom très technique de « perplexité ». Ce serait sinon désigner le personnage comme si compétent en théologie et si parfaitement conscient de la triste situation morale dans laquelle il se trouve que le problème serait réglé et énoncé dans le même temps. Le récit n'aurait plus qu'à s'interrompre.

C'est d'ailleurs la même connaissance des textes canoniques de la tradition qui conduit Bouchet à rendre dans un premier temps perplexe « Entendement » avant de pouvoir ensuite engager la conscience toute entière dans cette même perplexité. En effet, d'un point de vue théologique, si la conscience est erronée ce ne peut être que parce que la voix de Dieu, transmise par la syndérèse[2], est perturbée par le

---

[1] J. Bouchet, *Les triumphes de la noble et amoureuse dame*, Louvain, Jean Bogard, 1563, p. 144 r°.

[2] J. de Capistrano, *Speculum conscientiae* : « In sillogismo autem triplex est consideratio, secundum tres propositiones, ex quarum duabus tertia concluditur. ita etiam contingit in proposito, dum ratio in operandis ex universalibus principiis circa particularia judicium assumit. Et quia universalia principia juris ad sinderesin pertinent, rationes magis appropriatae ad opus pertinent ad habitus quibus ratio superior & inferior distinguitur [...]. Et secundum hunc modum patet qualiter differat sinderesis, lex naturalis & conscentia, quia lex naturalis nominat ipsa prima principia juris, sinderesis vero nominat habitum eorum, sive potentiam cum habitu. Conscientia autem

mauvais fonctionnement de la raison. Seule la partie humaine de la conscience, la raison, est susceptible de faillir, en s'appliquant par exemple à de mauvais objets, en commettant des erreurs logiques ou en déduisant faussement certaines conclusions. Dès lors, si l'application est inadéquate au cas concret que la conscience doit régler, l'erreur est imputable non aux principes généraux du monde moral mais à la seule incapacité à raisonner de tel ou tel individu, en un mot à « Entendement ». Le sommiste Jean de Capistrano n'hésite ainsi pas à écrire :

> Et à cause de cela il arrive que la conscience erre, non par la faute de la syndérèse mais par une erreur de la raison, comme cela est évident dans le cas des hérétiques [...][1].

La leçon est d'ailleurs parfaitement connue de l'âme des *Triumphes de la noble et amoureuse dame* qui déclare sans détour :

> Que dirai je plus ? fors que je vei sortir des ïeus de l'Ame incorporée, une femme resplendissante comme la lune, vestue sur le nud de fine toille de soie blanche, laquelle tenoit en ses deux mains deus grans flambeaus ardans. On me dit depuis que c'estoit Synderese, qui est (comme a escrit saint Augustin) une lumiere dedans née concrée en l'Ame, par laquelle l'Ame est dirigée & menée à faire les choses appartenantes a la justification de la coulpe & peine & a l'adpetion de gloire que saint Basille appelle naturel judicatoire. Elle est differente a la conscience, car la conscience peut recevoir erreur & perturbation & non la synderese combien que la conscience quant a la part superieure se reduise a synderese. Synderese est le remede contre le levain & nourrissement ou source de peché qui est en toutes personnes si par grace especialle n'en sont de Dieu preservées, car le levain ou source de peché incline a mal faire, & la synderese induit a bien vivre[2].

---

nominat applicationem quandam legis naturalis ad facienda per modum cujusdam conclusionis », Venetiis, [F. Zilettus], 1584, fol. 326-327.

[1] J. de Capistrano, *Speculum conscientiae* : « Et propter hoc contingit conscientiam errare, non per sinderesis errorem, sed per errorem rationis, sicut patet in haeretico [...] », fol. 327.

[2] J. Bouchet, *Les triumphes de la noble dame amoureuse*, Louvain, Jean Bogard, 1563, p. 146 r.

Seul un regard extérieur est donc à même de décrire les hésitations intérieures et de leur donner le nom qu'il convient. Formuler explicitement sa perplexité, ce serait se désigner comme conscient des enjeux de son état, ce que, précisément, le perplexe ne peut pas faire. C'est d'ailleurs à nouveau le cas, quand l'âme toute entière cède aux avances de Satan. C'est encore à une voix extérieure qu'il revient de donner son véritable nom au problème :

> O que je suis en merveilleuse angoisse, en perilleuse guerre & dangereus conflict ! Je voi d'une part que je suis espouse de Jesuchrist tout puissant, tout sapient et tout bon, duquel j'ai tant receu de biens. Je scai que je suis sa promise, & que si je lui suis fidelle, aurai le doüaire d'eternelle joie & le bien souverain. J'ai de l'autre part devant mes ïeus la grande beauté du prince de Volupté, son subtil scavoir, son opulence, son eloquence, sa faconde & son gracieus maintien. Je connoie qu'il m'aime mieus que femme du monde, & voi le labeur qu'il prent chacun jour pour me complaire & pour ma grace aquerir. Je voi aussi les grans biens qu'il me presente, ses amoureuses delectations, ses continuels plaisirs, & sa grande bienveillance. L'une de ces choses m'advance, l'autre me reculle. Que ferai je ? Ou irai je ? Qui me donnera conseil & confort ? Je ne scai ou est Entendement mon chancellier. [...]. La pauvre ame ne pensoit combien il est facile a offenser Dieu, & combien est difficile a se relever de peché. Or l'Ame estant en ceste perplexité abandonnée d'Entendement & Memoire, mal gouvernée par Volunté : Le prince de Volupté entra en sa chambre & la trouva seule & eslongnée de toutes bonnes pensées, au moien dequoi sans grande resistence fit d'elle ce qu'il voulut et la prostitua [...][1].

Tel n'est sans doute pas toujours le cas pour des auteurs moins au fait « en matière de clergie » et si l'on peut bien trouver des emplois d'une perplexité assumée à la première personne, il reste pourtant que – au moins dans la première moitié du siècle – la perplexité se formule bien souvent à la troisième personne et qu'il y a là comme une marque (dont le sens est sans doute de moins en moins perçu) d'un atavisme théologique.

---

[1] J. Bouchet, *Les triumphes de la noble et amoureuse dame*, Louvain, Jean Bogard, 1563, p. 144 v.

Par ailleurs, on ne peut que constater dans les deux textes de Bouchet que nous avons cités combien dès le début du siècle le débat intérieur prend la forme de la délibération rhétorique antique, à tel point d'ailleurs que le monologue de l'âme formule explicitement la question fondatrice du genre délibératif : « qui me donnera conseil ? » / « que me conseillez-vous[1] ? ». La perplexité participe donc d'un appareil rhétorique et d'une stylistique appropriée ; perplexe, l'on s'interroge volontiers *pro et contra* en se demandant « d'une part » et « d'autre part » ce que l'on doit faire ; perplexe, l'on se pose, dans une période ample et avec le rythme ternaire qui s'impose, les quelques questions oratoires que réclame le genre. L'on recourt à cette même figure de la *communicatio* décrite par Quintilien au livre IX de l'*Institution oratoire* :

> La figure appelée « communication » n'est pas éloignée de cette dernière ; ou bien c'est une consultation de nos adversaires eux-mêmes, comme Domitius Afer défendant Cloatilla [...] ou bien et c'est un procédé très fréquent nous ouvrons une sorte de délibération avec les juges : « Que conseillez-vous ? » ou « Je vous le demande » et « Qu'aurait-il fallu faire enfin ? »[2].

Très significativement, c'est dans les mêmes termes et avec la même rhétorique ampoulée que Rabelais exprime en 1532 le célèbre dilemme de Gargantua. Le traitement du sujet est cependant devenu, d'un auteur à l'autre, considérablement moins univoque. On y pousse bien les mêmes gémissements sur la même perplexité mais le « O mon Dieu » de déploration laisse cependant rapidement la place à un « ho, ho, ho que je suis aise ! Buvons, ho ! ». Si, à coup sûr, un cas perplexe est une situation particulièrement délicate, avec Rabelais, il le devient encore davantage, soumis à la vaine rhétorique de la délibération. En effet, rendu perplexe par la situation à la fois réjouissante et dépri-

---

[1] Voir à ce propos, entre autres, L. Pernot, *La rhétorique dans l'antiquité*, Paris, Le livre de poche, 2000, p. 29, p. 55 et p. 285 et F. Desbordes, *La rhétorique antique*, Paris, Hachette, 1996, p. 157 et suivantes.

[2] Quintilien, *Institution oratoire*, Paris, « *Les Belles Lettres* », 1978, livre IX, 2, 20-22. Voir à ce propos Heinrich Lausberg, *Handbook of literary rhetoric : a foundation for literary study*, Leiden, Brill, 1998, p. 344, § 779.

mante à laquelle il doit faire face, le monarque le devient cependant bien plus une fois qu'il a envisagé la situation selon les catégories mentales et les méthodes que sa (bonne) culture universitaire lui a permis d'acquérir. Tout cela redouble le problème plutôt que d'aider à le résoudre :

> Quand Pantagruel fut né, qui fut bien esbahy et perplex, ce fut Gargantua son pere, car voyant d'un cousté sa femme Badebec morte, et de l'aultre son filz Pantagruel né, tant beau et tant grand, ne sçavoit que dire ny que faire. Et le doubte qui troubloit son entendement estoit, assavoir s'il debvoit plorer pour le dueil de sa femme, ou rire pour la joye de son fils ? D'un costé et d'aultre il avoit argumens sophisticques qui le suffocquoient, car il les faisoit tresbien *in modo et figura*, mais il ne les pouvoit souldre. Et par ce moyen demouroit empestré comme la souriz empeigée, ou un Milan prins au lasset[1].

À lire les deux auteurs en parallèle, l'on a un peu l'impression que la bizarrerie de la formulation de la première question de Rabelais n'est rien d'autre qu'une surenchère ironique sur le modèle de l'éloquence délibérative. Le traitement du problème est en tous cas très proche de ces déclamations et paradoxes dont Charles Estienne, traduisant Lando, explique que « ce sont propos contre la commune opinion : debatus, en forme de Déclamations forenses : pour exerciter les jeunes avocats en causes difficiles ». Ce n'est d'ailleurs sans doute pas un hasard si le vingtième sujet de perplexité a des résonances tout à fait rabelaisiennes : « Contre celui qui lamente la mort de sa femme. Que la femme morte est chose utile à l'homme[2] ». L'exposé du problème évoque

---

[1] Rabelais, *Œ. C.*, *Pantagruel*, p. 225.

[2] C. Estienne, *Paradoxes* : « S'il la prend tant soit peu belle : Dieu sait la peine qu'il aura de contregarder l'honneur d'elle, & de la tenir sujette au logis, ou lui chercher compagnie qu'elle puisse hanter surement pour ne donner occasion au monde de mal parler [...]. S'il la rencontre laide et mal gracieuse, dieu sait quel vouloir lui prendra souvent de changer de gite. Et considérez le grand regret que peut aoir un homme de cœur de se voir jour et nuit accompagné d'un monstre naturel, sans pouvoir mettre autrement remède, que de se retirer de bonne heure, et quitter les champs et les armes. [...] Voyez donc quels sont les plus sots, ou ceux qui pleurent la mort de leurs femmes, les voyants pour la dernière fois sortir de la maison, ou bien ceux qui pleurent le premier jour qu'ils les y voient entrer, estimant à ce bel advenement le feu y entrer et la tempête », Paris, Charles Estienne, 1553, déclamation 20.

d'ailleurs le début du questionnement de Gargantua : « Pleureray je, disoit il ? Ouy : car pourquoy ? [...] ». Voilà qui rappelle un peu trop nettement le moment du choix de la « couleur », l'art de la suasoire et l'argumentation de l'orateur. Le moins que l'on puisse dire est que l'on pouvait s'attendre à plus de spontanéité dans l'expression... Reste qu'à cette date, la perplexité n'est pas encore vraiment un « sentiment », c'est surtout un thème de la rhétorique délibérative.

Quelques années plus tard, en 1538, Hélisenne de Crenne publie ses *Angoysses douloureuses*. La perplexité y trouve, dans le contexte du roman sentimental, une autre définition et, sans doute, une nouvelle jeunesse (le terme est d'ailleurs employé près d'une quinzaine de fois, fréquence probablement jamais atteinte jusqu'alors dans un récit de fiction). La perplexité « subjective » – qui n'était que métaphorique de la situation de perplexité « objective » de l'âme dans la psychomachie de J. Bouchet – perd chez Hélisenne toute connotation théologique et devient un simple état de trouble, provoqué par la passion amoureuse. Signe sans doute d'une appropriation linguistique encore inachevée, le terme trop technique pour être laissé tel quel apparaît presque toujours dans un doublet synonymique « perplexe et doubteux ». Avec les *angoysses douloureuses*, la perplexité quitte le terrain de la rhétorique délibérative et se détache de toute préoccupation éthique et spirituelle. Dès lors, fort logiquement, elle devient formulable à la première personne du singulier :

- « je commençois à penser & imaginer merveilleusement perplexe & doubteuse, a l'occasion de telz songes ».
- « & aussi à juste occasion je doy blasphemer Atropos, qui privé ne m'a de ma vie, premier que feusse succombee en telle perplexité ».
- « Quand j'euz entendu telles paroles, je feuz reduict en une extreme perplexité, tellement que si la doulce eloquence de Quezinstra n'eust rendu peine de me consoler, la crainte (qui si vehementement m'exagitoit) estoit assez puissante pour me destituer de ma vie ».
- « car j'estoye fort perplexe et doubteuse que ne puisse parvenir à ma future delivrance ».
- « Je suis en une extreme perplexité, doutant que ce ne soit quelque presage de mal futur : car le bruyt que nous avons ouy me mect en doubte ».

Libérée du moule rhétorique contraignant dans lequel Gargantua ne parvenait qu'à s'empêtrer et à s'engluer et de la prégnance de la référence théologique, la perplexité devient alors autre chose qu'un péril imminent de l'âme, autre chose qu'une situation de blocage particulièrement intéressante pour les avocats, autre chose enfin que le prétexte à une argumentation *pro et contra*, un véritable état d'âme, un sentiment douloureux et une interrogation poignante que l'on adresse en son nom propre à son meilleur ami. Dès lors, on comprend mieux comment, à partir de 1546 et du *Tiers Livre* – moment essentiel dans l'histoire de la notion – la perplexité devient susceptible de se dire comme une inquiétude intime. Elle devient alors, dans le même mouvement, l'amorce d'un dialogue :

> Compère mon antique amy, vous voyez la perplexité de mon esprit. Vous sçavez tant de bons remèdes. Me sçauriez vous secourir ?

Au milieu du siècle, la perplexité n'est donc plus la situation objective d'une conscience prise dans le piège nécessaire du péché mais un état d'âme dont on ne souhaite parler qu'à son ami. Le *pro et contra* que l'on déclame avec force éloquence sur la place publique a cédé la place à la confidence que l'on chuchote en toute simplicité à l'abri des oreilles indiscrètes.

Ainsi redéfinie comme une crise intime particulièrement âpre, devenue plus autonome par rapport à son premier horizon d'élaboration théorique et moins liée à la structure rhétorique, le problème de la « perplexité » se met à intéresser un plus vaste panel d'auteurs. La thématique perplexe trouve alors logiquement un lieu de développement particulièrement propice, sans qu'il soit pour autant exclusif, dans les descriptions de « crise » intérieure que des genres comme la tragédie et la tragi-comédie[1] (la terminologie étant d'ailleurs à

[1] Voir sur les débuts de la tragi-comédie en France, H. Carrington Lancaster, *The French Tragi-comedy. Its origin and development from 1552 to 1628*, Dissertation submitted to the board of university studies of the Johns Hopkins University, Baltimore, J. H. Furst Company, 1907 et R. Guichemerre, *La tragi-comédie*, Paris, PUF, 1981, « Littératures modernes ». Ce dernier ouvrage est à manier avec prudence. L'auteur ne cache en effet guère un vrai dédain pour la tragi-comédie du XVIe siècle.

l'époque assez libre) prennent plaisir à mettre en scène. La perplexité devient alors moins romanesque que théâtrale et ce n'est sans doute pas un hasard si le récit du cas si « perplexe » de Martin Guerre entraîne Jean de Coras à donner une définition de la « tragi-comédie » :

> [Le texte est] presque une Tragi-comedie : car la Protase, ou entrée d'icelle est fort joyeuse plaisante & recreative, contenant les ruzes, finesses & tromperies d'un faux & supposé mary. L'Epitase, ou entresuitte, incertaine, & doubteuse, pour les debats & differens survenuz pendant le proces. La Catastrophe & issüe de la Moralité triste, piteuse, & miserable pour le regard de l'hypocrisie & simulation descouverte, ensemble de la punition exemplaire qui s'en est ensuivie, de sorte qu'il est proposé en ce discours, un singulier exemple de la juste vengeance de Dieu sur les meschans, qui ne demeurent finalement impuniz de leurs demerites & forfaits[1].

On voit vite à quel moment du texte doit intervenir le récit de la perplexité du personnage. La place, prévue à l'avance, de l'« entresuitte doubteuse » est le second moment de la pièce et le lieu idéal pour faire le récit des tergiversations du héros. C'est à ce moment que comme le dit Randle Cotgrave doit se jouer « The busiest part of a Tragedie[2] ». Furetière se fait plus précis dans son *Dictionnaire universel* et affirme que cette « Epitase » est un

> terme poëtique, qui se dit de la seconde partie du Poëme Dramatique, où se fait le progrès de l'action qu'on represente, & le nœud de la piece : ce qui arrive au troisiéme & quatriéme Acte. Ce mot vient du Grec, *epitasis, d'epiteino, intendo*.

Ainsi codifié, le modèle se met peu à peu en place et donne naissance, une fois les genres plus nettement établis, au monologue classique, si caractéristique du troisième acte de la tragédie. Il apparaît ainsi, par exemple, au tournant du siècle, dans *Les Lacenes* (1601) d'Antoine de Montchrestien. Le cas est en l'occurrence particulière-

---

[1] J. de Coras, *Arrest memorable*, édition de 1596. *Advertissement au lecteur*. L'édition de 1572, à l'exception de quelques variantes mineures, donne le même texte.

[2] London, Adam Islip, 1611.

ment exemplaire puisque Cratesiclea ouvre à la fois son monologue et l'acte central de la pièce par cette question d'« entresuitte doubteuse » :

> Mon Esprit est flottant entre mille discours ;
> Ce bruit & mon desir nous promettent secours,
> Et Cleoméne encor' accroist ceste asseurance :
> Mais les signes sacrez m'en ostent l'esperance.
> A quoy me resoudray-je en ces diversités ?
> Quel parti dois-je suivre en ces perplexités[1] ?

C'est aussi à cet endroit précis que Louis Des Masures[2], dans un texte contemporain de celui de Coras, place le monologue dramatique de Jonathan en apportant au texte original une modification considérable puisque si dans le *Premier livre de Samuel* Jonathan n'hésite que quelques lignes sur le parti qu'il doit prendre, dans le texte protestant du *David fugitif* (1563) le monologue se fait le (très) long écho d'un dilemme invivable. D'une part, fils de Saül, Jonathan doit à son père le roi le respect le plus strict mais d'autre part, ami juré de David, il ne peut pas trahir la confiance de celui-ci. Aussi, quand David prend la fuite et se déclare ouvertement ennemi de Saül, Jonathan se retrouve-t-il fort perplexe[3] :

> S'il ne plaist au Seigneur, à qui mon recours j'ay,
> Par sa grace et bonté m'adresser, je ne say
> Quel conseil j'aye à prendre, ains grande est le doute

---

[1] A. de Montchrestien, *Les Lacènes*, Paris, Kraus reprint, 1970, p. 176.

[2] Pour la bibliographie des œuvres de Louis Des Masures, on consultera l'article d'A. Cullière, « Bibliographie de Louis Des Masures de 1547 à 1615 », p. 637-656. L'étude la plus complète reste celle de R. Lebègue, *La tragédie religieuse en France*, p. 327-368. Voir sur l'aspect politique de la pièce M. Vernet, « « L'Histoire tragique au service du Prince » : Un sens politique de la Trilogie de Des Masures ? », p. 146-161. L'édition de la trilogie par Charles Comte, datant de 1907, n'a pas de préface et se contente de notes fort brèves.

[3] L'interrogation perplexe de Jonathan a peut-être un rapport avec la biographie de L. Des Masures. Voir sur ce point le chapitre « L'affaire Saint Nicolas » de R. Lebègue, p. 333-338 et M. Soulié « Le mythe de David dans la trilogie de Louis Des Masures intitulée *Tragédies saintes* : *David combattant, David triomphant, David fugitif* », p. 135.

Qui en perplexité retient mon ame toute.
Je say que le devoir d'un fils est, à son pere
Se rendre obeissant, et qu'il se delibere,
S'il ne le sert en tout, encourir honte et blasme.
La nature a gravé dés l'origine en l'ame
De tout homme naissant, une amour filiale.
Mais je sen d'autre part ceste foy cordiale
Que je doy à David. Je luy ay à fiance
Promis, et repromis maintenir l'alliance
Immuable entre nous. Doit le devoir humain
De pere à fils, corrompre une foy de la main ?[1]

De la même façon encore, dans un contexte tout autre, Robert Garnier fait-il de la perplexité de Leon le cœur de sa *Bradamante* (1582) :

> Marphise maintient qu'elle avoit promis mariage à son frere Roger, & qu'elle ne pouvoit avoir Leon : que s'il y prétendoit droict, qu'il falloit qu'il se batist avec son frere, & que le victorieux l'auroit sans contredict. Leon appuyé sur la valeur de son chevalier, accepte le party. Mais retourné au logis, il entend qu'il s'en est allé : dont infiniment desplaisant, & en merveilleuse perplexité à cause de sa promesse, se met avec ses gens à le chercher[2].

La survenue du moment de perplexité au centre de l'action dramatique est même apparemment si nécessaire au bon fonctionnement de la pièce qu'un auteur comme Jacques de Lavardin n'hésite pas à ajouter en 1578 au centre exact de la *Célestine* un long monologue « perplexe » que rien dans le texte original ne vient justifier. Le cas est d'ailleurs d'autant plus intéressant que le passage ajouté par Lavardin diffère assez nettement dans son style des autres moments d'hésitation des personnages du texte de Fernando de Rojas :

> Melibee. Quelle passion, quel desir estrange est-ce que je sens nouvellement né dedans moy qui en a banny toute honte, et modestie virginale, tout respect, et jalousie de ma chasteté ? Hé combien de perplexité seroit

---

[1] L. Des Masures, *David fugitif*, p. 227.

[2] R. Garnier, *Bradamante*, Paris, Bordas, 1991, « Classiques Garnier », *Argument de la tragecomedie*, p 5.

> de moy absente, si le jour que je vey ce gentil-homme, et l'ambassade de sa peine, m'eust esté converty en tenebres ! Jamais le serpent qui blessa le pied d'Euridice ne fut plus subtil que le venin qui m'a atteint par la veüe de ce Cavalier. Lâs que ce jour fut ennemy de mon honneur ! Car il fut la fin de ma honte, la source de mon erreur. Mon ame paravant libre et tranquille perdant son doux repos ne seroit maintenant vacillante en diverses cogitations et discours. O temerité de fille volage et mal advisee ! ô soudaineté de pucelle trop hardie, et volontaire ! Las chetive, et abusee, qu'ay-je fait ? Pour allegeance de ma douleur falloit-il mander Celestine ? Quel secours ? Quel remede propice doy-je esperer de ses mains pleines de mortel poison[1] ?

Si la perplexité occupe donc à l'évidence une place de choix dans la structure dramatique qui se met en place à la fin de la Renaissance, on peut considérer aussi son absence de certaines œuvres où le lecteur moderne s'attend à le trouver, comme l'indice net d'une forte connotation du terme. Ainsi, significativement, dans l'ensemble des *Essais*, le terme de « perplexité » n'apparaît qu'une seule fois, Montaigne semblant lui préférer sa « traduction » française d'« embrouillleure »). Cette quasi-absence est plus qu'étonnante pour un texte dont la contradiction est l'une des principales caractéristiques (la principale pour des auteurs comme Jean-Yves Pouilloux[2]). Sans doute la connotation qu'a pu prendre le terme explique-t-elle en partie cet état de fait.

Pour conclure brièvement, à la fin du XVIe siècle, il semble bien que la perplexité a gagné une importance et une place qui était loin d'être la sienne dans les premiers textes du siècle. Il semble donc bien qu'on

---

[1] F. de Rojas, *La Celestine in the French translation of 1578 by Jacques de Lavardin, a critical edition with introduction and notes by Denis L. Drysdall*, London, Tamesis Books, 1974, acte X, p. 164.

[2] J.-Y. Pouilloux, *Montaigne, l'éveil de la pensée*, Paris, Champion, 1995, « Études montaignistes », n° XIX. Ainsi, par exemple : « Abandonnés un temps les repliements dus à l'évolution chronologique, les avis et opinions contradictoires n'en demeurent pas moins. [...] L'addition de ces sens contraires produit un résultat nul, d'autant qu'un indice d'indécision supplémentaire nous est donné par l'abondance des renvois d'une catégorie à l'autre. », p. 31-34 ; « Une pareille insistance à présenter les *Essais* comme un pot-pourri, une « fricassée », un « barbouillage », laisse entendre qu'il est bien inutile de chercher un ordre là où il n'y en a point », p. 44 etc.

assiste à la Renaissance à une prise de conscience, en même temps qu'à une redéfinition de la perplexité dont trois aspects nous semblent particulièrement importants :

- le passage d'une thématique théologique à une thématique éthique. Cette laïcisation du concept permet apparemment l'appropriation individuelle de la perplexité et l'on apprend peu à peu à dire : « je suis perplexe ».
- le passage d'une rhétorique délibérative scolastique à une rhétorique théâtrale par l'intermédiaire sans doute des œuvres romanesques et, tout particulièrement, des œuvres « sentimentales » comme celles d'Hélisenne de Crenne.
- le passage d'une intériorité qui se dit à une intériorité qui se voit. La perplexité prend « corps » au cours du siècle, évolution aidée par la place essentielle qui lui est réservée au sein des nouveaux genres littéraires. La perplexité devient alors une posture. Son code gestuel (le grattement de tête, la main posée sur la joue) est donc peut-être « naturel », il reste pourtant qu'il n'est compris comme code représentable que depuis peu, ce que confirme d'ailleurs une étude que nous menons par ailleurs sur l'iconographie de la perplexité (geste qui est d'abord un geste de douleur).

Stéphan GEONGET

DU DIABLE AU CORPS AU DIABLE INTÉRIEUR : LE THÉÂTRE DE L'INTÉRIORITÉ AU XVIe SIÈCLE

Le Diable est un tout jeune homme au regard de l'âge de Dieu. Son importation dans la culture occidentale, comme produit transformé des religions dualistes orientales, date de l'avènement du christianisme. Mais depuis il s'est imposé, avec des périodes d'expansion accélérée, comme ce fut le cas au XVIe siècle.

Aux sources de la démonologie occidentale

L'Antiquité païenne ne connaît rien de ce personnage, encore moins de son royaume souterrain et de son armée de démons. Le mal semé parmi les hommes est le résultat de la volonté des dieux ou du Destin. Le Destin n'est ni bon ni mauvais ; il est ce qui doit être. Les dieux sont à la fois protecteurs ou défavorables, selon les circonstances et les hommes. Dotés de passions humaines, ils aiment ou haïssent, avec un degré d'efficacité et de connaissance supplémentaires dû à leur position élevée. Quant aux « enfers » (*inferi*, les territoires d'en-bas), il n'ont rien à voir avec l'Enfer : c'est le royaume des morts, de tous les morts, et pas seulement des damnés, gouverné par Pluton et de façon saisonnière par son épouse Proserpine, simples gardiens des lieux.

Le naturalisme antique peuple l'univers d'« esprits » ou de « génies » intermédiaires, faunes et nymphes plus ou moins familiers ou secrets, qui habitent en toutes choses ou en tous lieux, et peuvent être bénins ou malins, espiègles ou méchants, selon les circonstances. Ils ne sont pas organisés en une société stratifiée et hiérarchisée par la volonté de mal faire. Il existe des pouvoirs occultes ou manifestés de la nature, qui se répercutent dans les « vertus » des produits naturels. Ces pouvoirs sont connus des magiciens et des magiciennes, comme Circé ou Médée. Mais la cuisine des magiciennes tient plus de l'art d'apothicaires clandestins que de la marmite des sorcières. Empoisonneuses ou thérapeutes, leurs sortilèges se fondent sur une connaissance du pouvoir caché des choses, mais non sur une complicité avec des démons qui n'existent pas.

La philosophie platonicienne, dans ses divers avatars, s'inscrit pleinement dans cette culture de l'absence du mal. Si mal il y a en effet, il n'est perçu que négativement. C'est le signe du manque, provoquant un désir de le combler, qui marque l'écart entre les images dégradées de la connaissance humaine et leur modèle, l'Idée archétypale. La malfaisance est le résultat d'une ignorance. Il n'y a pas de faute, mais des erreurs, il ne peut y avoir ni culpabilité ni repentance, mais reconnaissance et correction de l'erreur. Ceux qui font le mal par définition ne savent pas ce qu'ils font. Ce sont des ignorants, malfaisants par voie de conséquence, et non par nature.

La culture des Israëlites anciens ne connaît ni l'Ange du Mal (notion absurde, puisque les anges sont messagers de la Divinité) ni « Prince des Ténèbres »[1]. Il existe, il est vrai, parmi eux, un chargé de tâches ingrates : c'est l'Ange « testeur » ou « révélateur », dont la mission de reconnaissance est d'aller auprès des hommes et de tester, par des mises à l'épreuve (envoi de malheurs ou tentations) leur fidélité. Il peut être, toujours sous tutelle divine, l'agent d'exécution des sanctions prononcées contre l'infidélité des contrevenants. Il s'appelle « le Satan » (*o Satanas*, dans la Septante) et agit sur injonction et par procuration divine. C'est lui que l'on trouve dans *le Livre de Job* et qui est également référé dans *Zacharie.* C'est par lui et ses émules qu'est éprouvée la fidélité de Job, que sont sanctionnées les fautes de Saül et de Nabuchodonosor. On peut penser qu'il intervient aussi en s'insinuant dans le corps du Serpent de la *Genèse*, pour tenter trois créatures, le serpent, la femme et l'homme, qui seront toutes trois sanctionnées. Mais rien n'est dit (et pour cause !) sur lui, qui n'a fait que son devoir. Quant aux monstres cités dans le *Livre de Job,* Béhémoth et Leviathan, ce ne sont pas des démons, mais des créatures monstrueuses, à sens allégorique, reconnaissables sous l'enflure

---

[1] Le texte généralement allégué pour justifier l'existence du thème de la chute des anges chez les Israëlites anciens se trouve en *Isaïe*, XIV,12. En fait le prophète désigne l'étoile du matin, la planète Vénus « fille de l'Aurore ». La traduction faite par saint Jérôme de cet attribut lumineux en « Lucifer » a accrédité l'idée qu'il s'agissait de la chute de l'Archange Lucifer en Satan, roi des ténèbres. Cette déviation de sens ne prouve que l'accréditation du mythe à l'époque de la *Vulgate.*

descriptive (on devine, à travers la description qui en est faite, le crocodile et l'hippopotame). On ne voit pas pourquoi le Satan qui apparaît dans les Evangiles synoptiques (et même dans celui de Jean) serait déjà l'opposant à Dieu qu'en fera le christianisme. Il paraît plus logique de lui donner la même nature et la même fonction que celui du *Livre de Job*, car le sens en est considérablement sublimé. Par contre les autres textes canoniques de l'école johannique, notamment la première *Epitre de Jean* et l'*Apocalypse* semblent avoir infléchi leur idée de l'« Antichrist » dans ce sens. Mais, même dans ces cas, le Satan enchaîné pendant le millenium peut être considéré comme figure de l'apaisement de Dieu, qui désormais regarde sans envoyer son messager spécial.

L'idée d'un Prince des Ténèbres et de ses légions d'êtres surnaturels et malfaisants, s'opposant dans un Empire du Mal à l'Axe du Bien est une intrusion en Occident des religions dualistes de l'Orient – notamment le mazdéisme – dont Alexandrie, ville cosmopolite de l'époque hellénistique, fut un des relais. Le principe est intégré par la suite dans des gnoses – comme le manichéisme -. On voit alors apparaître un système organisé d'opposition à la volonté de Dieu, dans les écrits pseudépigraphiques intertestamentaires et dans les apocryphes chrétiens. L'insertion de ce principe dans les religions monothéistes suppose une inflexion des pouvoirs. pour préserver l'omnipotence divine. Le Diable est conçu comme une créature : plutôt que de le faire naître dans une création seconde, on préféra le choisir parmi les anges. C'est ainsi que fut élaborée l'invention d'une « Chute des Anges » rebelles (présente dans les écrits rabbiniques et officiellement intégrée dans le christianisme lors du quatrième Concile de Latran).Cette invention laisse quelques problèmes en suspens. Il s'agit manifestement d'une trajectoire inventée sur le modèle de celle des humains, qui ont connu la pureté originelle et la chute dans le péché. Mais on ne comprend pas pourquoi des Esprits purs et proches de Dieu, qui n'ont pas connu, comme les hommes, l'interdit de l'Arbre de la connaissance et du Bien et du Mal, ont pu ainsi dégénérer. Quoi qu'il en soit, désormais « le Satan », en devenant Satan, chef des anges rebelles, va poursuivre une belle carrière de seul maître à bord après Dieu.

Si peu à peu l'idée d'un empire surnaturel opposé au royaume de Dieu s'insinue dans les esprits, la possibilité de nommer Satan, c'est-à-dire de désigner nommément les ennemis terrestres de Dieu, de dire quels sont en ce monde ses adeptes, ses appuis et ses complices, ne pourra intervenir pleinement que lorsque le christianisme aura été institué comme religion unique de l'Etat. Contrairement à une idée reçue, ce n'est pas Constantin qui en est le responsable : Constantin, en faisant du christianisme, sous ses formes diverses (y compris l'arianisme), une religion autorisée n'a fait qu'instituer le pluralisme religieux dans l'Empire et recommander la tolérance réciproque pour maintenir l'unité. C'est l'édit de Thessalonique, pris par Théodose Ier en 380, qui fait de la religion chrétienne la seule religion autorisée dans l'État. Désormais la situation est claire : les ennemis de l'Eglise se confondent avec ceux de l'Etat, et réciproquement. Ce qui était différences, comme c'est le cas des « hérésies » qui désignaient seulement une voie particulière ou un choix (*airesis*) personnel, deviennent des délits ou des crimes, comme deviennent d'inspiration démoniaque toutes les religions autres que le christianisme. En 392, un nouvel édit assimile le culte des anciens dieux de Rome à l'adoration des démons. Diane, Pluton, Pan et les autres dieux sont désormais les centurions des légions du Diable et promènent dans la nuit, comme Diane et sa compagne Hérodiade, leurs cohortes d'âmes damnées. Plus tard l'Islam, lorsqu'il se manifestera, sera populairement considéré comme le culte d'une idole appelée Mommon, où l'on reconnaît le nom de Mahomet) . Lorsqu'on découvrira en Amérique d'autres religions, la peur qu'elles inspirent (parce qu'étant autres, elles ne peuvent être que diaboliques) explique en partie la violence avec laquelle les populations seront réprimées. On ne pactise pas avec le Diable ; toute clémence est une faiblesse. La hâte avec laquelle on plante une croix sur les nouvelles terres découvertes et avec laquelle on s'empresse d'envoyer des missionnaires peut également trouver en cette peur une justification. C'est un acte à valeur d'exorcisme en même temps qu'une manifestation de mainmise.

Ainsi l'invention du Diable ne tient pas seulement à une logique de partition, il a aussi une utilité. L'Eglise ayant reçu mandat officiel de préserver l'unité religieuse de l'Empire au même titre que l'Empereur doit préserver son unité politique, la conséquence est l'établissement et la maintenance d'une orthodoxie par des organismes officiels qui décrètent la bonne croyance. De là la proclamation de « symboles », ou recueil d'articles de foi, qui répondent trait pour trait aux articles du code militaire et civil. Toute différence, toute déviance par rapport à la ligne tracée est désormais non seulement un délit qui tombe sous le coup d'un code pénal, mais une collaboration avec les armées ennemies, celles du Diable, qui les suscite et les soutient. La chasse aux dissidences est ouverte. Il est très difficile de distinguer au Moyen Age les procès de sorcellerie des procès d'hérésie en raison de la perméabilité des mobiles. Les accusations sont communes : dans les deux cas, il y a complicité avec le Démon, active pour les sorciers, volontaire ou involontaire (dans ce cas, il y a possibilité de rétractation) pour les hérétiques. C'est seulement vers la fin du XVe siècle que se manifeste un effort pour donner, sans y réussir vraiment, une identité spécifique au crime de sorcellerie.

La part du Diable au XVIe siècle

Les modalités d'action du Diable dans les choses humaines s'expriment de trois manières différenciées et hiérarchisées. La première est la « tentation », c'est-à-dire l'excitation démoniaque d'un désir, auquel la victime, en vertu de son libre arbitre, peut résister ou succomber. Lorsque la tentation prend l'aspect d'un harcèlement (comme dans les persécutions de saints), elle reçoit le nom d'« infestation ». La deuxième est la « possession », intrusion d'un diable, en général subalterne, dans le corps d'un patient, dont il tient les leviers de commande et de parole. Cette intrusion s'opère sans l'accord de la victime qui se trouve, au sens propre, aliénée à elle-même. La thérapeutique consiste en un geste ou une formule d'exorcisme. La troisième suppose une collaboration ou une « pactisation » entre le Diable et un individu qui l'accepte sciemment. La signature du pacte s'accompagne d'une transaction : l'homme ou la femme reçoit des pouvoirs dès son vivant en échange de la cession de son âme, prenant effet dès cet instant ou à sa mort.

La Tentation : explication démonologique des mécanismes du désir

La tentation d'un saint par le diable est un motif qui a pris au Moyen Age une forme dramatique et iconographique. La scène est classique dans les *Miracles* ou vies des saints portés au théâtre ; les diables évoluent souvent dans le sens du grotesque ou de l'obscénité, perdant ainsi leur dangerosité.. Lorsque la représentation de ces pièces a été peu à peu démodée, puis interdite, le thème s'est amplifié dans les arts de représentation. Outre les scènes classiques de la tentation d'Adam et d'Eve et de la tentation de Jésus au désert, on note une recrudescence de la représentation des tentations de saint Antoine, à partir du récit qu'en a laissé saint Athanase. Ce motif autorise les formes et les apparitions les plus extravagantes, dans un agencement de l'espace que l'on put qualifier, avant la lettre, de « surréaliste ». Notons, entre autres productions, le volet consacré à saint Antoine dans le retable d'Issenheim peint par Mathis Grünewald, les tentations de Jérôme Bosch conservées aux musées de Lisbonne, du Prado et du palais ducal de Venise, les compositions de Lucas de Leyde, Jan de Cock, Albrecht Dürer, Pieter Brueghel, Joachim Patinir[1]. Toutes ces œuvres prennent place dans la première moitié du siècle. Une rémission est constatable dans la deuxième moitié, ainsi que son remplacement par des visions et des tableaux de l'Enfer, qui décèlent un changement de perspective. Il ne s'agit plus du déferlement des diables dans l'univers des hommes, mais d'une intrusion de l'œil humain dans le repaire des diables.

L'importance de cette thématique peut être considérée du seul point de vue de l'esthétique visuelle du fantastique et de son évolution. Ce serait un prolongement de l'art gothique flamboyant, exaspéré et quelque peu décadent, des montreurs de monstres et faiseurs de gargouilles. Mais elle produit aussi un effet d'objectivation des fantasmes. Le diable et l'enfer sont visibles. Le fonctionnement des pulsions de peur et de défense contre la peur est ici représenté sous une forme matérialisée, visualisée et concrète. C'est une extériorisation des productions internes de l'imaginaire, qui veut exprimer la manière dont la faculté imaginative et l'âme sensitive expriment bruyamment qu'on ne doit pas négliger leur présence et leur importance dans une psychologie exhaustive des facultés de l'âme. Les diables de l'intérieur ont quitté leur repaire pour prendre place dans l'univers des formes extérieures visibles.

---

[1] On trouvera une étude et de nombreuses illustrations du thème, dépassant largement le cadre de cette époque, dans Frédérik Tristan, *Les Tentations*, Paris, Balland/Massin, 1981.

La Possession : théorie démonologique de l'aliénation mentale

Le deuxième mode d'action des puissances infernales – la possession – va exactement dans le sens inverse. Il s'agit d'une invasion de l'intérieur des corps et des âmes. Dans la première moitié du siècle, on peut assister, sous l'effet de l'humanisme, à une laïcisation relative du thème de la folie. La Folie est en quelque sorte la fille de la Mère Folle des soties médiévales et sert à dénoncer, dans un rôle de bouffon ou même avec le regard aigu d'un sage, les folies des hommes. C'est l'usage qui en est fait dans *La Nef des fous* de Sébastien Brant, dans les diverses compositions de Jérôme Bosch sur « l'extraction de la pierre de folie », dans *l'Éloge de la folie* d'Érasme et sous une forme indirectement perceptible dans l'*Utopie* de Thomas More. Le Chancelier d'Angleterre oppose en deux volets symétriques la folie bien réelle et objectivement tangible des sociétés existantes minées par le désordre, et la société utopique, fondée sur un ordre théorique, mais sapé également par une ironie fugitive et omniprésente, qui rappelle à chaque instant que nous ne sommes pas dans le réel, d'où l'on peut conclure que réaliser l'utopie serait une autre forme de folie, celle qui consiste à vouloir réaliser immédiatement ce qui n'est qu'un objet différé du désir. Rabelais, dans son *Quart Livre,* et son continuateur du *Cinquième Livre*, reprennent et inversent les données de la *Nef des fous*. Le vaisseau, chargé de l'herbe magique du Pantagrélion, est une nef des sages qui aborde d'étranges rivages où s'exhibent diverses formes de folie.

C'est là l'usage humaniste, tactique, laïque et allégorique de la folie. L'usage religieux, fondé sur l'idée d'une possession diabolique, est beaucoup plus polémique, parce qu'il vise étroitement les adversaires du moment et remplace les défauts universels de l'humanité désignés sous le nom de folies par des pointages circonstanciés sur les adversaires en proposant des moyens thérapeutiques à valeur apologétique. Le *Grand fou luthérien* de Thomas Mürner, et les pamphlets qui en développent l'image, renouent avec l'union de l'aliénation diabolique et de la folie : ce que reprend, en sens inverse, l'iconographie luthérienne de la Papauté. Dans la campagne de reconquête menée par la Contre-Réforme, les miracles de guérison des possédés, prennent une aspect clairement didactique et apologétique C'est ainsi qu'en février 1566, une femme possédée du démon fut exorcisée sur le parvis de la cathédrale de Laon, devant une foule fort nombreuse rassemblée pour assister à la cérémonie publique[1]. Il s'ensuivit une certain nombre de retours au catholicisme de personnes jusqu'ici hésitantes. La malheureuse, du nom de Nicole Obry, possédée d'un esprit impur qui la tourmentait, lui faisant exécuter une quantité de sauts périlleux et de gambades, provoquant des enflures démesurées du ventre et de la langue, fut guérie et, après un dernier sursaut particulièrement violent, lorsqu'on lui présenta le Saint-Sacrement, se calma miraculeusement et se tint désormais tranquille. Ce miracle était une preuve indubitable de la présence réelle et matérielle du Christ dans l'hostie, telle qu'elle était définie, contre les hérétiques calvinistes ou sacramentaires, par la doctrine de la transsubstantiation. Ces tréteaux de la dépossession miraculeuse furent élevés en divers lieux de France[2]. Les diables de second ordre, pas très malins dans le fond, qui se livraient à ces possessions intempestives ont été d'un très grand secours pour montrer la vérité de l'enseignement et la puissance de la vraie Eglise du Christ.

Nous avons, dans ces cas de possession, un phénomène inverse à celui qui a été relevé dans la prolifération iconographique des représentations du Diable. Le Diable, en s'introduisant dans les corps et en établissant son siège à la place de celui de l'âme du patient, va de l'extérieur vers l'intérieur. Sans doute est-il impossible au diable de pénétrer dans le sanctuaire des sanctuaires par où l'âme tient à son origine divine Mais, à cette réserve près, l'infestation par l'intérieur s'accompagne d'un aliénation de la victime, qui n'est plus elle-même, de sorte que la possession est en réalité une dépossession, procédant par altération de la conduite et de la raison. C'est là l'expression ancienne de thèmes de fiction plus récents, qui s'inscrivent dans le registre de la pathologie mentale, comme l'aliénation sous hypnose, la

---

[1] Le récit détaillé en a été fait, entre autres, par Jean Boulaese dans *Le Thresor et entiere histoire de la triomphante victoire du corps de Dieu sur l'esprit maling de Beelzebub obtenue à Laon l'an 1566* (Paris, 1578), aboutissement de deux autres narrations plus brèves parues en 1572 et 1575.

[2] Une des manifestations les plus éclatantes de ces tréteaux du miracle en est le tour de France publicitaire organisé, à partir de 1634, autour de la Mère Supérieure des Ursulines de Loudun (Michel de Certeau, *La Possession de Loudun*, Paris, Julliard, 1970).

contagion de l'hystérie et les motifs d'une certaine forme d'art cinématographique dans le style des « Profanateurs de sépultures » ou des « Envahisseurs » extraplanétaires. Mais l'intériorisation du Diable dans les personnes humaines, parce qu'il doit être dans ce cas expulsé dans le dehors, débouche sur des démonstrations spectaculaires et rejoint en définitive l'art du spectacle, du théâtre, de la démonstration par la monstration, qu'il n'a jamais quitté.

Le Pacte avec le diable et les affaires de sorcellerie

La grande affaire du Diable au XVIe siècle, qui se met en place dès la fin du siècle précédent et atteint son intensité maximale dans les années 1580-1630, réside dans la prolifération des affaires de sorcellerie[1]. L'objet de cette nouvelle démarche diabolique est d'abord circonscrit et défini, et ouvre la voie à cette crise de pathologie collective, fondée sur la peur et sa contagion,qui prendra plus tard le nom de « chasse aux sorcières ». Au cours du Moyen Age, les procès de sorcellerie ont été moins nombreux qu'on ne l'a cru, lorsque s'est forgée l'idée rationaliste, puis romantique, d'une période « noire » de l'histoire. Il est difficile d'autre part de séparer ce qui concerne la sorcellerie proprement dite d'autres manifestations délictueuses comme le sont toutes activités ou pensées qui s'écartent de l'orthodoxie affirmée et maintenue par l'Eglise. Les Juifs sont accusés par la rumeur populaire de se livrer à des sacrifices d'enfants (déformation de l'épisode biblique du sacrifice d'Isaac), comme le seront les sorciers. Dans le tourbillon de cet imaginaire alimenté par l'ignorance

---

[1] On pourra consulter, entre autres, les diverses publications de Robert Muchembled, qui a consacré sa vie à l'étude du phénomène, notamment *La Sorcière au village.XVe-XVIIe siècles*, Paris, Gallimard / Julliard, 1979 (réédition, « Folio / Histoire », 1991), *Magie et sorcellerie en Europe*, Paris, A. Colin, 1994, ainsi que J. Caro Baroja, *Les Sorcières et leur monde*,(trad. fr. de l'original espagnol, Madrid, 1966), Paris, Gallimard, 1972 ; K.Baschwitz, *Procès de sorcellerie* (trad. fr. de l'original allemand, Munich, 1973), Paris, Arthud, 1973 ; R. Mandrou, *Magistrats et sorciers en France au XVIIe siècle*, Paris, Plon, 1968 ; T. Cave, *Préhistoires, textes troubles au seuil de la modernité*, Genève, Droz, 1999. Un vaste panorama du problème à travers les âges, qui nous a abondamment servi pour cet article, mais avec lequel nous accusons quelques divergences, a été réalisé par G. Bechtel, *La Sorcière et l'Occident*, Paris, Plon, 1997.

ou par la peur, tout peut devenir sorcellerie dans des délits qui concernent le droit religieux (hérésies, apostasies, appartenance à des religions extérieures) ou le droit commun (empoisonnements, meurtres). Les accusations portées contre Jeanne d'Arc superposent ainsi les crimes d'apostasie et de sorcellerie. Il en sera de même pour nombre de sorciers qui n'étaient souvent que des hétérodoxes.

Cependant, vers la fin du XVe siècle, dans le sillage du travail accompli par les Inquisiteurs, se mettent en place une doctrine et une juridiction qui établissent l'acte de sorcellerie comme délit circonscrit et séparé. C'est surtout à partir de 1580 que fonctionne à plein un système organisé de délation, d'instruction et de répression (déjà utilisé pour la répression du catharisme). Vue avec le regard distant que nous permettent les siècles écoulés, cette activité prend pour nous un caractère hystérique et frénétique, d'une rare violence et stupidité, mais qui reste limitée dans le temps (une cinquantaine d'années), dans l'espace (toute l'Europe n'est pas concernée, notamment sa partie orientale, d'obédience orthodoxe, mais certains lieux, comme l'Allemagne rhénane et l'Europe centrale sont des foyers d'inflammation intense) et dans les effets (beaucoup moins destructeurs que les guerres qui ont lieu en même temps).

Puisqu'un vocabulaire psychiatrique vient spontanément à l'esprit pour définir le phénomène, on peut penser que le point de départ est également de nature psychologique. Il s'agit d'une phobie de contamination par l'impur et d'intrusion interne d'un corps étranger. Les démons sont parmi nous ; on ne les voit pas, mais ils se sont infiltrés dans le corps social comme des parasites ; ils l'ont pénétré avec l'aide de leurs collaborateurs, les sorciers, traîtres au Christ, qui ont fait pacte avec eux. Comment et en quels lieux cette phobie de l'infiltration maligne du corps social a-t-elle pris vigueur ? Il s'agit d'un phénomène qui a d'abord affecté les lieux et certains ordres ecclésiastiques, comme les Dominicains, qui sont souvent à la tête des tribunaux d'Inquisition. Il se développe dans couvents, monastères et tribunaux. La raison en est liée à la peur du développement des hérésies, notamment après la croisade contre les Albigeois, qui a vu la naissance de l'Inquisition, puis dans la lutte contre les faux convertis, dans la péninsule ibérique, qui a suivi les expulsions de 1492 et donné naissance à une nouvelle Inquisition. Il est vrai qu'en Espagne et en Italie le travail des Inquisiteurs a fait en sorte qu'il y eut beaucoup de procès pour hérésies et apostasies, mais peu de cas identifiés de sorcellerie. Par contre, on note des cas assez nombreux dans des zones où se fait sentir un certain flou idéologique, en raison des fractures religieuses, et des tensions entre confessions chrétiennes différentes.

Cette phobie, celle de perdre son identité sous l'influence d'un ennemi aidé de l'intérieur par des complices, a pu être favorisée par la remontée en puissance des quatre ennemis héréditaires du christianisme. Le premier d'entre eux est lié au retour en force des dieux antiques, réhabilités par la Renaissance. Ce paganisme revivifié aide à la prolifération des « esprits » qui hantent l'ordre naturel, soit dans une perspective savante (celle du néo-platonisme christianisé qui multiplie les intermédiaires surnaturels), soit dans une fermentation de l'imaginaire populaire, dans lequel les mythologies naturalistes païennes n'ont pas entièrement perdu leur force. Le recours à la magie (naturelle, cérémonielle et spirituelle, selon les distinctions faites par Cornelius Agrippa) peut être d'origine savante, comme dans le cas qu'on vient de citer, ou populaire, quand elle concerne les guérisseurs de village qui utilisent des procédés peu onéreux, une sorte de médecine du pauvre. C'est là le second ennemi, qui se réfugie dans les superstitions populaires incarnées par les personnages imaginaires de la fée ou de l'enchanteur, en contact avec les puissances de la terre. Le troisième ennemi est le parti d'en face, l'« hérétique » né de la fracture du christianisme en églises séparées. Chacun diabolise son adversaire devenu suppôt de Satan, hydre de l'Hérésie ou serviteur de l'Antéchrist. En France, la traque des sorciers a pris le relais des guerres ; en Allemagne les deux sont simultanées, lorsque se prépare, puis s'ouvre la Guerre de Trente Ans. Le quatrième ennemi prend la forme de l'esprit critique à l'égard des croyances ou du goût de la jouissance épicurienne, avatars de la révolution de la Renaissance sceptique et voluptueuse, qui se concrétise dans l'image du « libertin ».

Sur ce phénomène qui prend des formes diverses suivant l'imaginaire social, mais qui s'inscrit ici dans des circonstances historiques précises, deux remarques sont à faire. La première, c'est que la chasse aux sorciers, qui s'est enflammée vers 1580, a été précédée d'une mise en forme préalable, théorique et systématique, élaborée par des clercs, dans laquelle un portrait-type de l'activité de sorcellerie et de ses agents a été défini jusque dans les détails. On a soi-disant identifié les rites : notamment, pour tout ce qui concerne la cérémonie du « sabbat », qui tient de l'orgie dionysiaque en inversant les symboles de la messe. Sont définis également les symptômes corporels qui permettent de reconnaître les sorciers : points insensibles (« la marque du diable », dont on sait depuis qu'il s'agit d'une caractéristique de l'hystérie), corps flottant sur l'eau, ainsi que la liste des « maléfices » très stéréotypés dont ils se rendent coupables. Ce sont des théologiens, dont beaucoup sont membres de tribunaux ecclésiastiques, pour un grand nombre Dominicains, qui ont mis sur pied un portrait préfabriqué du délit et du délinquant. Du point de vue juridique, les instructeurs du procès sont également juges avec une superposition des procédures d'instruction et de jugement, de police et de justice. Le travail est donc particulièrement facilité par ces schémas préétablis, puisque les instructeurs connaissent à l'avance le type d'aveu à obtenir, et parce que les procédés de l'instruction (notamment l'usage de la « question » par moyens physiques et psychologiques) favorisent l'extorsion d'aveux. La démarche que doivent opérer les autorités chargées de ces affaires est claire. Comme il existe un plan préprogrammé des caractéristiques et des positions de l'ennemi, indiquant ses faiblesses et ses ruses, il suffira d'appliquer le programme de détection et d'utiliser les ripostes convenues à ses feintes, pour en venir à bout.

Un activité intense de productions livresques concernant les problèmes de sorcellerie a lieu tout au long du XVIe siècle. Le premier de ces traités, qui est aussi le plus consulté, est le *Malleus maleficarum* (« Le Marteau des sorcières »), rédigé en 1486, publié en 1487, à Strasbourg. Les auteurs en sont le dominicain Heinrich Krämer, professeur de théologie, inquisiteur en Allemagne du Sud, grand pourfendeur d'hérétiques (il a lutté notamment contre le hussitisme), qui écrit sous le nom d'Institor, et Jakob Sprenger, autre dominicain, professeur de théologie, théoricien relativement réputé. Cet ouvrage est une sorte de compensation à l'échec que, dans leur pieux zèle, connurent les deux clercs dans leur chasse aux sorcières à Innsbruck. L'évêque du lieu, qui appartenait au clergé séculier, avait condamné leur action et s'était moqué de leurs fantasmes sexuels, en les traitant de « vieux gâteux retombés en enfance ». D'autres traités vont suivre sur un rythme soutenu. Parmi les ouvrages écrits en français, *Le Catalogue des sorciers* (1574) du protestant Lambert Daneau, *La Démonomanie des sorciers* (1580) de Jean Bodin, la *Démonolatrie* (1595) de Nicolas Rémy, le *Discours exécrable des sorciers* (1602) d'Henri Boguet, et le *Tableau de l'inconstance des mauvais anges* (1612) de Pierre de Lancre. Il en est de même ailleurs, avec *De Confessionibus maleficorum et sagarum* (1589) de Petrus Binsfeld, en Allemagne, le *De Spectris et lemuribus* de Ludwig Lavater (qui concerne plus les revenants et esprits errants que les diables) publié à Genève, traduit en anglais et qui est connu de Shakespeare, *De Demonologia* de Jacques VI Stuart, roi d'Ecosse (1597) et les *Disquisitiones magicae* (1599) de Martin del Rio, publiées à Louvain et traduites en français en 1611.

La deuxième caractéristique de ce phénomène est l'importance qui est donnée dans ces affaires et ces traités aux questions sexuelles. *Le Marteau des sorcières* en particulier, ouvrage profondément misogyne, procède par une mise en cause presque permanente du rôle des femmes. La tentation qu'elles exercent sur les hommes est un des points faibles du genre humain, sur lequel peut facilement agir le démon. Les femmes sont prêtes à accepter toutes compromissions pour pouvoir acquérir des pouvoirs que leur faiblesse naturelle ne leur permet pas d'atteindre. C'est pourquoi elles se jettent volontiers dans les bras du Diable. Le livre décrit avec force détails l'action des incubes, démons mâles qui viennent visiter les humaines, pour donner naissance aux sorciers. Il énumère toutes les phases du sabbat, réunion nocturne où se rencontrent sorciers et sorcières, après leur chevauchée sur un balai en passant par le conduit des cheminées, et la bacchanale effrénée qui clôt la cérémonie. C'est dans cette atmosphère que s'élabore la mythologie de deux personnages sulfureux, qui devaient avoir un certain avenir littéraire, le Docteur Faustus et le seigneur Don Juan Tenorio. La pièce espagnole, écrite par un moine, qui présente pour la première fois (1630) le personnage de Don Juan en fait un envoyé du Diable, utilisé par Dieu pour châtier le genre humain en agissant sur la faiblesse et la lubricité des femmes. C'est pourquoi les sorcières, comme le constatera Michelet, sont beaucoup plus nombreuses que les sorciers. Ce phénomène de phobie pathologique à l'égard de la sexualité pourra être ensuite utilisé par la psychiatrie moderne pour l'établissement d'un catalogue des symptômes de l'hystérie (la présence de zones cutanées insensibles a été cliniquement constatée dans des cas d'hystérie) et des perversions de la sexualité. C'est une *Pathologia sexualis* qui annonce, en plus flamboyant, le catalogue du XIXe siècle établi par le médecin Kraft-Ebbing.

Vers 1580, tout est en place pour que la répression à l'égard des actes supposés de sorcellerie prenne toute son ampleur en vue d'une « solution finale », l'éradication totale des sorciers pour obliger les diables à réintégrer leurs repaires infernaux. Dénonciation érigée en système et recherche active des suspects, modalités de recherche des indices avec interrogatoires codifiés et hiérarchisés en degrés progressifs, établissement d'un code pénal avec une correspondance des délits et des peines conduisant fréquemment au bûcher, la machine judiciaire est en place pour pouvoir fonctionner avec un rendement désormais optimal.

Les résistances aux obsessions diabolisantes

La résistance a sans doute été plus forte dans les esprits que ne le laissent penser les seules productions écrites et les exemples cités par les historiens. Il était très dangereux d'émettre des doutes, car c'était le meilleur moyen de se faire accuser de collusion avec les sorciers et les diables. Les doutes se sont manifestés dans des milieux laïcs de juristes et de médecins. La mise en cause des procédures utilisées porte sur deux points. D'abord un effort de rationalité face à des accusations absurdes : est-ce que les performances attribuées aux sorciers, comme de passer par le trou d'une serrure, de s'élever dans les airs ou d'être en plusieurs endroits en même temps, sont crédibles ? Il y a en fin de siècle un renouveau du rationalisme, dans le sillage des traités néo-aristotéliciens sur les lois de la nature, qui porte sur l'intangibilité de ces lois et manifeste une suspicion à l'égard de tout ce qui tient de la merveille, de l'extraordinaire et du miracle, par ailleurs en pleine expansion. C'est là une attitude de gens lettrés qui répond à la crédulité populaire en même temps qu'aux délires des clercs versés dans ces problèmes. Le deuxième point concerne ce qu'on pourrait appeler (en préfigurant l'usage qu'en fera plus tard Kant) une « révolution copernicienne » dans la théorie de la connaissance des objets et dans la fonction du sujet. Il convient d'établir autrement la responsabilité du sujet dans sa connaissance des objets et dans le rapport d'authenticité qu'il en donne. Ce n'est pas l'intelligence du sujet qui, en quelque sorte, tourne autour des objets dotés d'une existence objective, ce sont les objets qui, sous forme d'images introjectées ou de fantasmes, viennent hanter l'esprit du sujet et perturber sa sérénité intérieure. Les prétendues visions objectives sont en fait des images subjectives qui n'ont d'existence que dans la tête de ceux qui les perçoivent. Tout se ramène donc à des questions de psychologie.

Ulrich Molitor

Ulrich Molitor, un avocat de Constance, a publié en 1489 un livre de réfutation des thèses soutenues par Krämer et Sprenger, *De Lamiis et pithonissis mulieribus*. Il avait l'appui, contre les Inquisiteurs, du pouvoir civil, notamment de l'Archiduc Sigismond d'Autriche. Mais le Pape ayant donné sa caution au *Malleus*, le débat était censé clos et la résistance devenait vaine, puisqu'elle n'avait pas la garantie de l'autorité spirituelle. Molitor s'insurge contre l'attribution de pouvoirs qu'il juge trop considérables aux démons. Cette obsession du démon n'est pas dans l'esprit du christianisme, qui a tenu à se différencier du manichéisme. Il rappelle que le Diable n'a de pouvoir que par effet d'illusion. Ce que l'on raconte à propos des insanités du sabbat ou des facultés physiques données aux sorciers ne sont que des illusions, auxquelles seule l'opinion donne un statut abusif de réalité. C'est déjà insinuer, avant Montaigne, que l'importance donnée aux choses et aux événements dépend de l'image que nous nous en faisons. Malgré une iconographie dont les illustrations allaient en sens inverse du contenu de l'ouvrage (mais peut-être était-ce pour donner le change, ou pour attiser la curiosité du lecteur), le traité de Molitor constitue un des premiers efforts de contestation, par arguments de bon sens, mais aussi par propositions théologiques, des délires des inquisiteurs et des procès intentés à de prétendus serviteurs du Diable, sans autre fondement que des croyances douteuses et des preuves contestables. Molitor dénonce les sorciers comme des imposteurs qui prétendent causer des débats spectaculaires par leur seul pouvoir, alors qu'il s'agit en fait de coups montés par eux ou de coincidences calculées à l'avance. S'il y a là une action du Diable, celle-ci consiste à persuader les gens crédules que les sorciers ont réellement le pouvoir qu'ils se donnent ou qu'on leur prête. Il est vrai que certains sorciers sont eux-mêmes pris à leur propre piège et croient en bonne foi détenir ces pouvoirs. Dans le dialogue à trois personnages – un inquisiteur, l'auteur et l'Archiduc, qui sert de modérateur – autour duquel est construit le traité, Molitor met également en question la procédure utilisée, notamment l'importance accordée à l'aveu comme preuve, quand il est extorqué par les moyens que l'on sait. Molitor ne nie pas l'existence du Diable, ni son pouvoir d'illusionner de pauvres hères et même des gens lucides, mais il nie la réalité de ce qui est imputé aux sorciers. Quant au prétendu sabbat, il ne voit là qu'une simple réunion clandestine de femmes entre elles, en évoquant tout au plus la possibilité d'homosexualité féminine. Erasme donnera son appui à ces idées, dans *L'Éloge de la folie,* mais il n'insiste pas. Il est vrai qu'en 1511, le problème de la sorcellerie ne se pose pas de manière cruciale.

Hans Weyer (Jean Wier)

L'influence du traité de l'allemand Hans Weyer fut beaucoup plus sensible. L'homme était un laïc, médecin de son état, qui exerçait son art en Rhénanie, région où les actes de sorcellerie connaissaient une grande ampleur. Influencé par les idées de Luther, Weyer s'insurge contre les pratiques de l'Eglise, parce qu'elle tiennent d'actes magiques, comme les aspersions d'eau bénite ou les formules d'exorcisme, entrant ainsi dans le jeu des pratiques utilisées par ceux qu'elles prétendent neutraliser. Il se demande si en définitive le Diable, au lieu d'habiter l'âme des sorciers, comme on le prétend, ne s'insinuerait pas plutôt dans celle des inquisiteurs et des juges, en exacerbant leur crédulité et en les poussant à des excès qui les rendent plus méprisables que leurs victimes. Si l'on mettait un terme à ces pratiques inquisitoriales et répressives, avec tout ce qu'elles comportent d'insolite et de saugrenu, la sorcellerie s'éteindrait d'elle-même. Weyer dénonce aussi la cruauté des sentences à l'égard des condamnés qui ne sont en fait, tout au plus, que des malades mentaux, des simples d'esprit ou quelques individus qui veulent se rendre intéressants. C'est affaire, pense le médecin, de « mélancolie », perturbation de l'équilibre humoral qui entraîne des rêveries délirantes, accompagnées de visions morbides. Il faut plutôt soigner ces personnes qui ont plus besoin, pour reprendre une expression qui deviendra célèbre, d'hellébore que de ciguë. Par contre, les délits avérés, comme la préparation et la vente de philtres et de poisons, doit être sévèrement réprimée. Il n'est pas question ici de maléfices, mais de crimes de droit commun.

L'ouvrage de Hans Weyer, *De Praestigiis daemonum,* parut en 1563. Il eut un succès assez considérable. Il fut traduit en français sous le titre *De l'Imposture des diables, des enchantements et sorcelleries* . Pour limiter son audience, une réaction se prépare : la *Démonomanie* de Bodin est une réponse différée à Weyer. Un certain Scribonius accuse en 1583 Weyer d'être lui-même un sorcier (il fallait s'y attendre !). Néanmoins l'ouvrage semble avoir eu un effet sur le déroulement des procès. On constate un infléchissement dans le nombre des condamnations à mort, et les accusés sont parfois traités en malades ou en simples égarés mis en rééducation dans des espaces fermés, comme hospices ou couvents.

Montaigne

C'est dans ce courant de résistance que se situe le texte de Montaigne sur les sorciers contenu dans le chapitre des *Essais* (III, 11, « Des boiteux »)[1]. Il ne sera question de sorcellerie qu'au détour d'une route sinueuse, au long de laquelle la dialectique de Montaigne se fait particulièrement subtile, peu visible et par là plus efficace. Une route déroutante, avec quelques arrêts à l'étape et des infléchissements inattendus : c'est que le style se conforme à l'idée. L'idée, c'est que nous savons peu, et ce que nous savons, nous le savons mal, mais refusons de le reconnaître. Le style, ce sont les sauts et gambades d'une logique déroutante à dessein, puisqu'elle fait perdre la route au lecteur pour prouver que les routes toutes tracées du savoir ne mènent qu'à une ignorance qui ne veut pas se reconnaître. C'est dire que l'auteur, lui, ne perd pas sa route, puisque toutes les digressions et déviations utilisées confirment l'idée d'une déroute du savoir qui se croit savant.

C'est par ces chemins sinueux qu'on arrive aux cas de sorcellerie présumée. Montaigne rappelle d'abord le sérieux de ces affaires, qui mettent en jeu la vie des personnes : « Les sorcieres de mon voisinage courent hazard de leur vie, sur l'advis de chaque nouvel autheur qui

---

[1] A Montaigne nous avons consacré une étude particulière dans *Des signes aux sens : lectures du livre III des Essais* (s.l.d. de F. Argod-Dutard), Paris, Champion, 2003, p.179-200, dont certains éléments sont repris ici. Les réferences au texte des *Essais*, insérées dans notre texte, sont celles de l'édition Villey / Saulnier.

vient donner corps à leurs songes » (1031 B). Entre 1580 et 1588 en effet, des ouvrages, en nombre assez considérable, parmi lesquels la *Démonomanie* de Bodin, se suivent à vive allure en dénonçant les maléfices des sorciers. Il est vrai, dit Montaigne, qu'il existe dans les textes canoniques des exemples avérés de maléfices diaboliques, mais ceux dont on parle aujourd'hui peuvent-ils y être assimilés ? Seul Dieu peut y répondre, qui a accès à la connaissance des choses surnaturelles, et pourrait dire, à propos d'affaires qui excèdent les limites de l'humaine condition : « Cettui-cy en est, et celle-là, et non cet autre. Dieu en doit estre creu, c'est vrayement raison » (*Ibid.*). Le problème est que, dans les cas présents, Dieu ne parle pas. On doit s'en tenir à des témoignages humains et, qui plus est, à des témoins qui s'étonnent même parfois de ce qu'ils racontent. S'il n'y avait le tragique de la mise en cause de vies humaines, tout cela serait farce et loufoquerie, dans ces histoires de fous qui ne sont pas forcément ceux qu'on pense.

Les partisans de l'existence des sorciers s'irritent contre ceux qui les contredisent. C'est la reprise de ce qui a été dit à propos de l'amour-propre et de la rhétorique de la passion. Curieuse attitude, qui « fait raison de l'irritation ». Mais la position de Montaigne n'est pas de contredire, ce qui serait d'une certaine manière affirmer, mais de dire qu'on ne peut pas savoir, et que l'irritation sert de couverture au mal-fondé du raisonnement. Il lui paraît donc inconcevable de tuer des gens sans avoir de preuves effectives de leur culpabilité (il rejoint ici ce qu'il a dit sur la fragilité des preuves par aveu et sur l'incertitude des témoignages, à propos de l'affaire narrée par le juge Corras). Sans doute, lorsqu'il s'agit de délits identifiables, comme la distribution de drogues et de poisons, on peut juger en fonction d'une législation applicable aux délits purement humains. Encore convient-il de rester vigilant sur la valeur des aveux, car on a vu des gens s'accuser de forfaits inexistants. On peut néanmoins instruire des procès et reconnaître des délits qui n'excèdent pas les limites de l'entendement humain. S'ils l'excèdent, Dieu seul peut juger. C'est une sévère mise en cause des abus de pouvoir des tribunaux, ecclésiastiques ou non, qui prétendent parler au nom de Dieu et rendre une justice qu'il n'appartient qu'à lui de rendre.

En ce qui concerne les témoignages, on ne peut retenir ceux qui sont aberrants ou contradictoires. Lorsque deux témoins disent avoir vu à la même heure le même prétendu sorcier en deux lieux différents, il est plus conforme à la raison d'en déduire qu'il y a un mensonge ou une illusion dans ces témoignages, plutôt que de doter immédiatemment l'accusé du don d'ubiquité. La seule explication possible de ces erreurs de jugement réside dans les errances de la perception et de l'entendement. On a cru voir ne veut pas dire qu'on a vu. Tout se ramène, en ce qui concerne les témoignages, à des questions d'ordre psychologique. Il conviendrait, pour s'en sortir, d'opérer ce que nous avons appelé la révolution copernicienne de la connaissance chez le sujet pensant. Et Montaigne d'achever théologiquement sa démonstration par une référence à saint Augustin : « Il vaut mieux pencher vers le doute que vers l'asseurance ès choses de difficile preuve et dangereuse creance » (1032 B).

Pour corroborer ses dires, Montaigne invoque un fait d'expérience. Il dit avoir vu (sans doute en Lorraine, où le prince Charles sévissait lourdement contre les sorciers), quelques accusés emprisonnés. Les ayant interrogés, il en a retiré l'idée qu'il vaudrait mieux leur donner « de l'ellébore que de la ciguë » (comprenons : une médication contre la folie plutôt que de prononcer une condamnation à mort). La formule, qui connut un certain succès, ne semble pas étrangère à la décision du roi Henri III d'envoyer, en 1589, un médecin à Tours pour expertiser des cas prétendus de sorcellerie. Le médecin conclut à ce que dit Montaigne, en reprenant la formule dans son rapport : « Nostre advis fut de leur bailler plutôt de l'ellébore pour les purger qu'autre remede pour les punir »[1].

Récapitulation et conclusion

L'emprise de pouvoir attribuée au diable sur la société et la conscience humaines met en œuvre deux mécanismes principaux. Le premier est ce que nous avons appelé, suivant la terminologie d'époque, un déséquilibre des facultés de l'âme qui hypertrophie les pouvoirs de la *vis imaginativa* et les réactions de l'âme sensitive, au détriment de la faculté régulatrice et dominatrice de l'âme rationnelle. La deuxième est l'objectivation des sensations et des images internes,

---

[1] G. Bechtel, *op. cit.*, p. 800.

qui donnent une réalité extérieure aux objets des fantasmes liés à la peur et au désir.

Le Diable est le grand maître de ballet de cette *Narrentanz* où les crapauds, les dragons, les jolies femmes, les monceaux d'or et de pierreries représentent les formes objectivées de la tentation, où les diablotins se cachent dans le placard des corps dépossédés de leur raison, formant un orchestre cacophonique de ricanements et un ballet frénétique d'acrobaties corporelles, où les sorcières chevauchent leur balai pour se rendre au sabbat et hument leur marmite, sous la tente nocturne du cirque des passions et des rêves. Tels sont les effets de la prise de pouvoir du Diable.

La crise de pouvoir du Diable et de ses maléfices met en œuvre deux mécanismes intellectuels qui jouent en toute rationalité un rôle d'exorcistes. C'est d'abord le retour en force d'une rationalité critique, appuyée sur des méthodes de raisonnement en rapport avec les expériences professionnelles, qui exprime à nouveau son droit à commander, et bientôt son hégémonie, sur les dérives des sensations et des passions infestées par l'imaginaire. C'est d'autre part la subjectivation des phénomènes objectivés par la force de l'imaginaire, dont l'objectif dernier est de faire prendre pour réalités extérieures l'espace du dedans. C'est cette révolution copernicienne qui consiste à faire du cerveau le soleil du corps, siège de sa raison, et des autres facultés des planètes errantes, mais bien satellisées sur leurs orbites. Ce fut le rôle des Molitor, Weyer ou Montaigne, relayé par Descartes. Mais on remarquera que déjà dans Shakespeare, il n'y a plus de diable objectivé, mais seulement des esprits et des fantômes qui retrouvent la fonction première du Satan, celle de l'Ange révélateur – à travers les apparitions de Hamlet père, des Sorcières de *Macbeth* ou du spectre de Banquo -. Les vrais démons n'ont qu'une forme humaine et s'appellent Aaron, Shylock, Richard III, Lady Macbeth, Iago.. et tous les virtuoses de l'intrigue sournoise et de l'ambition illimitée.

Vers 1660, en même temps que le gouvernement du roi-soleil refuse de perpétuer l'enseignement officiel de l'astrologie – magie blanche –, l'accusation de maléfice – magie noire – n'est plus reçue comme justification des délits et des crimes qui doivent être nommés par d'autres noms[1]. Le Diable n'est pas mort, parce qu'il est toujours utile, surtout lorsque la religion se mêle de politique. Quant à l'autre diable, celui de l'intérieur des âmes, jouant désormais au dérèglement du psychisme, ce qui est une autre manière de dire la même chose, plus que jamais diable au corps, il a toujours ses exorcistes, mais ceux-ci ont troqué l'aube blanche et l'hostie blanche du Saint-Sacrement pour les toques blanches et des blouses blanches des salles de consultation.

Claude-Gilbert DUBOIS
Université Michel de Montaigne-Bordeaux-3

[1] La suppression des poursuites pour faits de sorcellerie date officiellement de l'ordonnance de Saint-Germain (1670), dont la publication semble postérieure à un abandon de fait.

INDEX DES NOMS CITÉS

Acarie : 34
Alberti L.B. : 65, 82, 182,183, 192
Aquin (d') T. : 216
Aristote : 52, 69, 71, 79, 88, 93
Augustin : 34, 45, 57, 69, 78, 90, 94, 100, 124, 128, 134, 143-4, 215, 218, 247.

Bellarmin : 106, 134
Bellenzaga : 35
Bérulle : 31
Bouchet, J. : 217, 218, 219, 220, 222
Bovelles, Ch. de : 48,49, 59
Brabanson, C. de : 40
Britnell, J. : 216

Calvin : 95, 97, 99
Campbell, L.B. : 174, 175
Campion, E. : 103, 104, 105, 109, 110, 111, 121, 129, 132, 134, 135
Capistrano, J. de : 217, 218
Cassien : 40
Castiglione : 155
Catulle : 88, 156
Certeau, M. de : 30, 236
Corneille : 213
Corrozet, G. : 179
Cotgrave : 224
Coudray, A. de : 18
Crenne de : 222, 228
Critz de : 15
Cues, N. de : 53
Cullen : 16

Dante : 171
De L'Epine du Pont Allais : 214
Descartes : 33, 53, 54, 60, 248
Deschamps, E. : 214
Duval, André : 34
Du Vair, G. : 31
Empson : 15
Epictète : 31, 32, 33, 36
Erasme : 61, 65, 99, 108, 109, 177, 203, 208, 209, 244
Esprit Saint : 99

François de Sales : 32, 33
Ficin : 45, 51, 56, 57, 62, 63, 64
Furetière : 224

Garnier, R. : 226
Gascoigne : 156
Gerson : 216
Gilles, P. : 198, 202, 205, 206
Giorgione : 16

Hoby, Sir Th. : 160, 171, 172

Ignace : 111
Incarnation, Marie de l' : 34

Jeanneret : 203
Jérôme : 16
Jésus : 41, 42, 43, 125, 126, 127, 128, 129, 131, 234
Jonson : 154, 187, 191, 193, 270

Kircher, A. : 184

Lefèvre d'Etaples : 53, 54
Line, A. : 107, 111, 112, 113
Lulle, R. : 52

Malebranche : 40

Marlowe : 18, 162, 163, 164
Marot : 160, 214, 215
Médicis : 15, 172, 187
Mirandole, Pic de la : 31, 61
Montchrétien A. de : 225
Montaigne : 44, 65, 202, 243, 245, 246, 247

Nabert, J. : 51

Olier, J.J. : 42

Platon : 32, 36, 37, 73 87, 157, 171, 172, 187, 188, 198, 199

Quintilien : 72, 73, 74, 76, 220

Raphael : 160, 172
Richelieu : 41
Ripa : 14, 186

Sadolet : 101
Schwankle : 211
Sebond : 143
Skelton : 169

Tresham : 107, 108, 109

Vasari : 172
Villey, P. : 149, 151
Vinci, Leonardo da : 82, 178, 192

Wright, Th. : 107.
Wriothesley : 15, 113

INDEX DES ŒUVRES CITÉES

Ancien et Nouveau Testament : 53
Angoisses Douloureuses : 222

Bible : 32, 155
Bradamante : 226

Cité de Dieu : 215
Confessions : 34, 57, 84, 215

David Fugitif : 225

Friar Bacon and Friar Bungay : 172

Hyperotomachia : 13

Institution Oratoire : 220

Les Lacènes : 224, 225
Liber de Sapiente : 50, 51, 58, 60, 62, 63, 64

Mirror for Magistrates : 173

Il Principe : 173

Songe de Poliphile : 13

INDEX DES PERSONNAGES

Astrophel : 157, 158, 160

Dame Folie : 205
Duchesse d'Amalfi : 166

Faust : 161, 163, 164, 241
Ferdinand : 164, 165,166

Hamlet : 161, 164, 166
Hythlodée : 195, 196, 199, 203, 204, 205, 206

Panurge : 211, 212
Pantagruel : 212, 221

Stella : 153, 155, 156, 157, 158, 160

INDEX DES LIEUX

Bodleian : 113, 155
British Library : 103
Bruxelles : 208

Ely : 117

Florence : 15

Londres : 16, 103, 118, 120
Louvre : 16

Manrèse : 21, 22

National Gallery : 14, 16
Noyon : 48

Prison de la Fleet : 107, 117, 122

Rushton Hall : 117, 124

Triangular Lodge : 123

TABLE DES MATIÈRES

M.-T. Jones-Davies
Avant-Propos 7

M.-M. Martinet
Le monde extérieur et le monde intérieur:
l'iconographie de la Renaissance 13

M.C. Gomez-Geraud
Ecrire une expérience intérieure: le cas d'Ignace
de Loyola 17

M. Dupuy
L'intériorité selon Bérulle: solitude ou ouverture ? 31

J.C. Margolin
La vie intérieure selon Charles de Bovelles 45

F. Malhomme
Pétrarque et la musique de l'âme 67

F. Higman
La spiritualité de Calvin 95

G. Kilroy
« Within these walls » : the secret world of
Sir Thomas Tresham 103

J. Céard
Montaigne et l'intériorité 143

M.T. Jones-Davies
« Regarde dans ton cœur et écris ». Sir Philip Sidney
et sa séquence de sonnets: *Astrophel et Stella* 153

E. Paganelli
The life within : aspects of interiority in the theatre of the English Renaissance 161

A. Kinney
Shakespeare's mirrors 167

D. Ménager
Thomas More et l'intimité dangereuse 195

S. Geonget
La représentation de la crise de l'intériorité: la perplexité . . . 211

C.G. Dubois
L'intériorisation des phénomènes démoniaques: du diable au corps au diable intérieur 229

Index des noms 251
Index des œuvres 253
Index des personnages 254
Index des lieux 255

Table des matières 257